Hans A. Pestalozzi
AUF DIE BÄUME IHR AFFEN

Zytglogge

6. Auflage März 1990: 51. – 60. Tausend

Alle Rechte vorbehalten
Copyright by Zytglogge Verlag Bern, 1989
Lektorat: Willi Schmid
Satz: BUGRA SUISSE, Wabern-Bern
Druck: Allgäuer Zeitungsverlag GmbH, Kempten
ISBN 3 7296 0313 2

Zytglogge Verlag Bern, Eigerweg 16, CH-3073 Gümligen
Zytglogge Verlag Bonn, Cäsariusstrasse 18, D-5300 Bonn 2
Zytglogge Verlag Wien, Strozzigasse 14–16, A-1080 Wien

Der oberste Chef des Nestlé-Weltkonzerns wurde gefragt, wie er all die Probleme der heutigen Zeit beurteile.
«Wissen und Sensibilität rund um Ökologie wachsen jetzt exponentiell... Wir kriegen sanfte Technologie, sanfte Chemie und so weiter. Wir pflegen Luft, Wasser und Böden. In zwanzig Jahren wird niemand mehr davon sprechen, weil die Probleme gelöst sind» – war seine Antwort.

Wie es denn mit den bereits eingetretenen und uns unmittelbar bedrohenden Katastrophen stehe.
«Furchtbare Krisen – auch der Krieg – ... führen stets auch zu Errungenschaften, die das Leben bereichern.»
Freuen wir uns also auf die Bereicherungen durch all die Katastrophen und den Atomkrieg!

Und Aids?
«Aids wird uns rasch enorme Forschungsfortschritte bei den Viruskrankheiten bescheren.»
Muss ich wirklich dem Nestlé-Boss Maucher – so heisst der Herr – von ganzem Herzen Aids wünschen? Damit er wenigstens einmal in seinem Leben zum Wohle der Menschheit beiträgt?

Es hat nichts gebracht.

Stunden-, tage- und nächtelang lagst du in Mutlangen, um gegen die Raketenstationierung zu demonstrieren. Was hat's gebracht? Die Raketen sind gekommen, auch wenn man sie – die Raketen, nicht die Atomsprengköpfe – wieder zu verschrotten vorgibt.

In Bitburg, wo du als Protest gegen den Wahnsinn der Nachrüstung die Strasse blockieren wolltest, haben dich die Wasserwerfer von der Strasse gefegt, wenn du nicht schon vorher das Opfer der kläffenden, geifernden, zu Mordmaschinen ‹dressierten› Schäferhunde geworden warst. Was hat's gebracht? Es wurde und wird gerüstet wie noch nie.

In Frankfurt hast du Hütten gebaut, ein ganzes Dorf samt Kirche – welch friedliches Symbol! Du hast dich von den Bulldozern und Panzerfahrzeugen, die alles niedergewalzt haben, nicht unterkriegen lassen. Du hast weitergemacht, hast dich niederknüppeln und einsperren lassen, um ein Zeichen zu setzen gegen eine Politik, die brutal alles zerstört, was wirkliches Leben ausmacht. Was hat's gebracht? Der Wald ist weg. Lärm, Gestank, Abgase sind da.

In Berlin hast du dich von Lummer-Boys aus den besetzten Häusern herausprügeln lassen. Hat nicht sogar einer von uns sein Leben lassen müssen im Protest gegen den Abbruch guter alter Häuser? Was hat's gebracht? Die Lage ist bereinigt, wie es im Politiker-Jargon heisst. Die Spekulation blüht wie kaum zuvor.

In Wackersdorf hast du den in der BRD erstmaligen Einsatz des im Krieg verbotenen CS-Gases miterlebt. Was hat's gebracht? Der Bau der WAA wurde beschleunigt.

Es muss nicht einer dieser Grosseinsätze gewesen sein. Ebenso wichtig waren all die Hunderte, ja Tausende von Protesten, Widerstandsaktionen, Demonstrationen in den Städten, in den Dörfern. In welcher Stadt, in welchem Dorf hätte man sich nicht gewehrt gegen eine Rennbahn mitten durchs Dorf, gegen den Abbruch alter Bauten, gegen die Zerstörung ganzer Lebensstrukturen, gegen die Verbannung von Randgruppen in ihre Ghettos, gegen die mörderische Ausweisung von Flüchtlingen usw. usw. Es hat nichts gebracht.

Es ist alles schlimmer geworden. War unser ganzer Einsatz umsonst? Alle, die sich in den letzten zwei Jahrzehnten in irgendeiner Weise für mehr Menschlichkeit und Gerechtigkeit, für mehr Rücksichtnahme auf die Umwelt, die Dritte Welt, die kommenden Generationen, die Schwachen in unserer Gesellschaft eingesetzt haben, müssen sich offen und ehrlich eingestehen: es ist alles schlimmer geworden. Es gibt nicht den geringsten Ansatz, nicht die geringsten Anhaltspunkte, die uns sagen liessen: Hier besteht Hoffnung.
Was ist denn los?
Haben wir uns verrannt; haben die ‹anderen› recht?
Haben wir die falschen Fragen gestellt?
Haben wir Probleme gesehen, wo keine waren?
Haben wir selber die Probleme falsch angepackt?
Wurden wir das Opfer unserer eigenen Illusionen?

Es gab eine *erste Phase* – beim einzelnen und in der Gesellschaft. In der Gesellschaft war der Auslöser die Studentenrebellion von 1968. Es war die Phase, als wir merkten: etwas stimmt nicht mehr. Es läuft schief. Es war die Phase der Betroffenheit. Es braucht diese Betroffenheit. Ohne Betroffenheit gibt es kein Engagement. Vielleicht machst du zwar einmal irgendwo mit, aber ohne Betroffenheit bleibt es bei einer belanglosen Mitwirkung. Betroffenheit fragt nach den Ursachen. Nur Betroffenheit führt zu einem anderen Bewusstsein. Und nur das andere Bewusstsein führt zu einem anderen Verhalten. Darum bringen auch all die Rezeptbücher, alle Öko-Knigges nichts, darum verändern auch all die Öko-Institute und Alternativ-Zentren nichts, darum sind auch alle die ‹Zukunftswerkstätten› zur Erfolgslosigkeit verurteilt. Ich kann nicht beim Verhalten oder auch nur bei der Vorstellung, wie es anders sein könnte, ansetzen, und dann glauben, die Einstellung zum Mitmenschen und zur Umwelt verändere sich. Nein, die Einstellung, das Bewusstsein, muss sich ändern, und dazu braucht es *persönliche* Betroffenheit – und daraus ergibt sich das veränderte Verhalten.

Am Beispiel der ‹Zukunftswerkstatt›: Nicht die möglichen neuen Lösungen sind das Wichtigste, auch nicht die Formulierung dessen, was nicht stimmt. Das Entscheidende sind die Ursachen eines bestimmten Zustandes. Sonst setze ich bei Symptomen an. Deshalb funktionieren ‹Zukunftswerkstätten› nur bei Leuten, die irgendwie bereits ‹betroffen› sind, nicht aber bei konservativen Politikern oder Technokraten oder Professoren.
Am stärksten wirst du betroffen durch persönliche Erlebnisse, durch unerwartete Ereignisse, die dir plötzlich die Augen öffnen: so nicht weiter!
Fast alle Bauern, die von chemischer auf natürliche Landwirtschaft umgestellt haben, taten dies nicht etwa aus religiöser Überzeugung oder aus vernunftmässiger Einsicht, sondern weil sie in der Familie oder auf dem Hof durch persönliche Erlebnisse betroffen wurden.
Das Erlebnis kann ganz anderer Natur sein: «Tränengas ist der dritte Bildungsweg», wie es ein ‹Autonomer› sagte.

«Auf den Gundwiesen... das war das schlimmste, was ich je erlebte. Ich stand daneben und habe gesehen, wie die Polizei das ältere Ehepaar zusammenschlug.
Zivis trieben die Leute mit Holzknüppeln bis an den Bach. Der Hubschrauber im Tiefflug dicht über unseren Köpfen. Am selben Tag sah ich, wie Polizisten einen jungen Mann – der keinen Helm trug – vom Motorrad herunterrissen. Sie schlugen ihn auf den Kopf, ins Genick, dann in die Nieren. Einer trat ihn in die Kniekehlen, so dass er zusammensackte... und dann ging einer hin und trat ihn mit dem Stiefel mitten ins Gesicht.
Als mein Sohn das gesehen hatte, musste er sich übergeben. Dabei kam mir in den Sinn, was mein Mann mir erzählt hatte – vom Krieg: Als er den ersten Toten sah, hat er sich – er war ja damals kaum älter als mein Sohn – erbrechen müssen. In dem Moment... ist in mir etwas zerrissen und wird nie wieder heilen.»
Es ist das Erlebnis einer Hausfrau und Mutter, die sich gegen die Zerstörung ihrer Heimat durch die Startbahn-West in Frankfurt zur Wehr zu setzen versuchte.

Eine andere Frau schilderte mir ihren Aufschrei, als sie sah, wie die angeblich demokratische Staatsmacht plötzlich Panzer gegen sie einsetzte, ihre Lähmung, als Panzerwagen auf sie losfuhren: «Das kann, das darf doch nicht wahr sein!» Es ist die übliche Reaktion naiver, unverdorbener Menschen auf die erste konkrete Begegnung mit der Macht: ungläubiges Staunen – Lähmung – Angst. Und was dann? Führt Angst zu Resignation, oder wird aus Angst Wut und Betroffenheit?
Oder die brave Zürcher Hausfrau, Mutter zweier halbwüchsiger Töchter, überzeugt von unserer Staatsform, von unserem Rechtsstaat, vom guten Willen unserer Behörden und ihrer Gehilfen.

Sie nimmt am Heiligen Abend 1980 an einer Manifestation vieler tausend Jugendlicher und Erwachsener für Gewaltfreiheit, Verständnis, Liebe teil. Eine kleine Provokation einiger weniger beim Jugendzentrum genügt, und schon schiesst die Polizei mit ihren Gummigeschossen die Bürgerinnen und Bürger zusammen. Die Hausfrau kann fliehen; sie kommt ungeschoren davon. Wie alles ruhig ist, geht sie als Einzelperson die Limmatstrasse hinauf, Ziel Hauptbahnhof, um heimkehren zu können. Die Polizisten eröffnen ihr brutales Gummigeschossfeuer auf diese einzelne fünfzigjährige Frau. Mit unzähligen Platzwunden wird sie von der Sanitätsgruppe der Jugendbewegung gefunden und betreut. Die Wunden werden genäht, die Kopf- und Rückenschmerzen halten wochenlang an.
Der naive Glaube dieser Frau an Rechtsstaatlichkeit, Demokratie, Menschlichkeit ist für den Rest ihres Lebens vorbei.
Sie hat erkannt,
– dass dieser Staat sich hemmungslos brutalster Gewalt bedient, wenn es um das Prestige seiner Politiker geht,
– dass die Politiker und die Vorgesetzten, die der Polizei solche Einsätze befehlen, nach den Normen unseres Strafgesetzbuches kriminell sind,
– dass ein Staat, der auf der Angst seiner Bürger vor der Polizei aufgebaut ist, nie ein demokratischer Staat sein kann.
Sie bleibt betroffen.

Es müssen nicht unbedingt persönliche Erlebnisse sein, die betroffen machen. Es genügt, dass ich einfach merke, was in unserer Gesellschaft wirklich los ist.
In meiner Managerzeit war in Europa ein jüdisch-amerikanischer Unternehmensberater absolute Spitze. Zwei Jahrzehnte lang hatte er den ‹American way of life› bejubelt und

die US-Demokratie als die beste aller Staatsformen glorifiziert. Es war sein Herzensanliegen, diese Errungenschaften US-westlicher Zivilisation auf die ganze Welt zu übertragen. Grosse Teile der Geschäftswelt hörten auf ihn. Anfang der siebziger Jahre war er bei mir, völlig deprimiert, zerstört: «Es ist schon schwierig, dem deutschen Volk zu glauben, dass es – als Volk – nichts von all den Verbrechen Hitlers und seiner Schergen gewusst habe, vor allem nichts von der Judenvernichtung. Seit einigen Jahren haben wir in den USA einen Präsidenten, der in Vietnam genauso handelt wie Hitler gegenüber den Juden. Und dieser Präsident wird in sogenannt freien Wahlen von einem sogenannt freien Volk wiedergewählt, damit er seine Verbrechen weiter begehen kann. Weshalb wählt ein Volk einen Verbrecher zum Präsidenten?» Mit seinem Glauben an die Segnungen des ‹American way of life› war Schluss. Er wurde betroffen, er wurde einer der schärfsten Kritiker. Er hatte gemerkt, ‹was los ist›.

Genauso erging es all den Menschen, die gemerkt haben, wie wir unsere Lebensräume und Lebensgrundlagen zerstören, wie wir uns immer weiter weg entfernen von dem, was wir aufgrund unserer eigenen gesellschaftlichen Bekenntnisse wie Demokratie, Freiheit, christliches Verhalten, Humanität eigentlich möchten und wie alle Indikatoren, die über den Zustand unserer Gesellschaft Ausdruck geben, sich negativ entwickeln.
Allein die Erkenntnis, dass es so nicht weitergehen darf, kann unheimlich betroffen machen.

Bei mir persönlich war es vor allem Information, die mich im Laufe von zehn Jahren völlig hat umdenken lassen, aber eben nicht Information über irgendwelche Symptome und Auswirkungen unserer Art zu denken und zu handeln, sondern Information über die Ursachen.

Als ich den Auftrag erhielt, im Gedenken an Gottlieb Duttweiler, den Gründer der Migros, dessen engster Mitarbeiter ich in seinen letzten sieben Lebensjahren gewesen war, ein internationales Wirtschafts- und Management-Zentrum aufzubauen, war es von vornherein klar, dass es niemals darum gehen konnte, in diesem Institut blosses Management-Wissen und die üblichen Management-Techniken zu vermitteln. Für Gottlieb Duttweiler war die Wirtschaft nie Selbstzweck, sondern nur Mittel, um echte Probleme lösen zu können. Die Frage lautete für ihn: Was will ich eigentlich? Was soll das Ganze? So hielten wir es für unsere Aufgabe im Institut, den Managern die Frage nach dem Sinn zu stellen. Was willst du persönlich? Was willst du mit deinem Unternehmen? Was will die Wirtschaft?

Diese Fragestellung aber verlangte, die Manager ständig mit den anstehenden oder auf uns zukommenden gesellschaftlichen und wirtschaftlichen Problemen zu konfrontieren. Nach kurzer Zeit wurden wir zu einer internationalen Nahtstelle zwischen der Wirtschaft und der kritischen Wissenschaft. Hunderte von Referenten aus allen denkbaren Wissensgebieten überhäuften uns mit Informationen aus der ganzen Welt. Je mehr Information uns zukam, desto kritischer wurden unsere Tagungen und Seminare. Wir waren jedoch nach wie vor weltweit hoch angesehen. Als ‹die Hofnarren der Wirtschaft› übten wir eine äusserst wichtige Funktion aus. In erstarrten, geschlossenen Strukturen ist der Hofnarr noch der einzige, der die Wahrheit sagen darf. Nur: der Hofnarr durfte die Wahrheit immer nur dem König sagen. Sagte er sie auch dem Volk, wurde er umgebracht. Genauso erging es uns. Als wir nach zehn Jahren zur Kenntnis nehmen mussten, dass sich in der Wirtschaft nichts, aber auch gar nichts tat, als wir uns eingestehen mussten, dass über die Manager nicht das

Geringste zu verändern ist, gingen wir mit unseren Informationen zum ‹Volk›. Wir gründeten in Zürich ein Zentrum für die Unterstützung von Selbsthilfegruppen. Mit Wanderausstellungen machten wir die Öffentlichkeit mit der Umweltproblematik vertraut, propagierten Sonnenenergie, zeigten weltweite Zusammenhänge auf. Wir gaben eine kritische Zeitschrift heraus. Ich persönlich wandte mich mit Vorträgen vor allem an die Lehrer. Und schon wurden wir ‹gehängt›. Mit mir wurden 20 Mitarbeiter entlassen.

Information ist gefährlich. Sie könnte dich zum Denken bringen. In unserem Institut hing lange Zeit der Spruch an der Wand: «Nicht denken, sauber bleiben.» Die meisten Manager, die an unseren Tagungen und Seminaren teilnahmen, verstanden den Spruch gar nicht. Wer ihn jedoch kapierte, wurde wütend. Begreiflich! Sobald du in dieser Gesellschaft einmal zu denken begonnen hast, musst du unweigerlich ‹unsauber› werden. Oder ein anderer Spruch hiess: «Wir leben in einer freien Demokratie. In einer solchen darf man sagen, was man denkt. Man darf bloss nicht denken.»

Aber Information bringt dich zum Denken, kann dich betroffen machen. Ich erinnere mich noch genau – es war Ende der sechziger Jahre – an das Mittagessen mit einem befreundeten Dozenten aus Santa Barbara, Kalifornien. «Habt Ihr Euch auch schon einmal überlegt, dass wirtschaftliches Wachstum noch nie irgendwelche Probleme gelöst hat? Dass wirtschaftliches Wachstum die Probleme immer nur verdrängt hat? Dass die meisten Probleme, denen wir heute gegenüberstehen, das Ergebnis des wirtschaftlichen Wachstums sind?» fragte er uns. Wir waren konsterniert, fassungslos. Es folgten wochenlange Diskussionen. Dann war das Kartenhaus ‹Wachstum› eingestürzt.

Oder die internationale Tagung über Grundfragen der Energieversorgung: Am Schluss der Tagung einigten sich die anwesenden Wissenschaftler auf einen gemeinsamen Appell an die Regierungen der Industrienationen. Dem Appell schlossen sich in kürzester Zeit 600 weitere Wissenschaftler an, darunter mehrere Nobelpreisträger. Der Appell bestand im Grunde genommen aus einer einzigen Frage: «Dürfen wir die Versorgung der Menschheit mit Energie, eine der Grundlagen der menschlichen Existenz überhaupt, wirklich dem einen einzigen Steuerungsfaktor Profit überlassen?»
Auch das Kartenhaus ‹Optimierung über den Gewinn› stürzte ein. Ich merke allmählich, dass ich den ganzen Unsinn, den man mir im Studium der Wirtschaftswissenschaften beigebracht hatte, vergessen musste. (Im übrigen: Keine einzige Regierung ging auf den Appell ein. Die japanische Regierung bestätigte wenigstens den Eingang des Schreibens!)

Oder ich denke an das Seminar über Probleme der Dritten Welt. Ich musste zum ersten Mal zur Kenntnis nehmen, dass auf der Welt allein an Getreideprodukten derart viel Nahrungsmittel produziert werden, dass jeder Mensch jeden Tag 3000 Kalorien zu sich nehmen könnte. Und trotzdem verhungern täglich 40000 Kinder. Also gibt es kein Produktionsproblem, wie man uns immer weisgemacht hatte, sondern nur ein Verteilungsproblem. Und Verteilungsprobleme sind immer Machtfragen. Vor allem sind es Fragen des Wirtschaftssystem. Die Mechanismen unseres Systems sorgen dafür, dass die Ware nie dorthin fliesst, wo sie gebraucht wird, sondern dorthin, wo das Geld ist. Das Ungleichgewicht wird unweigerlich immer grösser. Die hoffnungslose Lage der sogenannten Entwicklungsländer ist also nicht deren ‹Schuld› sondern das Ergebnis *unserer* Art zu wirtschaften. Und wir glaubten doch immer, lediglich unser Wirtschaftssystem auf die ganze Welt übertragen zu müssen, und dann gehe es allen gut.

Nun musste ich erkennen, dass sich die Situation für die Dritte Welt nie wird bessern können, wenn wir nicht schlicht und einfach unser ganzes Wirtschaftssystem aufgeben. Ich musste erkennen, dass unser Wohlstand zu einem grossen Teil auf dem Elend der Dritten Welt aufgebaut ist. So erhielt auch die faschistische These des «bedeutendsten Theoretikers der liberalen Gesellschaft dieses Jahrhunderts», wie uns von Hayek (selbstverständlich Nobelpreisträger) von der Manager-Presse präsentiert wird, eine völlig andere Bedeutung. Sie lautet: «Gegen die Übervölkerung gibt es nur die eine Bremse, nämlich, dass sich nur die Völker erhalten und vermehren, die sich auch selbst ernähren können.» Dies würde nichts anderes heissen, als dass unsere westlichen Industrienationen zu verschwinden hätten. An diesem Seminar erfuhr ich auch zum ersten Mal, dass, wenn wir die gesamte Weltbevölkerung auf dem Territorium der USA und Kanadas konzentrieren würden, die Bevölkerungsdichte weniger gross wäre als heute in der BRD. Der Rest der Welt wäre menschenleer. Oder dass Armut und soziale Instabilität in der Dritten Welt nicht das Ergebnis der Bevölkerungsexplosion sind, sondern umgekehrt: Die Bevölkerungsexplosion ist das Ergebnis von Armut und sozialer Instabilität. Oder dass unser Planet weit stärker belastet wird, wenn wir in den Industrienationen meinen, unsere Wirtschaft müsse weiterhin jährlich wachsen, als wenn die Bevölkerung in der Dritten Welt um zwei Prozent zunimmt. Und wir konnten doch bisher so einfach der Bevölkerungsexplosion alle Schuld an den heutigen Problemen zuschieben.

Ich denke an die Tagung über Gentechnologie. Die amerikanischen Wissenschaftler forderten (anfangs der siebziger Jahre!) dringend ein Forschungsmoratorium. Die Entwicklung sei viel zu gefährlich geworden. Ich höre noch den Aufschrei der europäischen, vor allem der Schweizer Wissenschaftler, die sich ihre ‹Freiheit der Wissenschaft› nicht beschneiden lassen wollten. Ich höre noch die Empörung der Vertreter der chemischen Industrie, die sich aus kommerziellen Gründen keine Einschränkung gefallenlassen wollten. Und ich glaubte doch bisher an die hehre Verantwortung der Wissenschaft.

Ich denke an das Symposium über gesellschaftliche Probleme der Satelliten-Kommunikation (1965!). Das Schweizer Fernsehen nahm nicht teil. Die Fachleute, die eigentlich hätten wissen müssen, worum es ging, hatten keine Ahnung von der Problematik. Und ich setzte doch bisher auf die Kompetenz der Fachleute.

Der Phase der Betroffenheit folgte die *Phase der Analyse.* Wie konnten wir uns denn nur so verrennen? Wie war es menschenmöglich, uns von der Nachkriegseuphorie derart vereinnahmen zu lassen? Was war nur mit uns los, dass wir geglaubt hatten:
- Alles ist machbar, und was gemacht werden kann, wird gemacht.
- Wissenschaft ist wertfrei. Die Frage nach dem Sinn ist unwissenschaftlich.
- Technik ist Fortschritt. Es kommt nur darauf an, was man mit ihr macht.
- Die Möglichkeiten sind grenzenlos, unendlich.
- Das Schlaraffenland ist greifbar. Wohlstand für alle!

Haben wir, die wir uns so kritisch gaben, vielleicht in dieser Phase die grössten Fehler gemacht:

- Weil wir im Grunde genommen unkritisch blieben?
- Weil wir gemeint haben, es sei alles nur eine ungewollte Entgleisung, man müsse nur wieder alles ins Gleis rücken, dann könne es weitergehen?
- Haben wir nicht von Umkehren, Rückkehren, Heimkehren gesprochen? Wohin denn? Ach ja, die Romantik des Landlebens, die Schwärmereien von der ‹guten alten Zeit›, die Träumereien über ‹small is beautiful›!

Waren wir denn blind, zu glauben,
- die Errungenschaften dieser Wirtschaft seien an sich positiv? Die Wirtschaft hätte lediglich übertrieben und könne nun von Quantität auf Qualität umgepolt werden? Wollten wir nicht wahrhaben, dass diese Wirtschaft *in sich* zerstörerisch ist?
- die Errungenschaften dieser Wissenschaft seien an sich positiv? Sie hätte sich lediglich an einseitigen Paradigmen orientiert und müsste nun nur noch ‹die andere Hirnhälfte› vermehrt einbeziehen? Wollten wir nicht wahrhaben, dass diese Art Wissenschaft dem Menschen in seiner Vielfalt, der Natur in ihrer Unsterblichkeit, der Schöpfung – oder wie wir dem auch immer sagen wollen – in ihrer Göttlichkeit – oder wie wir dem auch immer sagen wollen – niemals gerecht werden kann, sondern dass sie Natur und Mensch, also die Schöpfung, vergewaltigen *muss*?
- die Errungenschaften dieser Technik seien an sich positiv? Sie hätte sich lediglich vermehrt um ihre Anwendung kümmern sollen. (Das Auto ist als Krankenwagen wertvoll; wenn es nur dazu dient, durch Raserei auf der Autobahn den eigenen Frust loszuwerden, eine Katastrophe. Also ist das Auto wertfrei.) Wollten wir nicht wahrhaben,
    - dass diese Art Technik genau dem Grössenwahn des weissen Mannes entsprach?

- dass der weisse Mann glaubte, sich mit dieser Art Technik zum Gott aufschwingen zu können?
- dass aber letztlich die Frage «Welche Technik?» ausschliesslich von der Möglichkeit, mit ihr Gewinn zu erzielen, beantwortet wurde?

Liegt es denn nicht in *dieser* Auffassung von Technik,
- die zur Grosstechnologie, zur Atomtechnik, zur Atomgesellschaft, zum Atomstaat führt?
- die den obersten Forschungschef von Hoffmann-La Roche sagen lässt, die Neubestimmung der gesellschaftlichen Werte ergäbe «sich aus dem, was wir technisch machen und beherrschen können»?
- die einen Reagan sagen lässt: «Ich führe keinen Atomkrieg, weil er nicht zu gewinnen ist.» Mit anderen Worten: Wenn er zu gewinnen wäre, würde ich einen Atomkrieg führen?
- die die Gentechnologen jubeln lässt: «Wir werden die Mongoloiden schon vor der Geburt eliminieren. Wir brauchen das Nazi-Euthanasie-Programm ‹Unwertes Leben› gar nicht mehr!» Endstation Homunkulus?
- die unfehlbar in den neuen Faschismus der ‹schönen neuen Welt› führen muss, wie sie Huxley kommen sah?

Die spannendste Phase war die *dritte Phase,* als es darum ging, sich zu überlegen: Wie denn anders? Es war die *Phase der Träume, der Phantasien, der Entwürfe, der Utopien.*
Sie ist vorbei. Wir wüssten ja schon längst, wie es sein könnte, wie es sein müsste.
- Wir wüssten, wie Energieversorgung auszusehen hätte, die Demokratie nicht verhindern, uns nicht der Unfehlbarkeit der Technokraten ausliefern würde und die Rücksicht auf die kommenden Generationen nehmen könnte.
- Wir wüssten, wie die Verkehrsproblematik angegangen

werden müsste, mit Versuchen, die nicht noch immer mehr Verkehr induzieren würden.
- Wir wüssten, wie Landwirtschaft aussehen könnte, die sich nicht selber zerstört.
- Wir wüssten, wie die Beziehungen zur Dritten Welt zu gestalten wären, um das Ungleichgewicht nicht immer noch grösser zu machen.
- Wir wüssten, welche Entwicklungen im Städte- und Wohnungsbau einzuleiten wären, um Wohnen und Leben wieder menschlicher zu machen.

Wir wüssten bis in alle Einzelheiten,
- wie ein Unternehmen strukturiert sein müsste, um menschenwürdig zu sein und der Erhaltung der Lebensgrundlagen gerecht zu werden,
- wie neue Gemeinschaftsformen aussehen könnten,
- wie ‹Schule› sein müsste, ohne die Kinder kaputtzumachen.

Wir wüssten es aber auch im Grossen. Wir brauchen nicht so weit zu gehen wie ‹Ökotopia› oder das skandinavische Modell von ‹Aufruhr der Mitte›. Es gibt beispielsweise ein ‹Öko-Modell Niederösterreich› und ein anderes für die Steyermark. Es sind alles hervorragende Entwürfe.
Aber es geschieht nichts!
Wo denn?
Wie denn?
Nein, es ist so: Es geschieht nichts. Es ist alles schlimmer geworden.

Wir sind schon längst in der *vierten Phase*.
Wenn wir doch genau wissen, dass es so, wie es heute läuft, nicht weitergehen kann,
wenn wir wissen, wie es anders sein müsste und könnte,
wenn trotzdem nichts geschieht,

dann gibt es doch nur die eine einzige Frage: *Warum geschieht denn nichts?*
Warum weichen wir dieser Frage ständig aus?
Müssten wir dann Konsequenzen ziehen, die für uns selber unbequem sind, die wir nicht wahrhaben wollen?
Hunderttausende, ja Millionen von Menschen haben in den letzten Jahren diesen Prozess durchgemacht, haben aus Betroffenheit ihr Bewusstsein verändert, haben ihr Leben neu gestaltet.
Weshalb ist aber der Prozess an all den sogenannten Entscheidungsträgern unserer Gesellschaft und Wirtschaft spurlos vorbeigegangen? Merken all die Männer (und die paar Mann-Frauen), die an der Spitze von Politik, Wirtschaft, Kirche, Militär, Wissenschaft, Kultur sitzen, wirklich nicht, was geschieht? Wollen sie es nicht merken, können sie es nicht merken?
Was ist ums Himmelswillen mit diesen Menschen los?

Ist es Dummheit?

Ganz sicher spielt Dummheit eine gewaltige Rolle.
Dass es Dummheit sein muss, zeigt sich schon an den Argumenten und Vorschlägen in den heutigen politischen Diskussionen:
- «Wir sind für Wachstum», war der Titel einer Inseraten-Kampagne der Schweizer Banken. «Das Wachstum der Wirtschaft muss angekurbelt werden», so das Rezept der Manager.

Verdrängt man denn die Erkenntnisse der letzten Jahrzehnte? Warum ist man nicht fähig, einige ganz einfache Rechnungen zu machen? 2% Wachstum bedeutet Verdoppelung in 35 Jahren. Eine Verdoppelung muss man sich ganz konkret vor Augen führen. Dies heisst: In 35 Jahren

von allem, was wir heute in der westlichen Industriewelt an materiellen Gütern und Dienstleistungen haben, doppelt so viel!
Doppelt soviel Strassen
Doppelt soviel Autos
Doppelt soviel Häuser
Doppelt soviel Ferienreisen
Doppelt soviel Medikamente
Doppelt soviel Bier
Doppelt soviel Koteletten
usw.
Jeder nur einigermassen vernünftige Mensch sieht sofort ein, dass ein solches Rezept heller Wahnsinn ist. Aber die Herren wollen ja nicht 2% Wachstum, sondern 6%, um ihre Probleme lösen zu können.
Ich erinnere mich an eine Diskussion in einem Weiterbildungsseminar für Lehrer. Der Finanzdirektor der Swissair betont immer und immer wieder, betriebswirtschaftlich gebe es aus Kostengründen keine andere Lösung, als weiter zu wachsen. Ich mache einige Rechnungen mit exponentiellem Wachstum. Ich habe u.a. das Beispiel von Norbert Blüm erwähnt: «Wenn die materiellen Güter eines Menschen jährlich um 5% zunehmen, muss sich bis zu einem Alter von 75 Jahren alles verzweiunddreissigfacht haben.» Und plötzlich sagt dieser Manager: «Es stimmt; wir haben auch im Swissair-Management einmal ausgerechnet, dass, wenn wir so weiterwachsen wie heute, im Jahre 2036 (vielleicht war es ein anderes Jahr) jede zweite Schweizer Frau zwischen 20 und 40 Jahren eine Swissair-Hostess sein muss.» Als ich fragte, welche Konsequenzen sie daraus gezogen hätten, kam nur ein Kopfschütteln. «Es geht nicht anders.» (Auch Norbert Blüm scheint aus seinen Berechnungen keinerlei Konsequenzen gezogen zu haben.)

- «Wir müssen ein investitionsgünstiges Klima schaffen, um die Arbeitslosigkeit zu beseitigen.»
Ich investiere nur dann, wenn ich durch die Investition konkurrenzfähiger werde. Ich werde nur dann konkurrenzfähiger, wenn ich durch die Investition in irgendeiner Weise rationalisieren kann. Rationalisierung heisst aber nichts anderes als Ersatz von menschlicher Arbeitskraft durch Kapital, also mehr Arbeitslosigkeit. Falls der Gewinn nicht in dieser Weise eingesetzt werden kann, unterbleibt die Investition. Die Gewinne werden für reine Kapitalanlagen, vor allem im rentableren Ausland, verwendet.
Genau das ist in der BRD auch eingetreten. Noch selten war das Klima derart unternehmerfreundlich, noch selten stiegen die Unternehmungsgewinne derart an, noch selten hat eine Wirtschaftspolitik die Investitionen derart begünstigt. Aber die Arbeitslosigkeit steigt weiter an.
Als der BMW-Chef gefragt wurde, was er zu tun gedenke angesichts der Prognose, es seien eine Million von der Autoindustrie abhängige Arbeitsplätze gefährdet, antwortete er, BMW werde durch den Einsatz von Robotern die Automatisierung vorantreiben und notfalls Produktionen ins Ausland verlagern. Also Arbeitslosigkeit schaffen!

- «Für unsere Exportindustrie liegt in der Dritten Welt ein riesiges Wachstumspotential.» Dieses Argument vertritt auch der deutsche Sachverständigenrat. Auch damit müssen wir uns heute abfinden: Sachverstand scheint das gleiche zu sein wie Ignoranz. Sachverstand scheint die Fähigkeit auszuschliessen, irgendwelche Zusammenhänge zu erkennen.
Ulkig: Mit diesem Konzept vertritt der kapitalistische Sachverständigenrat genau die marxistische These, dass der Kapitalismus nur solange zu überleben vermag, als er irgendwo auf der Welt noch irgendwelche ‹rückständigen› Gebiete ausbeuten kann.

Noch nie etwas gehört von Schuldenkrise? Noch nie etwas gehört von einem Nord/Süd-Konflikt? Noch nie etwas gehört von einem wirtschaftlichen Kolonialismus? Sich wirklich nie überlegt, wie die Dritte Welt unsere überflüssigen Exportgüter finanzieren soll? Noch mehr Tropenwälder abholzen? Noch mehr Gemüse in der Sahelzone für unseren Luxus? Noch mehr Viehfutter für unsere Rinder statt Nahrung für die eigene Bevölkerung? Noch grössere Monokulturen, damit die Bananen und Ananas für uns noch etwas billiger werden?

Wäre es nicht Dummheit, wäre es Lüge.
Aber reicht Dummheit als Erklärung aus?

Ist es Sturheit?

Ganz sicher auch dies.
In hierarchischen Strukturen können nur jene nach oben kommen, die 100prozentig konform sind. Wer neue Ideen hat, wer sich etwas anderes vorstellen kann als gerade das, was ist, *kann* gar keine Karriere machen. Er eckt mit seinen neuen Ideen unverzüglich an. Er ist für die Vorgesetzten unbequem. Er wird stillgelegt. Nur wer sich kritiklos in die bestehenden Strukturen einfügt, und nur wer mit der vorherrschenden Meinung und Konzeption restlos einig geht, kann die Erfolgsleiter hochklettern. Mit dem Resultat, dass in dem Moment, wo er selber oben ist, ihm nichts anderes übrigbleibt, als die Strukturen noch mehr abzuschotten, weil sonst *er* sich durch Mitarbeiter mit neuen Ideen gefährdet fühlen würde.
Hierarchische Strukturen setzen Konformität, also Sturheit, voraus und verstärken sie laufend.
Aber sind denn nicht gerade die Manager stolz auf ihre

Kreativität, auf ihre Innovationsfähigkeit, wie sie es so schön nennen? Es ist eine rein zweckgerichtete Kreativität. Die Ausgangslage ist vorgegeben und ebenso das zu erreichende Ziel. Es geht nur noch darum, innerhalb des vorgegebenen Rahmens verschiedene Wege zu finden.
Der Werbeberater nennt sich kreativ. Dabei ist ihm das Produkt vorgegeben, auch der finanzielle Rahmen, meist auch schon die Zielgruppe, ferner das Unternehmens-Image, womöglich eine Unternehmens-‹Philosophie› (eine Beleidigung für jeden Philosophen). Seine ganze Kreativität besteht zunächst darin, die hinterhältigste Methode ausfindig zu machen, um dem Konsumenten etwas beizubringen, was dieser gar nicht möchte, sich dazu irgendwelche blöden Sprüche einfallen zu lassen und schliesslich noch unter verschiedenen Medien zu wählen. Wenn einer in der Wirtschaft sagt, er sei beruflich kreativ tätig – sei er Werbeberater, Grafiker oder gar Designer –, so lauf weit weg! Jeder Handwerker ist kreativer.
Genauso ist es mit dem Manager. Wir kennen doch den Spruch: Wer A sagt, darf nicht B sagen, wenn A falsch war. Für den ‹kreativen› Manager steht weder A noch B zur Diskussion. Die echte Kreativität wäre die Bereitschaft, die Fragestellung selber, d.h. das A in Frage zu stellen. Dazu müsste ich aber non-konform sein können. Das kann der Karriere-Mensch nicht.
Aber reicht Sturheit als Erklärung aus?

Ist es Borniertheit?

Ganz sicher auch dies.
Wir glauben in der Regel immer noch, die Leute an der Spitze seien am besten informiert. Die seien wirklich im Bild! Das Gegenteil ist der Fall. Selbstverständlich: Wenn

es um die interne Information geht, dann verfügen sie über alle nur denkbaren Daten. Ihre Macht, nicht nur intern, sondern auch gegenüber der Öffentlichkeit, dem Staat und dem Aufsichts-/Verwaltungsrat beruht weitgehend auf ihrem Informationsmonopol.

Sobald es jedoch um die externe Information geht, um das Wissen, was in dieser Welt, in dieser Gesellschaft, wirklich los ist, sobald es darum geht, sich im klaren zu sein über heutige Entwicklungen, über anstehende Probleme, über drohende Katastrophen, dann sind die Herren an der Spitze die am schlechtesten informierten Leute.

Ich war in meiner Manager-Zeit jeweils konsterniert ob der Ahnungslosigkeit der Spitzenkräfte der Wirtschaft. Aber es kann ja gar nicht anders sein. Die Leute an der Macht lassen doch nur jene Informationen an sich herankommen, die sie vorbehaltlos in ihrer Meinung und ihrer Position bestätigen. Sie lesen keine kritische Zeitung, sondern die Tageszeitung, die ihre Meinung zum Ausdruck bringt. Der Manager liest die FAZ und nicht die taz, beziehungsweise in der Schweiz die NZZ und nicht die WoZ. Er liest keine alternativen Zeitschriften, sondern jene Fachzeitschriften, deren Meinung genau in sein Bild passt.

Und vor allem: In der Antike wurde der Überbringer negativer Nachrichten geköpft. Das ist in hierarchischen Strukturen noch genau so. Wenn ein Untergebener zum Chef geht und ihm etwas Unbequemes, Ungewöhnliches, Unkonventionelles mitteilt, das dem Chef nicht in seine vorgefasste Meinung passt, welcher Chef würde dann sagen: «Hochinteressant, diese Mitteilung! Davon hatte ich keine Ahnung. Wir müssen dieser Information nachgehen.» Nein, die Reaktion ist: «Was ist mit diesem Typ passiert? Weg mit dem Kerl!»

Die Ich-Bezogenheit das Macht-Menschen, die Nabelschau des Top-Managers verunmöglicht ihm, die Wirklichkeit zu

erkennen. Egozentrik schirmt gegen Realität ab.
Aber reicht Borniertheit als Erklärung aus?

Ist es Unfähigkeit?

Ganz sicher auch dies.
Das Peters-Prinzip hat sich eben auf der ganzen Linie als zutreffend erwiesen. Das Prinzip besagt folgendes – in knappster Form am Beispiel Militär, wo die verschiedenen Karriere-Stufen am einfachsten darzustellen sind:
Der gute Soldat wird mit der Zeit Unteroffizier; der schlechte Soldat bleibt Soldat.
Der gute Unteroffizier wird mit der Zeit Leutnant; der schlechte Unteroffizier bleibt Unteroffizier.
Der gute Leutnant wird mit der Zeit Hauptmann; der schlechte Leutnant bleibt Leutnant.
Der gute Hauptmann wird mit der Zeit Major; der schlechte Hauptmann bleibt Hauptmann usw., bis in die obersten Ränge hinauf.
Jeder macht solange Karriere, bis er die Stufe seiner Inkompetenz erreicht hat. Überall sitzen die Unfähigen.
Und zwar in jeder hierarchischen Struktur.
In der Tat: Wäre unsere Wirtschaft denn in einem solch desolaten Zustand, wenn überall die Fähigen sitzen würden?
Eine Wirtschaft, die
- nur noch der Machterhaltung dient;
- keine Probleme mehr löst, sondern überall in die Sackgasse führt;
- die von ihr selber bestimmten Lebensinhalte aufhebt, wie arbeiten können und müssen;
- die eigenen Wertmassstäbe wie Wachstum ad absurdum führt;

- durch ihre Expansion mehr zerstört als sie schafft;
- aus ihren Mechanismen heraus all das Negative verstärkt, was ihren eigenen Ordnungsprinzipien widerspricht (Ungleichgewicht, Zentralisierung, Konzentration, Monopolisierung, Kartellisierung),

ist am Ende.

Noch grotesker als die Regeln beim Erklimmen der Erfolgsleiter sind die Auswahlprinzipien bei der Besetzung der höchsten Spitzenpositionen. Ausgerechnet bei der Auswahl der obersten Führungskräfte erklären sich die Grossunternehmen für unfähig, die möglichen Kandidaten zu beurteilen und auszuwählen. Es geht einzig darum, dass niemand die Verantwortung übernehmen will, den ‹falschen› ausgewählt zu haben, wenn es ‹schiefgehen› sollte. Also überträgt man die Auswahl einem Aussenstehenden. Dafür sind die sogenannten Headhunters da, die Kopfjäger, die die Top-Manager weltweit wie Schachfiguren hin und her schieben. Die Mentalität dieser Herren Kopfjäger ist unfassbar, grauenvoll. In einem Streitgespräch mit dem bekanntesten Headhunter der BRD – er ist inzwischen gestorben – äusserte er sich zynisch, kalt lächelnd: «Sie haben recht. Die Wirtschaft hat keine Aufgabe mehr. Es braucht wieder einen Krieg, damit die Wirtschaft weitermachen kann.» Auch staunte ich nicht schlecht, als ich am Eingang zu seinen Büros eine grosse Tafel vorfand ‹Psychotherapeutische Praxis›. Braucht der Spitzenmanager einen Irrenarzt? Auf meine Frage, was dies solle, antwortete er, dies sei seine wichtigste Aufgabe: Er stelle immer wieder fest, dass die Herren, die er zu vermitteln habe, psychisch den Anforderungen der heutigen Wirtschaft in keiner Weise gewachsen seien. Er müsse sie in der Regel psychisch zuerst den Realitäten anpassen.
Der bekannteste schweizerische Headhunter, weltweit tätig

und wahrscheinlich einer der grössten überhaupt, gehört zu den reaktionärsten Elementen unserer Gesellschaft. Er ist Gründungsmitglied der nur noch mit Begriffen der Psychopathologie zu erklärenden Autopartei. Alle nur denkbaren Daten über alle nur denkbaren Führungskräfte in aller Welt sind in einer Datenbank an seinem Hauptsitz in Zürich konzentriert. «Die Schweiz ist das einzige Land ohne Datenschutz. In keinem anderen Land wäre es mir erlaubt, diese Daten zu sammeln», so seine eigenen Aussagen. Und deshalb kämpft er nun verbissen gegen jeden Versuch, in der Schweiz wenigstens ein Minimum an Datenschutz zustande zu bringen. Ist es nicht typisch für die Schweiz: Die Daten über das Kapital sind nirgends so geschützt wie in der Schweiz. Aber Datenschutz für Menschen? Höchstens beim Arztgeheimnis. Die Schweizer Banken setzen denn auch das Bankgeheimnis dem Arztgeheimnis gleich.
Dieser Exkurs in die Mentalität der Headhunters war notwendig, um aufzuzeigen, welche Typen letztlich über die Besetzung der Spitzenpositionen in Wirtschaft und Gesellschaft entscheiden.
Aber reicht Unfähigkeit als Erklärung aus?

Ist es Zynismus?

Ganz sicher auch dies.
Ich spreche im Management eines der grössten Tabak- und Alkoholkonzerne und sage zu diesen Herrn: «Sie müssen eigenartige psychische Strukturen haben, dass Sie es als Ihre Lebensaufgabe betrachten können, den Leuten beizubringen, noch mehr rauchen und saufen zu müssen.» Die Reaktion in der Pause: «Sie haben völlig recht. Es ist eine seltsame Aufgabe. Aber es ist uns unheimlich wohl dabei. Wir haben höchste Löhne, beste soziale Bedingungen,

schönste Arbeitsplätze mitten in einem Park. Wir geniessen hohes soziales Prestige. Und überhaupt: Wenn *wir* es nicht machen, macht's einfach ein anderer. Allerdings: Wenn einer käme und würde uns die gleichen Bedingungen bieten, um *gegen* Alkohol und Tabak tätig zu sein, dann schon viel lieber!»

Begegnen wir diesem Zynismus nicht auf Schritt und Tritt? «Was, wir sollen aus Protest gegen die Apartheid keine Produkte aus Südafrika mehr einführen? Dann machen es einfach die anderen. Und überhaupt: Wirtschaft ist nicht Politik.» (Was die gleichen Kreise jedoch nicht daran hindert, politisch äusserst aktiv zu sein, indem sie scharenweise und millionenschwer in die Südafrika-Lobby einsteigen. Na klar, da geht es ums Geschäft und nicht um Politik.)

«Was, wir sollen aufgrund unseres Bekenntnisses zu Frieden, Neutralität und Humanität auf Waffenexporte verzichten? Dann machen es einfach die anderen.» (Wenn die anderen schon kriminell sind, warum soll ich es dann nicht auch sein?) «Und überhaupt: Wie steht es mit den Arbeitsplätzen?» (Na klar, unsere Arbeitsplätze sind wichtiger als die Menschen, die durch unsere Waffen irgendwo in der Dritten Welt umgebracht werden.)

Die Schwester des Zynismus ist die Heuchelei.

Wenn der Präsident des Bundesverbandes der deutschen Industrie an einer Unternehmertagung über die Subventionsmentalität der Unternehmer schimpft, selber aber wesentliche Subventionen für seine Brillenforschung bezieht, ist es Heuchelei.

Ist es aber noch Heuchelei,
- wenn die Herren der chemischen Industrie behaupten, der Ernährung der Menschheit zu dienen, während sie doch genau wissen, dass die ‹grüne Revolution› längerfristig die Ernährungsbasis zerstört?
- wenn die Herren der Grossverteiler behaupten, durch

ihre Gemüse- und Früchteimporte aus der Dritten Welt deren Entwicklung zu dienen, während sie doch genau wissen, dass sie dadurch nur den weissen Grosskonzernen und der herrschenden Schicht jener Länder dienen, die abhängig machenden Monokulturen fördern und der Bevölkerung ihre Nahrung entziehen?
- wenn die Herren der Nestlé behaupten, mit der Propagierung ihres Milchpulvers humanitäre Zwecke zu erfüllen, während sie doch genau wissen, dass sie am Tod von Tausenden von Kleinkindern mit schuld sind?
- wenn die Herren der Grossbanken behaupten, durch die Annahme von Fluchtgeldern aus der Dritten Welt der internationalen Verflechtung zu dienen, während sie doch genau wissen, dass sie mithelfen, die Ärmsten der Armen in unserer Welt noch weiter auszubeuten?
- wenn die Herren der Multis behaupten, Arbeit in die Dritte Welt zu bringen, während sie doch ganz genau wissen, dass durch die Einführung kapitalistischer Strukturen und den Einsatz von Grosstechnologie weit mehr Arbeitsplätze zerstört als durch die Multis geschaffen werden?
Aber reichen Zynismus und Heuchelei als Erklärung aus?

Reichen Dummheit, Borniertheit, Sturheit, Unfähigkeit, Zynismus, Heuchelei – immer gepaart mit einer ungeheuerlichen Maucher'schen Arroganz – aus, um zu erklären, warum sich bei den Spitzenkräften unserer Wirtschaft nichts, aber auch gar nichts an Bewusstsein bewegt?

Vor einigen Jahren ging eine Siegesmeldung durch die Schweizer Presse: Die Schweiz hätte jetzt soviel Ärzte wie kein anderes Land auf der Welt. Wir waren stolz; wir hatten

endlich die Bundesrepublik überrundet. Alle diese Ärzte haben viel zu tun. Wenn wir das Land mit den meisten Ärzten sind, und alle haben viel zu tun, dann sind wir das kränkste Land auf der Welt. Ich will nicht möglichst viel Ärzte haben; ich möchte gesund sein. Auf alle Fälle kann die Anzahl der Ärzte keinen Aufschluss darüber geben, ob es uns gut geht oder nicht. Anderseits brauche ich die Ärzte; es könnte einmal schief gehen. Die umgekehrte Logik wäre noch blöder: Je weniger Ärzte wir haben, desto besser geht es uns. (Es gibt zwar sensationelle Ausrechnungen z. B. der deutschen Krankenkassen, die klipp und klar nachweisen: Die Sterblichkeit der Menschen steigt mit der Anzahl der Ärzte. Das wissenschaftliche Institut der deutschen Ortskrankenkassen stellte fest: «Die Lebenserwartung der Bevölkerung sinkt ziemlich proportional mit der Zahl der Einwohner pro Arzt, also mit zunehmender Arztdichte.»)
Das Ideal wäre also, möglichst viele Ärzte zu haben, aber alle sind arbeitslos. Dann wären wir gesund. Aber wir hätten sie für alle Fälle. Das geht aber wieder nicht in dieser Gesellschaft. Da darf man nicht arbeitslos sein; sonst ist man zu nichts nutze; man ist ein Aussenseiter; man ist ein Drückeberger. Ich darf selbstverständlich arbeitslos sein, aber dann muss ich zum Jet-set gehören. In der Regenbogen-Presse werden uns nur Leute als Idole vorgestellt, die arbeitslos sind und die gar nie auf die Idee kämen zu arbeiten. Was machen wir aber mit den Ärzten? Müssen wir jetzt krank sein, damit sie arbeiten können?
Dieses Ärzte-Beispiel lässt sich auf alle denkbaren Bereiche unserer Zivilisation und unserer Wirtschaft übertragen.
Weshalb müssen wir so froh sein, wenn die Einzelhandelsumsätze gestiegen sind? Wenn sie gestiegen sind, war es ein gutes Jahr. Wenn sie gleichgeblieben oder zurückgegangen sind, war es ein schlechtes Jahr. Was heisst denn das: Die

Umsätze sind gestiegen? Das heisst nichts anderes, als dass die Leute noch immer nicht genug hatten. Alle haben das Gefühl: Ich muss noch mehr haben. Oder man hat ihnen beigebracht: Du musst noch mehr haben wollen. Was ist denn los, du kannst nicht einfach zufrieden sein! Wenn wir sagen würden: So, jetzt reicht's, natürlich müssen wir es noch etwas anders verteilen, aber im Prinzip reicht es, dann würden die Umsätze stagnieren oder sogar zurückgehen. Dürfen wir jetzt endlich zufrieden sein mit dem, was wir haben? Oder müssen wir unzufrieden sein, damit die Umsätze steigen können? Worauf kommt es denn an?
Warum war es ein hervorragendes Jahr, wenn soviele Autos verkauft worden sind, wie noch nie zuvor? Ist es so sensationell gut, wenn noch mehr solche Blechkisten unsere Wälder zerstören, die Städte kaputtmachen, die Landschaften zerschneiden, die Kinder umbringen? Wären wir nicht alle viel viel glücklicher, wenn viel viel weniger Autos verkauft würden?
Geradezu makaber wird es, wenn die Pharma-Industrie mitteilt, es sei ein gutes Jahr gewesen, die Umsätze seien gestiegen. Grossartig: der Cash-flow ist gestiegen, der Marktanteil ist gestiegen, der Umsatz ist gestiegen. Wenn die Herren der Pharma-Industrie ein solches Jahr als Rekord bezeichnen, dann begreife ich es ja noch. Wenn aber die ganze Presse schreibt, es sei ein gutes Jahr gewesen, die Pharma-Umsätze seien gestiegen, dann begreife ich es nicht. Warum schreit die Presse nicht: «Alarm! Was ist denn los mit unserer Gesellschaft? Es geht uns schlechter. Noch mehr Menschen haben noch mehr Medikamente einnehmen müssen. Alarm! Die Pharma-Umsätze sind gestiegen!» Ich will nicht eine blühende Pharma-Industrie, sondern ich will, dass wir gesund sind. Dann kann dieser Industriezweig nicht blühen.
Ich will keine blühende chemische Industrie, sondern ich

will möglichst naturgerecht leben. Beides geht nicht.
Ich will keine blühende Waschmittel-Industrie, sondern möglichst wenig Schmutz. Darauf kommt es doch an.
Ich will keine blühende Reise-Industrie, sondern ich will, dass es uns da wohl ist, wo wir zu Hause sind.
Und wenn ich dann die Manager frage: «Was willst du denn persönlich?» Dann sagen sie: «Frag doch nicht so blöd! Ich will gesund sein, zufrieden sein und glücklich sein.» Was macht der gleiche Manager aber, wenn er am nächsten Morgen in sein Unternehmen geht? Was geschieht, wenn der Manager sagt: «So, jetzt reicht es. Wir sollten einmal schauen, dass die Umsätze nicht weiter ansteigen müssen.» Dann ist er die längste Zeit seines Lebens Manager gewesen. Also *kann* er gar nicht anders. Solange er an diese Wertmassstäbe und diese Zielsetzungen der Wirtschaft glaubt, kann er nicht anders. Er müsste bereit sein, die Wirtschaft als solche zur Diskussion zu stellen, die Zielsetzungen, die Wertmassstäbe dieser Wirtschaft, die Abläufe, die Mechanismen nicht nur in Frage zu stellen, sondern sie schlicht und einfach abzulehnen. Aber das kann er nicht. Er ist Exponent dieses Wirtschaftssystems, er ist Träger dieses Wirtschaftssystems. Er ist nicht in der Lage und ist auch gar nicht bereit, seine eigene Existenz in Frage zu stellen.
Könnte er denn, wenn er wollte?
Ist er fähig, etwas anderes zu wollen?

In Frankfurt fand eine Tagung statt unter dem Titel: «Mensch oder Manager». Spontan war ich verblüfft. Manager oder Menschen? Besteht denn ein Gegensatz zwischen Managern und Menschen? Oder bestehen doch zum mindesten schwerwiegende Unterschiede? Sind denn Manager keine Menschen? Oder ist ein gewöhnlicher Mensch eben nicht in der Lage, Manager zu sein?
In der Tat: im Zusammenhang mit dieser Tagung sind mir

unzählige Beispiele aus meiner Manager-Zeit in den Sinn gekommen.

- Das eine ist die Lebenskurve des Managers. Der ‹gewöhnliche› Mensch hat mit 30 den Höhepunkt seiner Leistungsfähigkeit erreicht. Wenn es gut geht, hält er diesen Standard bei, bis er 40 wird. Da beginnt es bereits schwierig zu werden. Stellenwechsel werden nicht mehr so einfach. Man muss versuchen, sich existentiell zu stabilisieren. Mit 50 gehört man bereits zum alten Eisen. Mit 60 ist Schluss. Vielleicht muss er wegen der Rente noch bis 65 mitgeschleppt werden.
Wie anders beim Manager!
Frühestens mit 30 beginnt er seine wirkliche Karriere aufzubauen. Mit 40 sollte er soweit in den Startlöchern sein, dass er mit 50 den Top erreicht hat. Hier oben bleibt er bis mindestens 60. Aber dann ist noch lange nicht Schluss. Dann steigt er weiter auf in die Position des Aufsichts-/Verwaltungsrates. Und wenn dann gar nichts mehr geht, wird er Politiker und schliesslich noch Präsident irgendeiner Sportvereinigung oder einer gemeinnützigen Organisation, wenn möglich zugunsten der Jugend.
Haben die Manager eine völlig andere Lebenskurve als der ‹gewöhnliche› Mensch? Sind sie Übermenschen oder Un-Menschen? Braucht es für diese Funktion ganz andere Fähigkeiten, als sie der ‹gewöhnliche› Mensch haben kann? Oder kommt es gar nicht auf die Fähigkeiten an? Oder braucht es einen bestimmten Senilitätsgrad, um den Anforderungen dieser Spitzenpositionen zu entsprechen? Ist man in diesen höchsten Positionen ohnehin nur Marionette?

- Ein anderes Beispiel aus dem ‹Institut›: Bei einem Kongress über Industrieroboter beginnt ein Referent seine Ansprache mit einem Versuch. Er müsse zuerst einen Test machen, bevor er sein Referat beginnen könne. Er bitte auf ‹los› den vordersten Herrn rechts im Saal aufzustehen. Sobald er stehe, soll der neben ihm aufstehen usw., bis alle Herren im Saal stehen. Er sagt ‹los› und alle Herren stehen in kürzester Zeit auf. Der Referent sagt: «Bitte setzen Sie sich; wir machen das gleiche nochmals.» «Los!» Und nochmals stehen 250 Top-Manager auf. Der Referent fragt: «Weshalb sind Sie denn aufgestanden? Weshalb hat keiner von Ihnen gefragt ‹wozu denn?›.» Und er hat beigefügt, dass er das gleiche Experiment mit Jugendlichen gemacht habe und dass kein einziger aufgestanden sei, sondern alle hätten zuerst geschrien: «Wozu denn das? Was machst du mit uns?» Fühlt sich derjenige, der das Spiel der Karriere-Leiter mitgemacht hat, auch noch in oberster Position als Befehlsempfänger gegenüber irgendwelchen Leuten, die er als Autorität, und sei es auch nur im Moment, empfindet?

- Ein drittes Beispiel: Die Manager rechtfertigen ihre horrenden Einkommen mit der ungeheuren Verantwortung, die sie tragen. Was geschieht, wenn der Manager versagt? Wer trägt die Konsequenzen des Versagens? Ausschliesslich die Arbeiter, die auf der Strasse stehen. Der Manager steht vielleicht auch auf der Strasse, erhält aber mit Sicherheit eine gute Abfindung und hat wahrscheinlich keine Schwierigkeit, eine vielleicht noch bessere Stelle zu finden. Oder, wie es die ‹Schweizerische Handelszeitung› schreibt: «Wenn ein Unternehmen Erfolg hat, wird der Chef befördert. Wenn es schiefgeht, die Mannschaft entlassen.»
Ist denn nicht die Verantwortung einer Mutter den Kindern gegenüber viel grösser als diejenige des Managers? Aber die Mutter bezieht keinen Lohn.
Oder die Verantwortung einer Krankenschwester den Patienten gegenüber? Sie verdient den Bruchteil eines Manager-Lohns.

Die Verantwortung des Pflegers in einem Behinderten- oder Altenheim, ohne den Status, ohne das Prestige des Managers?
Gibt es also eine Management-Verantwortung einerseits und eine menschliche Verantwortung der Krankenschwester, der Mutter, des Pflegers andererseits?
Die Arbeitszeit eines Lkw-Fahrers, eines Taxi-Chauffeurs und ähnlicher Berufstätiger ist beschränkt. Er trage schliesslich eine grosse Verantwortung. Er müsse sich in jeder Minute seiner Tätigkeit der Folgen seines Tuns bewusst sein können. Die Arbeitszeit eines Managers aber ist unbeschränkt. Im Gegenteil: Je länger er arbeitet, desto wichtiger kommt er sich vor. Er kann in völlig übermüdetem Zustand und vielleicht nach x Whiskies die schwerwiegendsten Entscheidungen treffen. Übermenschlich oder verantwortungslos?
Wer von diesen Herren muss denn sein Tun wenigstens moralisch verantworten? Die Erinnerung von Pfarrer Kurt Marti kommt mir in den Sinn. Er hätte als Gemeindepfarrer im Auftrag seiner Vorgesetzten unzählige Male zu ehemaligen Gemeindemitgliedern gehen müssen, die aus der Kirche ausgetreten seien, und die sich für ihren Schritt hätten rechtfertigen müssen. Er hätte kein einziges Mal zu einem Industriellen oder Bankdirektor oder Spekulanten gehen müssen, um zu fragen, wie er es verantworten könne, *nicht* aus der Kirche auszutreten. Der oberste Herr einer Zürcher Grossbank gab sich schon als Student furchtbar kirchlich-religiös. Kaum ein Tag, an dem er nicht in die Messe rannte. Uns Kommilitonen predigte er höchste Moral. Offenbar stört seine heutige ‹legale Kriminalität› sein angebliches christliches Gewissen in keiner Weise. Vermutlich hat er sein Gewissen bei Opus Dei abgegeben.

● Ein nächstes Beispiel: Die Manager sind die einzige Berufsgruppe in der ganzen Arbeitswelt, die stolz ist auf ihre Berufskrankheit. Die ‹Manager-Krankheit› – geradezu Symbol für Einsatz, Leistung, Selbstlosigkeit, Verantwortung! Ein jugoslawischer Top-Manager vor 15 Jahren im Institut: «Unsere Wirtschaft gedeiht. Es geht uns gut. Wir hatten schon die ersten Herzinfarkte.»

Das Groteske an der ganzen Geschichte: Sie stimmt nicht. Die ‹Manager-Krankheit› ist bei unteren Chargen viel häufiger als bei den wirklichen Managern. Die Lebenserwartung liegt bei den sogenannten leitenden Angestellten um 8 Jahre höher als bei unteren Angestellten. Beim Unternehmer liegt sie gar um 10 Jahre höher. Eindeutiges Ergebnis aller bisherigen Untersuchungen ist, dass Manager gesünder sind als die Arbeiter und Angestellten. Sie haben weniger Herzinfarkte, weniger Coronar-Störungen. Wer kann sich denn jedes Jahr für x Wochen und für x-tausend Franken ‹in den Service› begeben, wie sich eine Management-Zeitung ausdrückte?

Stolz auf eine Berufskrankheit, die es nicht gibt? Nur, um seine Unentbehrlichkeit, seinen ungeheuren Einsatz im Dienste der Allgemeinheit zu beweisen?

- Ein weiteres Beispiel: Die Experimental-Musik ist ein wichtiger Teil des heutigen Suchens nach dem Neuen. Es sind unzählige Menschen, die in die Konzertsäle gehen und sich diese Musik anhören und sich damit auseinandersetzen.

An einer Jubiläumsveranstaltung des Instituts versuchten wir, die Manager mit den gesellschaftspolitischen Entwicklungen der heutigen Zeit zu konfrontieren. Dazu gehörte auch ein Konzert der ‹Gruppe Neue Musik›, Berlin. Es waren 250 Manager anwesend. In meiner Einleitung habe ich auf den Versuch hingewiesen, mit dieser Musik Konflikte aufzuzeigen, neue Wege zu finden. Ich habe gleichzeitig den Managern gesagt: «Wenn Ihr die Musik nicht aushaltet, bitte, Ihr könnt den Saal verlassen.» Es waren ursprünglich 250 Manager im Saal. Nach anderthalb Stunden Musik waren noch 4 im Saal; alle anderen haben sich der Konfrontation verweigert.

- Ein nächstes Beispiel: Die Manager sind die einzigen Menschen, die glücklich sind, in ihrer Arbeit untergehen zu dürfen. Zwei Manager werden in den Urlaub geschickt. Nach kurzer Zeit geht in der Abteilung des einen alles drunter und drüber – na klar, der Chef ist nicht da! Die Abteilung des anderen läuft reibungslos weiter. Nach der Rückkehr wird der eine entlassen – nicht derjenige, bei dem alles wie gewohnt weiterlief. So die Theorie in den Management-Kursen. Die Wirklichkeit sieht anders aus.
Weshalb gibt es keine Teilzeitarbeit für Manager? «Ein sehr hoher Prozentsatz der Arbeiten auch auf höheren Gehaltsstufen ist durchaus teilbar, und damit teilzeit-fähig» – so die Headhunter-Zentrale in Zürich. Warum denn nicht?
Fühlt man sich einfach unentbehrlich? Sind alle so stolz darauf, aus dem Urlaub für eine Konferenz zurückgerufen zu werden? Ist man wirklich unersetzlich?
Ist es notwendig, alle Kompetenzen in einer Hand zu konzentrieren?
Oder hat man Angst, Macht abgeben zu müssen?
Oder käme man mit dem reduzierten Einkommen nicht aus? Aber spielt es eine Rolle, ob ich 200 000 oder 400 000 Franken oder eine Million pro Jahr verdiene?
Oder kann man sich eine Teilzeitarbeit nicht vorstellen?
Oder weiss man nicht, was mit der übrigen Zeit anzufangen?
Es ist viel einfacher: «Ausschlaggebend ist das subjektive Moment des Führungsbewusstseins. Echter Führungswille ist unteilbar.» So der Headhunter in Zürich – er muss es wissen.

- Ein letztes Beispiel: Das deutsche Manager-Magazin veranstaltete zusammen mit einer schweizerischen Beratungsfirma Kurse unter dem Titel «Macchiavelli für Manager». Die Kurse fanden selbstverständlich in Florenz statt und waren äusserst erfolgreich und gut besucht. In diesem Kurs ging es um eine einzige Fallstudie: Wie schalte ich einen Kontrahenten im Unternehmen aus, der mir für meine eigene Karriere im Wege steht? Es begann ganz harmlos. Am ersten Tag ging es vor allem um rhetorische Aufgaben. Man sollte versuchen, den anderen von seiner Unterlegenheit zu überzeugen. Am nächsten Tag folgten fachliche Probleme. Am dritten Tag wurde es schon kritischer. Man muss intrigieren, sein Privatleben mit einbeziehen, die Familie beeinflussen. Die Frau erhält Telefonanrufe über angebliche Freundinnen des Kontrahenten. Der Kurs gipfelte dann schliesslich im Auftrag: Wie treibe ich den Kontrahenten in den Herzinfarkt. Mit anderen Worten: Wie bringe ich meinen Kontrahenten um?

Ein solcher Kurs wurde vom deutschen Fernsehen gefilmt und ausgestrahlt – selbstverständlich erst nachts um 23.30 Uhr. Die Reaktion war gleich null. Die ‹normalen› Zuschauer hielten es für eine Parodie auf die Verhältnisse in der Wirtschaft. Die Manager hingegen, die in der Wirtschaft tätig sind, zuckten offenbar mit der Schulter: Selbstverständlich. So ist es doch. Was ist denn los? Der ‹normale› Mensch, der seinen Mitmenschen um der eigenen Vorteile willen umbringt, ist ein Krimineller. Für den Manager ist es ein selbstverständliches Mittel zum Aufbau der Karriere.

So ist es: «Wirtschaft ist Krieg. Da werden Geländegewinne erzielt. Der Gegner wird vernichtend geschlagen. Der graue Massanzug ist die Uniform» – wie es mir ein deutscher Manager schilderte. Das Verhältnis des Top-Managers zur Belegschaft ist wie dasjenige des hohen Stabsoffiziers zur

Truppe. Eine Kompanie besteht nicht mehr aus 100 Soldaten, aus 100 einzelnen Menschen. Eine Kompanie – ein Betrieb eines Konzerns – ist eine Signatur, eine Schachbrettfigur. Ich opfere bedenkenlos eine Figur, um vielleicht einer anderen zum ‹Erfolg› zu verhelfen.

«In der Wirtschaft ist es wie im Krieg, jeder wehrt sich seiner Haut, so gut er kann! Es war immer so und wird immer so bleiben», stellt der grösste Automobil-Club der Schweiz lakonisch fest.

Wen wundert's, dass der Kolumnist der ‹Welt› offen zum Krieg aufrief, als 1979 eine neue Ölkrise drohte: «Noch ist die Fahrt in eine neue Wirtschaftskrise zu stoppen: mit militärischen Mitteln.» Falls Gadhafi dem Westen kein Öl mehr liefern sollte: «Die Antwort kann nur lauten: Einmarsch.»

Wir erwarten vom Menschen, dass er mit seinen Mitmenschen gut auskommt, dass er mit ihnen leben kann, dass er für sie da sein kann, dass er solidarisch sein kann. Der Manager aber führt Krieg. Er *muss* Krieg führen. Das Konkurrenzprinzip ist Krieg: Ich muss den anderen fertigmachen, damit ich überleben kann. Das Karriereprinzip ist Krieg: Ich muss den anderen übertrumpfen, ich muss ihn unterdrücken, dann bin ich der Sieger. Dann bin ich wer!

Überlegen wir uns doch einmal, wie die *psychischen Strukturen* eines Menschen aussehen müssen, dessen Lebensziel darin besteht, den anderen ständig übertrumpfen zu müssen.

Wer den Sinn seines Lebens darin sieht, Macht über andere Menschen zu erringen oder viel Geld zu verdienen, um sich durch irgendwelche Äusserlichkeiten von anderen Menschen zu unterscheiden, oder sich Statussymbole anzueignen, die ihm den Zutritt zum neureichen Geldadel erlauben – dies die drei möglichen Motivationen für Karrieremenschen –, der zeichnet sich zunächst durch ein extremes

Minderwertigkeitsgefühl aus. Es geht ihm nie darum, er selber sein zu können, sondern er muss von anderen Leuten gefürchtet, bewundert oder doch zumindest als ihresgleichen akzeptiert werden. Es geht deshalb bei der Karriere auch nie darum, welche echten Leistungen damit erbracht werden können, sondern darum, dass Karriere Selbstzweck ist, Selbstbestätigung eines Menschen, der mit sich nicht zu Rande kommt.

Freude am Befehlen, Freude am Unterdrücken, Freude an der Macht sind die Voraussetzungen. Alle anderen haben sich dem unterzuordnen – selbst die eigene Frau: «Wer Karriere anstrebt, darf keine Schwachstellen zeigen. Die eigene Ehefrau könnte eine sein... Ein gesellschaftliches Ereignis, mit Damen im Hause des Chefs kann das vorläufige Ende Ihrer Karriere bedeuten» (Werbung für Benimm-Kurse für Manager-Ehefrauen).

‹Menschliche Menschen› haben kein Bedürfnis, Karriere zu machen. Sie wollen mit dem Mitmenschen zusammenleben, mit ihm sein. Nicht ihn übertrumpfen wollen, nicht ihn beherrschen wollen, nicht ‹mehr› als er sein wollen.

Das Teuflische besteht darin, dass dadurch nur jene Menschen an die Spitzen der heutigen hierarchischen Strukturen in Wirtschaft und Gesellschaft kommen, die wegen ihrer eigenen psychischen Strukturen eigentliche Lebensversager, ausgeprägte Neurotiker sind.

Der Wille zur Macht ist nie ein Zeichen der Überlegenheit. Macht- und Geltungsstreben sind Zeichen der Unsicherheit. Das Gefühl des eigenen Unwertes muss durch die Entwertung des Mitmenschen kompensiert werden.

Da seine Macht nicht auf besonderen Fähigkeiten oder gar innerer Grösse und charakterlicher Kompetenz beruht – denn dann müsste er nicht Macht ausüben –, sondern allein auf seiner hierarchischen Stellung oder seinem Geld, muss er sich vom ‹Plebs› absondern. Er muss sich äusserlich

distanzieren und abschirmen, damit niemand merkt, wie hohl es hinter der Fassade ist. Er muss die Fiktion aufrechterhalten, er müsse besser sein als wir, weil er doch an der Macht sei.
Nur: Was nützt es mir zu wissen, dass die Leute an der Macht charakterlich äusserst problematische Neurotiker sind? Was nützt es mir zu wissen, dass der Mächtige innerlich schwach ist? Was nützt es mir zu wissen, dass Hitler einen Mutterkomplex hatte und Stalin einen Vaterkomplex oder umgekehrt und dass Reagan das typische Opfer von Liebesentzug in seiner frühesten Kindheit war? Dies mag für Psychologen und Psychoanalytiker von Interesse sei. Konkret ist für mich nur die ausgeübte Macht. Oder soll ich mit dem Mächtigen gar Mitleid haben wegen seiner psychischen Defekte?

Ich könnte mich nun kapitelweise darüber auslassen, dass die Fragestellung «Mensch oder Manager?» vielleicht falsch ist, dass die Front nicht zwischen Managern einerseits und Menschen andererseits verläuft, sondern dass die Front mitten durch die Person des Managers hindurchgeht: Die Persönlichkeitsspaltung des Managers, die Schizophrenie des Managers, der Zwang zu unterschiedlichen Wertmassstäben – hier Privatleben, dort Beruf (‹Zukunft›, Seite 68 ff.)*.
Soll ich Erbarmen haben mit den Managern, die sich und ihre Familien derart ‹opfern› müssen – im Dienst der Allgemeinheit, im Dienste des öffentlichen Wohls, im Dienste unseres Wohlstands?
Erbarmen haben, dass die Manager zur Bevölkerungsschicht mit der höchsten Selbstmordrate gehören?

---

* Die Hinweise ‹Zukunft› betreffen Ausführungen im Buch «Nach uns die Zukunft», Originalausgabe Zytglogge Bern und Kösel München.

Erbarmen mit den Managern, deren Trinksucht beängstigende Masse annimmt, wie die Manager-Zeitschrift ‹Bilanz› schreibt? («Das Risiko, an Leberzirrhose zu sterben, liegt bei den Chefs um das 22fache über dem Durchschnitt.») Erbarmen haben, dass die Manager nie Angst haben dürfen? «Angst ist dumm» – sagt der oberste Migros-Boss. Angst hat im Leben eines Menschen eine äusserst wichtige Funktion. Wer Angst verdrängt, ist ständig auf der Flucht vor sich selbst – typisch für den zitierten Herrn. Die Werbung weiss, was mit den Managern los ist. «Die Angst des Managers» – damit wirbt das Manager-Magazin. Oder eine ganzseitige Anzeige für ein Geriatrikum in einer Manager-Zeitschrift: Ein Manager liegt schlaflos in einem Luxusbett (natürlich mit Satin-Wäsche); die junge, attraktive Freundin wendet sich angewidert ab. Text: «Nachts, wenn die Karriere kommt. Wie oft haben Sie davon geträumt! Vom Erfolg, der Karriere, der Selbständigkeit. Und jetzt? Jetzt würden Sie viel darum geben, ein paar Jahre jünger zu sein, noch einmal alles ganz anders machen zu können.» Soll ich Erbarmen haben?
Erbarmen haben, dass das Leben der Manager derart leer, derart sinnlos ist, dass sie sich ständig mit den unsinnigsten Statussymbolen über die Sinnlosigkeit hinwegzumogeln versuchen? Gibt es etwas Lächerlicheres als diese Äusserlichkeiten? Wer es nötig hat, sich und seiner Umwelt ständig seine Wichtigkeit beweisen und unter die Nase reiben zu müssen, ist innerlich, menschlich und fachlich nichts wert.
Wie sich die ‹Wichtigkeit› darstellt, ist schon wieder amüsant. Nicht die Super-Villa ist wichtig – die hat der Spekulant auch –, sondern die Sicherheitseinrichtungen. Man ist doch wegen seiner Wichtigkeit derart gefährdet – denk an Ponto! Nicht die Luxus-Limousine ist wichtig – der Zuhälter hat eine schönere –, sondern die Anti-Terror-Einrichtung. Ein ehemaliger Autorennfahrer betreibt im Tessin eine

Anti-Kidnapp-Schule für Chauffeure und Gorillas, aber auch für die Manager und ihre Familienangehörigen selbst – denk an Schleyer!

Warum gibt es keinen Top-Manager, der auf all diese Äusserlichkeiten verzichtet, einfach und bescheiden lebt, weil er seine Befriedigung in der Aufgabe, in der Arbeit, im Sinn seines Lebens findet?

Wollen wir uns nicht einfach eingestehen, dass das Wirtschaftssystem genau jene Leute nach oben bringt, die das System braucht, um so weitermachen zu können wie bisher?

Deshalb sollten wir uns keinen Illusionen hingeben: Es gibt keinen Wandel bei den Managern selbst. Es gibt über die Manager keinen Wandel in Wirtschaft und Gesellschaft.

Die Manager selbst sind ja stolz darauf, beliebig austauschbar zu sein (nicht zu verwechseln mit ersetzbar; sie fühlen sich selbstverständlich alle unersetzlich). Man wechselt beliebig von der Spitze eines Suppenkonzerns an die Spitze eines Presse-Imperiums. Wenn man den Top-Management-Posten beim Bauernverband nicht erhält, wird man Top-Manager beim Grossverteiler. Heute kümmert man sich um die Grossproduktion von Schweinen; morgen ist man zuständig für Kultur. Man sehe sich nur einmal den Sesseltanz in den deutschen Grosskonzernen an.

Dazu der sattsam bekannte Schweizer Super-Headhunter: Winston Churchill habe einmal die Menschheit in drei Gruppen gegliedert: «Eine Elite sorgt dafür, dass etwas geschieht, ein paar andere beobachten, was geschieht, und die meisten merken gar nicht, dass etwas geschehen ist. Zur ersten Gruppe gehören seit jeher die Unternehmensführer; womit auch gleich gesagt ist, dass es einen völlig neuen Managertyp niemals geben wird.» Eine Änderung des Manager-Typus sei nicht denkbar; eine Bewusstseinsände-

rung beim Manager schon gar nicht. Ein ‹aussteigender› Manager sei eben nie ein Manager gewesen, sondern schlicht und einfach ein Versager.
Ein Manager ist ein Manager ist ein Manager...
Sie sind alle gleich. Oder haben Sie je von einem Top-Manager gehört,
– der sich gegen Atomkraft geäussert hätte?
– der sich für sanfte Technologie eingesetzt hätte?
– der biologischen Landbau befürwortet hätte?
– der sich in der Friedensbewegung exponiert hätte?
– der gegen Waffenexporte und ‹Nach-›-Rüstung protestiert hätte?
– der sich gegen eine Autobahn und die weitere Förderung des Autowahnsinns zur Wehr gesetzt hätte?
– der in den dreissiger Jahren die Machtübernahme durch Hitler und die Nazis *nicht* begrüsst hätte?
Gross, gigantisch, brutal, überwindend, rücksichtslos, hart – sie sind alle gleich. Sie können nicht anders.

Also *müssen* es bestimmte Charaktereigenschaften sein, die der ‹gewöhnliche Mensch› nicht hat. Es *müssen* bestimmte Denkmuster sein, die ihn vom ‹gewöhnlichen Menschen› unterscheiden. Es *müssen* innere Strukturen sein, die verhindern, dass er sich der heutigen Probleme auch nur bewusst werden könnte.
Und doch behaupten sie, sie veränderten ihr Bewusstsein, sie seien auf der Suche nach dem Neuen. Zu Tausenden rennen sie in die Kurse, von Lanzarote über Worpswede bis Reigoldswil; Hunderte von Büchern und Zeitschriften werden von den Managern verschlungen. Rolfing, Feuerlaufen, Atemtechnik und Meditation haben das Jogging abgelöst. Die Manager sind auf dem New-Age-Trip, sie verändern ihr Bewusstsein.
New-Age hat recht: *So* geht es nicht mehr weiter. Wir

wissen es ja schon längst. New-Age hat nun aber auch die Antwort auf die Frage, weshalb denn nichts geschehe.
Es war unser falsches Bewusstsein. Doch jetzt kommt alles anders: Wir stehen vor der historischen Wende, vor dem kosmischen Wandel, vor dem Paradigmenwechsel, vor der Erleuchtung, dem Bewusstseinssprung. Wir danken den Sternen!
Wir verändern unser Bewusstsein, und aus all den brutalen Grosskonzernen, aus all den aggressiven Rüstungsbetrieben, aus all den zerstörerischen Chemieunternehmen, aus all den lebensfeindlichen Atomkraftwerken werden nun sonnige, wonnige, friedliche, dezentralisierte Kleinbetriebe. Schon beginnt Daimler-Benz nur noch Fahrräder zu produzieren. Die Saatgutkonzerne befassen sich mit der Herstellung von Steinmehl und Algenextrakten; sie werden Kuhhörner vergraben für den biologisch-dynamischen Landbau. Die Rüstungsindustrien werden sich dem öffentlichen Verkehr widmen und Komposthäcksler herstellen. United Fruit wird das geraubte Land zurückgeben und Selbsthilfegenossenschaften der Plantagenarbeiter finanzieren. Die sieben Erdölschwestern widmen sich den Windmühlen, Wärmepumpen und der Isolation von Häusern. Die Grossbanken räumen ihre Paläste in den Stadtzentren und stellen sie als Familienwohnungen zur Verfügung. Die Nestlé wird die Mütter in der Dritten Welt über die Auswirkungen ihrer Geschäftspraktiken aufklären. Die Aluminiumindustrie arbeitet mit den australischen Ureinwohnern zusammen, um das Land wiederherzustellen. Die ITT wird in Chile die Diktatur beseitigen. Und die Werbeagenturen werden uns mit riesigen Kampagnen darüber aufklären, wie all das möglich war, was heute ist. Dies werden wir dann qualitatives Wachstum im Zeichen von Wassermann nennen.
Um solche Probleme ginge es, wenn wir über Wirtschaft

und Management in der neuen Zeit sprechen. Es ist leicht, in all den Zukunftsdiskussionen mit abstrakten Begriffen wie sanft, menschgemäss, qualitativ, rücksichtsvoll zu operieren. Man malt rosige Bilder und schwebt davon auf zarten Wölklein. Sobald man aber ganz konkret sagt, wie müsste es denn sein, welches sind die Probleme, um was geht es denn eigentlich, dann ist Schluss.

Und schon kommen die New-Age-Propheten wieder: Gerade deshalb ist es so wichtig, dass nun diejenigen, die letztlich über unsere Wirtschaft und Gesellschaft entscheiden, erleuchtet werden. Denn *die* haben es doch in der Hand. Es gehe um das Entstehen einer ‹neuen Art von Führerperson›. Man spricht von den ‹führenden Persönlichkeiten› der Zukunft.

«Der wahre Führer transformiert die Bedürfnisse seiner Gefolgschaft. Der erfolgreiche Führer weckt neue, ‹höhere› Bedürfnisse in seiner Gefolgschaft. Eine wahre Führung weckt in uns eine tieferliegende Unzufriedenheit, ein tieferes Verlangen» – um nur einige Sätze und Ausdrücke aus der New-Age-Literatur zu zitieren.

Wie gefährlich New Age werden kann, belegt die Forderung von Ferguson: «Die beste Führung ist die, unter der die Leute sagen: ‹Wir haben es selber geschafft.›» Ist das nicht die totale Manipulation? Wenn man für die Bewältigung der ökonomisch-ökologischen Herausforderungen eine «Intensivierung der Führung» und «grössere, stärkere Führungspersönlichkeiten» fordert, dann verlangt man noch mehr Hierarchie, noch mehr Machtstrukturen, noch mehr Abhängigkeiten.

Es wird für mich geradezu kabarettistisch, wenn ausgerechnet die Manager die grossen Veränderer in Richtung neue Zeit sein sollen. Man kann es mir nicht übelnehmen, wenn ich nach 25 Jahren Management und nach 15 Jahren Leitung eines internationalen Managementinstituts nur noch

herzhaft lachen kann, wenn es heisst: «Der Unternehmer ist der neue, gewaltlose Agent der Veränderung» (Schwartz). Oder: «Die leitenden Köpfe in der Geschäftswelt bilden möglicherweise die geistig aufgeschlossenste Gruppe in der Gesellschaft» (Ferguson). Oder wenn zu Managementseminaren eingeladen wird mit der Begründung, Unternehmer und Manager seien nach dem Wiederaufbau ein zweites Mal herausgefordert, «aus der geistigen Krise des Menschen und der westlichen Industriegesellschaft herauszuführen».
Ausgerechnet jene Leute,
- die uns in allen Bereichen der Wirtschaft in die Sackgasse hineingeführt haben,
- die für ihre geschäftlichen Interessen brutal die ganze Umwelt zerstören,
- an denen der Bewusstseinsprozess der letzten 15 Jahre, der Millionen ‹gewöhnliche› Menschen erfasst hat, spurlos vorbeigegangen ist,
- die sich als völlig unfähig erwiesen haben, sich im wirtschaftlichen Bereich etwas einfallen zu lassen,
- die sich ständig hinter Sach- und Systemzwängen verschanzen, um sich ihr Versagen nicht eingestehen zu müssen,
- die sich mit Händen und Füssen dagegen wehren, wenn von ihnen verlangt wird, sie müssten ökologische und gesellschaftliche Überlegungen und Faktoren in ihren Entscheidungen mitberücksichtigen,
- die in einer Schizophrenie ohnegleichen leben,
- die in ihrer Egozentrik der Karriere alles und jedes opfern,
ausgerechnet diese Leute sollen uns nun wieder das Heil bringen.
New Age verdrängt die Machtfrage. Sie ist für New Age einfach nicht existent. Wie kommt man dazu, Hunderte von Seiten über ‹Wendezeit› zu schreiben und das Machtpro-

blem nicht einmal anzudeuten? Solange man sich mit Metaphysik, Kosmos, Bewusstseinserweiterungen, falschem Denken irgendwelcher früheren Wissenschaftler usw. befasst, mag man sich um die Machtfrage herummogeln. Sobald man sich mit dem Problem Wirtschaft befasst, geht's nicht mehr.
Natürlich finden wir in der New-Age-Literatur den Begriff «Macht». Um der wirklichen Machtfrage auszuweichen, macht man aber den Trick: Macht ist Energie. Also verfügt jeder Mensch über Macht. «Die Macht fliesst aus einem Zentrum im Inneren, einem geheimnisvollen Allerheiligsten, das mehr wert ist als Geld, Name oder Geleistetes» (Ferguson). Noch nie etwas gehört von struktureller Gewalt, von Machtstrukturen, von Gewaltmonopol?
New Age ist ein superraffinierter Trick der Herren an der Macht. «Wir haben unser Bewusstsein verändert. Wir haben alles im Griff. Ihr könnt uns vertrauen – lasst uns nur machen! Seid dankbar, dass wir für Euch die Verantwortung tragen! Seid zufrieden mit dem, was Ihr habt! Seid ruhig da, wo Ihr seid!»
New Age ist gefährlich. Die Krise der Neuzeit ist keine Krise der Wahrnehmungen, keine Krise des menschlichen Bewusstseins. Es sind nicht versteckte Denkmuster und Gefühlsstrukturen, die unser heutiges verhängnisvolles Handeln nach sich gezogen haben, sondern es sind *gewollte* Denkmuster und Gefühlsstrukturen. Die Herren, die an der Macht sind, wollten es so. Sie wollten es so, wie es heute ist, und wollen, dass es so bleibt, wie es ist.

Wie recht hatte doch mein Lehrmeister Gottlieb Duttweiler, als er immer wieder warnte: Sollten einmal die Manager die Macht in der Migros übernehmen, wird die Idee Migros nach kurzer Zeit kaputt sein. ‹Migros› war ursprünglich viel

mehr als ein äusserst erfolgreiches Unternehmen. Es ging ihm – wie erwähnt – immer um die eine einzige Frage: Welche Probleme sind zu lösen, was will ich eigentlich?
Schon drei Jahre nach der Gründung kaufte die kleine, schwache Migros ein Unternehmen für die Herstellung von Obstsäften. Sicherlich nicht aus kommerziellen Gründen, sondern um zu versuchen, das Problem der alkoholfreien Obstverwertung in der Schweiz zu lösen. Der ‹Hotelplan› wurde nicht gegründet, um möglichst viele Reisen zu verkaufen, sondern um der Krise der Schweizer Hotellerie in den 30er Jahren zu begegnen und erste Versuche mit einer Art Sozialtourismus zu machen. Eine Kartonnage-Fabrik schuf Arbeitsplätze für Behinderte. Eine Bank wurde gegründet, um neue Sparformen zu entwickeln. Eine Versicherungsgesellschaft sollte das straffe Branchen-Kartell sprengen. Mit einer eigenen Mineralöl-Gesellschaft und einer eigenen Raffinerie wollte man die Abhängigkeit der Schweiz von den internationalen Erdölgesellschaften brechen – um nur einige Beispiele zu nennen.
Die entscheidende Aufgabe sah Duttweiler darin, die unerträglichen Auswüchse unseres Wirtschafts- und Gesellschaftssystems zu bekämpfen. Die Migros sollte «menschliches und soziales Korrektiv in einer unmenschlichen und unsozialen Wirtschaft und Gesellschaft» sein. Er nannte es den ‹Dritten Weg› zwischen Kapitalismus und Staats-Sozialismus, ein Ausdruck, der unter anderem auch von Ota Šik, dem Wirtschaftsminister der Reformbewegung des ‹Prager Frühlings›, verwendet wurde. (Als Ota Šik nach seiner Emigration in unserem Institut erste Kontakte zur westlichen Wirtschaft knüpfte, war er völlig fasziniert vom Modell Migros.)
Basis des ‹Dritten Weges› sollte die Demokratisierung der Wirtschaft sein. Dies war auch der Grund, weshalb Duttweiler sein Privatunternehmen durch Umwandlung in eine

Genossenschaft seinen Kunden schenkte. Das ‹soziale Kapital›, wie er es nannte – sollte stark genug sein, um das ‹Geldkapital› zu einem anderen Verhalten zu zwingen. Duttweiler glaubte – wegen ihrer Effizienz – an die Segnungen der Marktwirtschaft. Aber die Marktwirtschaft durfte niemals zum Selbstzweck werden. Der Markt ist ja auch wirklich nichts anderes als ein uraltes, vom Gesellschaftssystem völlig unabhängiges Instrument, um auf einfachste Weise Angebot und Nachfrage in Übereinstimmung zu bringen. Und sonst nichts!
Er fand sich damit einig mit Ludwig Erhard, dem ‹Vater des deutschen Wirtschaftswunders›, mit dem er befreundet war, der auch immer und immer wieder betonte, Marktwirtschaft dürfe niemals zur Ideologie ausarten. Die gesellschaftlichen Aufgaben seien das entscheidende. Wenn die Marktwirtschaft diese Aufgaben zu lösen imstande sei, um so besser. Wenn aber nicht, oder wenn die Marktwirtschaft einer Lösung sogar im Wege stehe, dürfe es keine Diskussion geben: Niemals dürfe die Wirtschaft die Priorität haben. «Was wir brauchen, ist ein neuer Stil unseres Lebens. Die wachsende Produktion allein hat keinen Sinn. Lassen wir uns von ihr völlig in Bann schlagen, geraten wir in solcher Jagd nach materiellen Werten in den bekannten Tanz um das goldene Kalb. In diesem Wirbel aber müssten die besten menschlichen Eigenschaften verkümmern: Der Gedanke an den ‹anderen›, an den Menschen neben uns, ... Wir müssen als Volk und Nation um die Verwirklichung übergeordneter Ziele bemüht sein.» So schrieb Ludwig Erhard mitten in der Hochblüte des deutschen Wirtschaftswunders.
Es waren Illusionen, bei Duttweiler wie bei Erhard. Die Migros-Manager, die an die Macht kamen, wollten keineswegs mehr Korrektiv sein. Sie wollten nicht Kämpfer gegen das System, sie wollten nicht Aussenseiter sein. Im Gegen-

teil, sie wollten anerkannte ‹Führungskräfte› sein, Einkommensstatus, Titel, Sozialprestige, Villa, Wagen wurden wichtiger als die zu lösenden Probleme. Man war sogar stolz darauf, in den Verwaltungsrat von Firmen berufen zu werden, die man früher aus Überzeugung bekämpft hatte. Statt Korrektiv zu sein, wurde die Migros tragende Säule des Systems. Ist es nicht bezeichnend, dass seit Duttweilers Tod keine einzige neue Idee mehr realisiert wurde?
Duttweiler und Erhard waren sich offenbar nicht bewusst, dass das System – oder die Institution – genau jene Typen an die Spitze bringt, die weder über die Vorstellungskraft noch die Fähigkeit, noch über die charakterlichen Strukturen verfügen, die ihnen ermöglichen würden, Probleme erkennen zu wollen und Lösungen sich vorstellen zu können. «Der Phantast ist der wahre Realist» – war ein Lieblingsspruch von Gottlieb Duttweiler. An die Spitze – wenn es schon Spitzen geben muss – gehören Denker, Phantasten. Manager sind das Gegenteil. Management stammt – wie Manipulation – von Manus, dem griechischen Wort für Hand. Manager sind Macher, Schmeisser. Was sie machen, wie sie schmeissen, ist ihnen gleichgültig. (Da nützt es auch nichts, wenn sich in unzähligen Manager-Büros eine Tafel auf dem Schreibtisch oder an der Wand befindet mit dem einzigen Wort: «Think!» also «Denke!». Es wurde meines Wissens von der IBM eingeführt und soll dort noch immer für jedes Manager-Büro obligatorisch sein. In welchem andern Beruf muss man wohl ständig daran erinnert werden, dass man bei der Arbeit eigentlich denken sollte?)

Wie lehrreich waren die Erfahrungen, die wir mit der Aktion ‹M-Frühling› machen mussten.

Die Aktion ‹M-Frühling› in der Schweiz war weltweit der erste Versuch, einen Grosskonzern in Zielsetzung und Unternehmungspolitik nach alternativen Grundsätzen umzugestalten. Für Nicht-Schweizer: Der Buchstabe M steht für die erwähnte Duttweiler-Firma ‹Migros›, deren Signet einen in der Schweiz auf Schritt und Tritt begleitet. Bezogen auf das Wirtschaftsgebiet, in dem dieses Unternehmen tätig ist, handelt es sich um weitaus das grösste Unternehmen der Welt. Man müsste alle Grossunternehmen der Bundesrepublik in einem Superkonzern zusammenfassen – er würde trotzdem noch nicht die relative Grösse der Migros erreichen.

Die Migros ist einerseits ein Filialunternehmen für Lebensmittel und ein umfassendes Non-Food-Sortiment mit einem Umsatz von heute rund zwölf Milliarden Franken; anderseits umfasst sie unzählige Produktionsunternehmen, ferner eine Bank, ein Versicherungsunternehmen, eine Reiseorganisation, den grössten Buch- und Grammoclub der Schweiz, Lager- und Transportgesellschaften, Wochenzeitungen mit eigener Grossdruckerei usw. Hinzu kommen verschiedene kulturelle Organisationen.

Im Herbst 1979 schlossen sich Umweltgruppen, Dritt-Welt-Organisationen, kirchliche Kreise, Tierschutzvereinigungen usw. zum Verein ‹M-Frühling› zusammen. Seine Forderung lautete: Eine demokratische, umweltfreundliche und entwicklungspolitisch verantwortliche Migros, die im Sinne Duttweilers menschliches und soziales Korrektiv in unserer Gesellschaft sein sollte.

Das Unternehmen Migros war geradezu prädestiniert, weil es sich in wesentlichen Punkten von anderen Grossunternehmen unterscheidet. Die Möglichkeit, in einem konkreten Fall endlich einmal einen Schritt aus der industriellen Zeit mit ihren existentiellen Zwängen in die nachindustrielle Zeit mit höheren Zielsetzungen zu tun, wäre bei der Migros einmalig gewesen. Ebenso einmalig die Voraussetzung, dass dies in gemeinsamer Übereinkunft und in einem sukzessiven demokratischen Prozess von unten hätte geschehen können.

Erste Voraussetzung
Die Migros ist eine Genossenschaft. Ihr Kapital ist vollständig demokratisiert. Heute sind rund 1,1 Millionen Genossenschafter (meistens ganze Familien) – dies bei ca. sechs Millionen Einwohner der Schweiz – Besitzer der Migros. Die Genossenschaftsanteile können nicht gehandelt werden. Bei einem Austritt aus der Genossenschaft wird lediglich der Nominalwert vergütet. Gewinne werden nicht ausgeschüttet. Eine Rückvergütung gemäss den ursprünglichen genossenschaftlichen Prinzipien existiert nicht. Dies hat zur Folge, dass der gesamte erwirtschaftete Cash-Flow von 400 bis 600 Millionen Franken pro Jahr reinvestiert werden kann. Dieser Cash-Flow schreit geradezu nach neuen Ideen und höheren Zielen, die verwirklicht oder angestrebt werden könnten.

Diese Kapitalstruktur hat noch eine weitere beinahe unglaubliche Konsequenz: Jegliche Verluste sind rein theoretischer, das heisst ausschliesslich buchhalterischer Natur, da nie jemand irgendwelche Eigentumsverluste – und wären es auch nur Kursverluste – in Kauf zu nehmen hat. Die Eigentumssituation in der Migros mit den geschenkten Anteilscheinen, dem nur theoretisch existierenden inneren Wert und dem aus sich selbst heraus erarbeiteten Milliardenvermögen entzieht sich derart den üblichen Vorstellungen und Prinzipien unseres Wirtschaftssystems, dass es erst einige Gedankenspiele braucht, bis man auch hier die Einmaligkeit der Situation erfasst.

Zweite Voraussetzung
Die Migros ist nicht nur hinsichtlich der Eigentumsverhältnisse, sondern auch in bezug auf ihre juristische Stuktur ein Unternehmen, das auf demokratischen Prinzipien basiert. Ein entscheidender Punkt besteht darin, dass gemäss den Statuten nicht nur die ‹Parlamente› der Migros, das heisst die Vertreter des Genossenschaftervolkes in den beratenden und überwachenden Gremien, durch das Genossenschaftervolk gewählt werden, sondern auch die Verwaltungen (Aufsichtsräte) der 12 regionalen Migros-Genossenschaften und der Dachorganisation und sogar die exekutive Führungsspitze des Gesamtkonzerns. Zudem haben die Genossenschafter jährlich über die Rechnungen abzustimmen und können sich konsultativ zu Sachfragen äussern. Ferner besteht ein gewisses Initiativrecht der Genossenschafter.
Tatsache ist allerdings, dass dieser demokratische Aufbau bis 1980 Theorie geblieben war. Die Abstimmungen über die Jahresrechnungen mit minimalster Stimmbeteiligung und Mehrheiten von meist rund 98 Prozent Ja-Stimmen sind geradezu Beweis für das Nicht-Funktionieren der Demokratie. Wahlen hatten schlicht und einfach noch nie stattgefunden (von einer kleinen regionalen Ausnahme abgesehen). Es wurden vom Migros-Management für die theoretisch alle vier Jahre stattfindenden Wahlen immer nur so viele Kandidaten aufgestellt, wie Sitze zu vergeben waren, so dass regelmässig die Kandidaten als in stiller Wahl gewählt erklärt werden konnten.

Dritte Voraussetzung
Eine Genossenschaft basiert auf dem Prinzip der Selbsthilfe. Geschäft darf nicht zum Selbstzweck werden, wenn die Genossenschaft ihren Charakter nicht verleugnen will. Hinter jeder Aktivität hat die Frage nach dem Sinn zu stehen. Mit dieser Frage nach dem Sinn ist die freiwillige Übernahme von nichtkommerziellen Verpflichtungen verbunden. Kommerzielle Interessen haben in den Hintergrund zu treten, wenn anderweitige Rücksichtnahmen dies erfordern.
In dieses Kapitel gehört nicht nur die statutarische Verpflichtung der Migros, jährlich rund 1% des Umsatzes für nichtgeschäftliche, vor allem kulturelle und soziale Aufgaben aufwenden zu müssen. Zu erwähnen ist in diesem Zusammenhang in erster Linie der Verzicht auf den Verkauf von Tabak und Alkohol aus Rücksicht auf die Volksgesundheit.

Vierte Voraussetzung
«Aber wenn die Migros nicht mehr expandiert, tun es die andern. Wenn die Migros Rücksicht zu nehmen beginnt, werden die andern um so rücksichtsloser sein.»
Man kennt diese Argumentation aus allen möglichen Bereichen; man nennt es Systemzwang des Konkurrenzprinzips. Wenn die Migros beim Verzicht auf Alkohol so überlegt hätte? Und doch: Ein kleines Unternehmen ist tatsächlich weitgehend diesen Zwängen unterworfen.
Wie ganz anders bei der Migros! Noch immer war das Verhalten der Migros für die andern richtungweisend. Hinzu kommt, dass hinter der Marktmacht, die rücksichtslos oder rücksichtsvoll eingesetzt werden kann, noch eine andere, ebenso wichtige Macht steht. Der Migros gehört auch die grösste Wochenpresse der Schweiz, die Migros ist wohl der grösste Inserent der Schweiz, die Migros

verfügt dank ihres Verteilernetzes über ein riesiges tägliches Informationspotential.
Jedermann kennt die Macht der Information. Wenn die Migros beginnt, ihre ungeheuren Möglichkeiten dafür einzusetzen, den Konsumenten über die tatsächlichen wirtschaftlichen Zusammenhänge zu informieren, ihn ins Bild setzt, woher die Produkte kommen, unter welchen Verhältnissen sie hergestellt wurden, welche Auswirkungen deren Herstellung und Export in die Schweiz haben, wie es mit dem Gesundheitswert unserer Nahrung steht usw., dann wird eben nicht nur das Verhalten der Migros-Kunden anders und die Migros eine andere, vernünftige Migros sein, sondern dann wird sich eben in Kürze die ganze Wirtschaft nach neuen Kriterien richten müssen.

Fünfte Voraussetzung
Es dürfte auf der Welt kein anderes Unternehmen geben, das in seiner Tätigkeit derart umfassend ist wie die Migros. Der Schritt in die neue Zeit kann nicht punktuell erfolgen. Wohl sind Hunderte von kleinen Versuchen und einzelnen Ansätzen nötig. Aber sie müssen miteinander in Beziehung stehen, sie müssen ‹vernetzt› sein. Sie müssen von den gleichen Grundgedanken mit der gleichen Überzeugung getragen sein. Das Neue muss umfassend sein. Welche Chance also auch hier wieder: die Migros in ihrer faszinierenden Vielfalt.

Der unmittelbare Anlass für die Gründung des Vereines M-Frühling waren die Genossenschaftswahlen vom Juni 1980. Der Verein stellte für alle zu wählenden Gremien eigene Kandidaten auf. Die Wahlen waren ein einmaliger Anlass, um ein solches Grossunternehmen zur Diskussion zu stellen und neue Ideen und Vorschläge zu präsentieren.
Für die vielen Gruppen, die beim M-Frühling mitmachten, hatten die Wahlen einen wichtigen Effekt: Die Gruppen waren gezwungen, ihre Anliegen, sei es nun auf dem Gebiet des Umweltschutzes, der Beziehungen zur Dritten Welt, der natürlichen Landwirtschaft oder was auch immer, so zu formulieren, dass sie Grundlage der konkreten Geschäftspolitik eines Grossunternehmens hätten werden können.
Vor allem mussten sich die verschiedenen Gruppen aus ihrer thematischen Isolation lösen und an einem praktischen Beispiel eine gemeinsame Konzeption entwicklen. In einem Buch «M-Frühling – Vom Migrosaurier zum menschlichen Mass»[1] wurden der Öffentlichkeit alternative Ideen unterbreitet. Ein Leitbild wurde verfasst, das zu den verschiedensten Bereichen der Geschäftspolitik die langfristige Zielsetzung, die mittelfristige Unternehmenspolitik und die zu ergreifenden Sofortmassnahmen formulierte.

Genossenschaftsidee
Wir wollen die Genossenschaftsidee in der Migros verwirklichen. Die Meinungsbildung im Gesamtunternehmen und in den einzelnen Betrieben und Organisationen hat von unten nach oben zu geschehen. Wir wollen kleinere Einheiten schaffen und ihnen mehr Rechte zugestehen. Überblickbare Einhei-

---

[1] Pestalozzi, H. A. (Hrsg.): «M-Frühling – Vom Migrosaurier zum menschlichen Mass». Zytglogge Bern 1980.

ten und dezentralisierte Strukturen sind unabdingbare Voraussetzungen für eine echte gelebte Demokratie.
Wir werden dazu übergehen, die regionalen Genossenschaften zu stärken und neue Formen unmittelbarer Mitwirkung der Genossenschafter an der Gestaltung von Sortiment und Verkaufsmethoden, Preispolitik usw. zu entwickeln, etwa in Form örtlicher Kleingenossenschaften.
Unverzüglich einleiten werden wir
- die Sicherstellung demokratischer Wahlen in allen Gremien
- die personelle Trennung von Geschäftsführungs-, Verwaltungs- und Kontrollfunktionen
- die Öffnung des gesamten Unternehmens durch umfassende Information
- die Schaffung eines nationalen Beirates aus unabhängigen Persönlichkeiten zur ständigen Überwachung der gesellschaftlichen Auswirkungen der Migros
- eine intensive Bildungs- und Informationsarbeit zur Entwicklung genossenschaftlichen Bewusstseins

Arbeitsplätze
Wir wollen die dem Staat gegenüber garantierten Freiheitsrechte des einzelnen wie Meinungsäusserungsfreiheit, Versammlungsfreiheit, aktives und passives Wahlrecht, Koalitionsfreiheit auch im Unternehmen sicherstellen, indem wir eine gesamte Unternehmensverfassung einführen. Über eine Unternehmensverfassung wollen wir zudem die Selbstbestimmungsrechte der einzelnen Mitarbeiter und Mitarbeitergruppen innerhalb des genossenschaftlichen Rahmens festhalten. Durch neue Formen der Arbeitsorganisation und der Arbeitsplatzgestaltung wollen wir die Arbeit bei der Migros auf allen Stufen sinnvoller gestalten.
Wir werden dazu übergehen, für die selbständige Lösung bestimmter Aufgabenkreise teilautonome Arbeitsgruppen zu schaffen. Die Schaffung sinnvoller Arbeitsplätze und der Abbau körperlicher und psychischer Belastungen der Mitarbeiter haben den Vorrang vor weiteren Rationalisierungsmassnahmen.
Unverzüglich einleiten werden wir
- die Schaffung unabhängiger Betriebskommissionen für jeden Betrieb mit mehr als 10 Mitarbeitern
- die Erhöhung der unteren Löhne und einen massiven Abbau der Maximaleinkommen
- das Prinzip des gleichen Lohns für Mann und Frau
- die Einführung der individuellen Arbeitszeit und damit die Abschaffung des Sonderstatuts für Aushilfen
- den Ausbau der Sozialleistungen, vor allem das Recht auf Bildungs-, Mutterschafts- und Vaterschaftsurlaub

Umwelt
Wir wollen in Einkauf, Produktion, Verteilung, Verwaltung, Verkauf und in den angeschlossenen Dienstleistungsunternehmen den ökologischen Prinzipien Rechnung tragen. In diesem Sinn wollen wir auf zentralisierte Verarbeitungsbetriebe und auf überregionale Betriebs- und Verwaltungszentralen verzichten, das Verkehrsvolumen durch Dezentralisierung der Nahrungsmittelversorgung reduzieren und alle energieintensiven Methoden und Konzepte vor allem auch

in Verwaltung, Landwirtschaft und Dienstleistungen abbauen.
Wir werden dazu übergehen, ökologische Buchhaltungen einzuführen, welche den Verbrauch an Energie, an erschöpflichen Rohstoffen und an Grund und Boden festhält und die Erzeugung von Abfällen, die Luftverschmutzung, die Abwasserbelastung und die Abwärme überwacht. Wir werden für die Sozialbilanzen überbetriebliche Kriterien und Sozialindikatoren schaffen, welche eine öffentliche Kontrolle der gesamten gesellschaftlichen und wirtschaftlichen Auswirkungen der Migros ermöglichen.
Unverzüglich einleiten werden wir
– den Verzicht auf Einweg-, Mehrfach- und Aluminiumverpackungen
– Abbau des Tiefkühlsortiments
– Überprüfung des Nicht-Lebensmittel-Sortiments auf Langlebigkeit, Reparaturmöglichkeit und Wiederverwertung

Entwicklungspolitik
Wir wollen uns bei der Beschaffung von Produkten aus Ländern der Dritten Welt von der entwicklungspolitischen Verantwortung diesen Ländern gegenüber leiten lassen. Wir wollen die Importe von Produkten fördern, deren Herstellung arbeitsintensiv ist, deren Erlöse die ärmsten Länder, Regionen und Bevölkerungsschichten begünstigt und deren Anbau und Verarbeitung die Deckung des Grundbedarfs der einheimischen Bevölkerung nicht konkurrenzieren.
Wir werden dazu übergehen, auf Produkte zu verzichten, welche die Stellung der internationalen Konzerne in den Entwicklungsländern stärken und Monokulturen begünstigen. Als neue Handelspartner werden wir Produzenten suchen und fördern, welche genossenschaftlich oder sonstwie in Selbsthilfe arbeiten und in kleinen Einheiten produzieren.
Unverzüglich einleiten werden wir
– die Unterstützung von Recherchen über die Agrarpolitik der Herkunftsländer, die Tätigkeit involvierter Konzerne und deren Auswirkungen auf die soziale Struktur der Länder und die Einkommens- und Ernährungssituation der ärmsten Schichten
– die Einführung eines Labelzeichens, das dem Konsumenten die Gewissheit gibt, dass die Herstellungsweise des Produkts bestimmte soziale und ökologische Kriterien erfüllt

Landwirtschaft
Wir wollen in unserer Geschäftspolitik den Belangen der Bauern die gleichen Rechte einräumen wie den Interessen der Konsumenten. In diesem Sinn wollen wir zur Sicherung der Existenzgrundlage der bäuerlichen Familienbetriebe, auch der Klein- und Bergbauernbetriebe, und zur Wahrung ihrer Eigenständigkeit und Selbständigkeit beitragen. Aus Rücksicht auf das Tier wollen wir eine artgemässe und verhaltensgerechte Nutztierhaltung einführen.
Wir werden dazu übergehen, Grundnahrungsmittel zu kostendeckenden Preisen hauptsächlich aus der schweizerischen Landwirtschaft zu beziehen und damit einen Beitrag an die Versorgungssicherheit der schweizerischen Bevölkerung leisten. Wir werden die technisierte Massentierhaltung einschränken und sukzessive auf Produkte aus industrieller Tierhaltung verzichten und eine

ökologische, auf natürlichen Prinzipien beruhende landwirtschaftliche Produktionsweise fördern.
Unverzüglich einleiten werden wir
- die umfassende Information der Bevölkerung über die Zusammenhänge zwischen Konsument und Produzent
- die Überprüfung der Lieferverträge mit bäuerlichen Produzenten zur Korrektur einseitiger Abhängigkeiten
- die Förderung einer gesunden Zucht und Haltung der Nutztiere und die Verbesserung der Transporte und Tötungsmethoden der Tiere
- die breite Erprobung von Methoden auf dem Gebiet des ökologischen Landbaus
- breite öffentliche Diskussionen über die Kostenwirkungen einer neuen Landwirtschaftskonzentration und deren Konsequenzen für den Konsumenten

Ernährung
Wir wollen Nahrungsmittel anbieten, welche der engen Beziehung zwischen Ernährung und Gesundheit Rechnung tragen. In diesem Sinn wollen wir die minderwertigen und durch chemische und pharmazeutische Zusätze verunreinigten Lebensmittel durch vollwertige Nahrung ersetzen.
Wir werden dazu übergehen, das Sortiment an hochverarbeiteten Lebensmitteln, Fertigmenus, Süssigkeiten, Snacks usw. abzubauen und durch ein grösseres und sichtbares Angebot von Grundnahrungsmitteln zu ersetzen.
Unverzüglich einleiten werden wir
- die Information der Konsumenten über die Zusammenhänge von Ernährung und Gesundheit
- die lückenlose Deklaration der angebotenen Waren in bezug auf Herstellungsbedingungen wie zum Beispiel Käfig-, Hallen- oder Freilandeier
- die Förderung der natürlichen Nahrungsmittel in der Verkaufspolitik
- die Beseitigung toxikologisch bedenklicher Kunststoffverpackungen
- die Beseitigung aller chemischen Lebensmittelzusätze
- die Förderung des offenen Verkaufs von Gemüsen und Früchten

Kultur und Bildung
Wir wollen die Kultur in die gesamte Gesellschaftspolitik einbeziehen. Kultur verstehen wir einerseits als umfassenden Begriff für menschliches Zusammenleben und anderseits als Mittel zur Selbstverwirklichung. Wir wollen ein Bildungskonzept entwickeln, das nicht im Eintrichtern von Wissen besteht, sondern in der Fähigkeit, Zusammenhänge zu erkennen und selbständig zu beurteilen.
Wir wollen dazu übergehen, Kultur als Konsumgut abzulösen und Möglichkeiten zur kulturellen Betätigung für alle zu schaffen. Kultur soll nicht nur für das Volk gemacht werden, sondern auch mit dem Volk geschehen und von allen Beteiligten gestaltet werden.
Unverzüglich einleiten werden wir
- Schaffung dezentralisierter und autonomer Bildungs- und Kulturorte
- Schaffung von materiellen und ideellen Freiräumen für Kulturschaffende
- die Trennung der Bereiche Kultur und Bildung vom kommerziellen Bereich vor allem auch in personeller Hinsicht

Geschäftspolitik
Wir wollen eine Geschäftspolitik betreiben, welche den Erfordernissen dieses Leitbildes gerecht wird, ohne die Existenz des Unternehmens oder einzelner Unternehmensteile ungewollt zu gefährden.
Wir wollen dazu übergehen, herkömmliche expansionsorientierte Managementkriterien als Massstab für den Erfolg und das Prestige des Unternehmens zu ersetzen durch neue Massstäbe, die den Anforderungen der achtziger Jahre gerecht werden.
Unverzüglich einleiten werden wir
- eine Stabilisierung in Marktanteil, Verkaufsflächen und Sortiment
- die Überprüfung der finanziellen, personellen und leistungswirtschaftlichen Möglichkeiten zur Realisierung der vorgeschlagenen Sofortmassnahmen und der langfristigen Ziele des Leitbildes
- die gründliche Information des Managements aller Stufen der Genossenschaften und Betriebe über die sachlichen Zusammenhänge zwischen Unternehmung und sozialem Umfeld
- die Auseinandersetzung zwischen Genossenschaftern, Mitarbeitern, Management und Öffentlichkeit über die Anforderungen an ein demokratisches, umweltbewusstes und entwicklungspolitisch verantwortliches Unternehmen und ihre Umsetzung in anwendbare Zielvorgaben, Verhaltensregeln und Beurteilungsmassstäbe für das Management

Die Erfahrungen mit dem M-Frühling waren in zweierlei Hinsicht lehrreich.
1. In den unzähligen Diskussionen, die ich in den letzten Jahren mit Managern geführt hatte, hielt man mir regelmässig entgegen, es sei doch für das einzelne Unternehmen undenkbar, sich in dieser Wirtschaft grundsätzlich anders zu verhalten. Immer und immer wieder forderte man mich auf: Nun sag doch einmal wie! – typische Folge der eigenen Unfähigkeit, sich etwas Neues vorzustellen. (Nirgends ist der Ruf nach Rezepten derart gross, wie bei den Managern. Management-Kurse sind denn auch fast ausnahmslos reine Rezept-Kurse.) Es hat Spass gemacht, jeweils das Konzept des M-Frühlings zu präsentieren. Nicht ein einziges Mal wurde dieser Weg als ungangbar bezeichnet.
   - Wenn du, Manager, bereit bist, den Sinn deines Lebens nicht darin zu sehen, Umsatz, Marktanteile, Cash-flow, Reingewinn zu erhöhen, dann formuliere bitte, was du willst. Es wird dein langfristiges Unternehmensziel sein.

- Aus dem Unternehmensziel ergibt sich deine mittelfristige Unternehmenspolitik. Was muss ich in fünf Jahren erreicht haben, wenn es mir mit dem Unternehmensziel ernst ist?
- Aus der für die Erreichung des Zieles notwendigen Unternehmenspolitik folgern sich die Sofortmassnahmen. Sie können nie lauten: Ich werde alles anders machen. Sondern immer nur: Ich will ‹an einer Ecke› versuchen, ob... Wenn es gelingt, dann werde ich weitermachen und meine Bemühungen auf andere Bereiche ausdehnen. Wenn es nicht gelingt, muss ich etwas anderes versuchen.

2. Noch lehrreicher waren die Erfahrungen mit den Migros-Managern. Statt die Vorschläge des M-Frühlings als positive Herausforderung anzunehmen, verlief die Reaktion haargenau nach üblichem Schema:
   - Die Gruppen und Personen, die sich im M-Frühling zusammengefunden hatten, wurden samt und sonders als Gesellschaftsveränderer, Feinde der Demokratie, Wühler und Saboteure diffamiert.
   - Sämtliche höheren Kader des Konzerns wurden in Kursen in der Abwehr der M-Frühlings-Argumente gedrillt.
   - Allen Managern wurde untersagt, sich in der Öffentlichkeit irgendwelchen Diskussionen zu stellen.
   - Mitarbeitern, die Sympathien für den M-Frühling zeigten, wurde mit Entlassung gedroht.
   - Die geballte Informationsmacht des Konzerns wurde gegen den M-Frühling eingesetzt. Sogar die Filialen und Betriebe wurden – trotz gegenteiliger Abmachung – in den reaktionären Abwehrkampf einbezogen
   - Die Vorschläge des M-Frühlings wurden alle als ‹nichts Neues›, ‹längst verwirklicht› oder einfach als Hirngespinste abgetan.

   Die Wahlen wurden für die Migros-Manager zu einer einzi-

gen Ohrfeige: Fast 5000 Mitglieder schlossen sich dem Verein M-Frühling an. Rund 20 000 Genossenschafter unterschrieben seine Kandidatenlisten. 80 000 Genossenschafter bekannten sich in den Wahlen zu den Ideen des M-Frühlings.
Trotz der gigantischen Werbemaschinerie, die die Migros-Manager gegen den M-Frühling losliessen und trotz der minimen Mittel, die dem M-Frühling zur Verfügung standen, um die Genossenschafter über seine Ideen zu informieren, distanzierten sich 20 % der Stimmenden (in Zürich sogar 25 %) von der Geschäftspolitik der Migros-Manager und verlangten nach einer menschlichen Migros.
(Allerdings änderte das Wahlergebnis an der Zusammensetzung der Migros-Instanzen nichts. Die Wahlen beruhten auf dem Majoritäts-Prinzip: entweder 51 % der Stimmen – dann alles; oder weniger als 50 % der Stimmen – dann nichts.)
Die Reaktion des Migros-Managements auf das Ergebnis der Wahlen: Die Statuten der Migros wurden so abgeändert, dass in Zukunft keine Wahlen mehr möglich sein werden. Die Duttweiler-Idee der «Demokratie in der Wirtschaft», die seiner einmaligen Schenkung zugrundelag, wurde endgültig begraben. Das Prestige der Manager war wichtiger.

Warum ich auch nach zehn Jahren noch immer derart auf die Manager losgehe? Ja, mich geradezu in sie verbeisse? Ob ich immer noch alte Animositäten abzureagieren habe? – werde ich gefragt.

An einem Wochenend-Seminar für Lehrer schildere ich die Situation in der Wirtschaft, versuche, die Strukturen in den

Unternehmen darzulegen und komme auch auf die psychischen Strukturen und Verhaltensweisen der Manager zu sprechen. Die Lehrerinnen und Lehrer hören intensiv zu; es scheint sie zu interessieren, oder vielleicht eher zu amüsieren? Kabarett? Unterhaltungswert nicht schlecht? Kaum Diskussion. Nach dem Seminar spricht mich ein Herr an, der die ganze Zeit hinten im Saal sass und in seiner Erscheinung fremd wirkte. Er stellt sich vor als Manager in einem amerikanischen Grosskonzern; er sei der Freund einer anwesenden Lehrerin. Er protestiert gegen meinen Vortrag. Ich dürfe die Situation in der Wirtschaft nicht derart verharmlosen, es sei alles viel schlimmer: «Die Lehrerinnen und Lehrer schweben auf rosaroten Wölklein über die Niederungen der Realität hinweg. Sie wollen nicht zur Kenntnis nehmen, was in der Wirtschaft und in den einzelnen Unternehmungen los ist und in welcher Situation sich der einzelne Arbeiter und Angestellte befindet.»
Ahnungslosigkeit und Autoritätsgläubigkeit – wen nimmt's da wunder, dass sich die Herren an der Spitze immer noch rücksichtsloser, noch arroganter, noch herrschsüchtiger benehmen? Im Zeitalter der Reaganomics, des Thatcherismus und der Deutschen Wende haben sie es nicht mehr nötig, sich um andere Probleme als um ihre Profitsteigerung zu kümmern.
Holt sie von den Sockeln! Stellt sie bloss! Lösen wir uns endlich einmal von der Vorstellung, ‹die da oben› seien integre, intelligente, fähige, souveräne Typen. Das Gegenteil ist der Fall. In hierarchischen Strukturen kommt das Gute nie von oben. Obenauf schwimmt der Abschaum. Das Wertvolle ist der Bodensatz. Zu erkennen, welche Typen sich anmassen, Macht über uns auszuüben, ist der erste Schritt zur Rebellion.

Aber sind denn die Manager die einzigen, die sich in dieser Gesellschaft so verhalten? Finden wir denn nicht dieselbe Mentalität in fast jedem Beruf?
– Der frühere Militärdienstkamerad – inzwischen zum hohen Offizier avanciert – nach einem meiner Vorträge: «Du hast völlig recht. Aber es kann niemals Sache des Offiziers sein, sich diesen Problemen zu widmen. Wir Offiziere führen aus.» (Eichmann lässt grüssen!)
– Der Lehrer, der sich hinter Lehrplan und vorgeschriebener Methodik verschanzt, um nichts ändern zu müssen.
– Der Pfarrer, der das Heil im Gebet sucht. «Kirche darf nicht politisch sein.»
– Der Landschaftsgärtner der mit dem Slogan wirbt: «Sie bestimmen, wir führen aus.» – Es können die exotischsten Gehölze sein, Gestaltung ist nicht unsere Aufgabe.
– Der Architekt, der Lebendiges zerstört, um Tödliches aufzubauen: «Der Bauherr bestimmt. Nicht meine Schuld.»
– Der Bankier, der kriminelle Gelder verwaltet und ‹wäscht›. «Das Interesse des Kunden geht vor. Non olet – Geld stinkt nicht.»
– Der Spekulant, der Millionen scheffelt. «Warum denn nicht? Unser System will es so.»
Oder zwei Beispiele, die mir besonders lebhaft in Erinnerung geblieben sind.
Eine Frau bittet mich um Hilfe. Sie sei Privatsekretärin bei einem Zürcher Grossindustriellen. Sie hätte sich mit ihm überworfen und werde nun Tag und Nacht pausenlos überwacht. Nun habe sie feststellen müssen, dass sie auch noch vom Bildschirm des Fernsehers aus kontrolliert werde. Ich solle doch bitte feststellen, welche Moderatoren im Dienste des Grossindustriellen stünden. Es war eindeutig: die Frau litt unter Verfolgungswahn. Aber war ihre Vorstellung so absurd?

Ich lese wieder einmal Orwells ‹1984› und seine Schilderung des Televisors, der in jeder Wohnstube drin stehen werde. Der Televisor werde einerseits durch pausenloses Einhämmern von Produktionszahlen und Erfolgsmeldungen aus dem Inland und Schreckensnachrichten aus dem Ausland der als Information getarnten Indoktrination dienen. Andererseits werde man damit den Bürger überwachen können. Man werde es zwar gegenseitige Kommunikation nennen. Der einzige Zweck bestehe aber in der Aufrechterhaltung von Ruhe und Ordnung.
Science-Fiction? Spinnerei?
Andererseits weiss ich, dass intensiv geforscht wird, wie die Gefühle des Menschen aus Distanz erfasst werden können. (Auch bei Orwell sehr wichtig.) Ich erlebe die laufende Überwachung durch Kameras in Shopping-Centers, Bahnhofunterführungen, Botschaftsgebäuden, Grossbanken, im Strassenverkehr.
Ich erlebe, wie bei einer Demonstration für die Pressefreiheit ständig ein Helikopter über uns schwebt oder erlebe, wie Friedensmärsche stundenlang gefilmt werden.
Dass die Telefone missliebiger Bürger überwacht werden – wenn nicht sogar Wanzen eingeschleust werden –, weiss allmählich jeder.
Und dass mich die Erfassung in unzähligen Computern ‹transparent› gemacht hat, ist auch klar.
Alles geschieht mit der gleichen Begründung wie beim Grossen Bruder: Ruhe und Ordnung, Interessen der Gesellschaft, des freiheitlich-demokratischen Staates, wie sie es nennen, Kommunikation.
Einige Wochen später halte ich vor den Chefbeamten der Europäischen Postgesellschaften einen Vortrag. Ich stelle sie vor folgende Fragen: «Es dürfte Ihnen allen klar sein, dass es heute schon eine technische Kleinigkeit wäre, mit den bestehenden Kommunikationsmitteln wie Fernsehen,

Telefon usw. die Überwachung des Bürgers vollständig sicherzustellen.

Stellen Sie sich die Situation 1933 vor. Stellen Sie sich die Wiederholung von 1933 vor, allerdings nicht in Form einer Diktatur, die von einer einzelnen Person ausgeht, sondern als Totalitätsanspruch eines Staates, dem es nur noch darum geht, bestehende Machtstrukturen zu erhalten und dessen oberste Maxime Ruhe und Ordnung ist.

Wenn ein Staat mit den Ansprüchen der Totalüberwachung des Bürgers an Sie herantritt, wie reagieren Sie dann?

Fühlen Sie sich als exekutive Technologen?

Verweigern Sie dem Staat den Gehorsam, auch auf die Gefahr hin, entlassen, wenn nicht liquidiert zu werden?

Sorgen Sie heute dafür, dass ein neues 1933, wenn auch in anderer Form, nicht geschehen kann?

Stecken Sie den Kopf in den Sand?

Darf die Entwicklung der Post überhaupt eine Frage der Technik sein? Darf die Planung in der Post eine Sache der Technologen statt eine Sache sozial und gesellschaftlich bewusster Menschen sein?

Wären Soziologen in den Planungsstellen der Post nicht ebenso wichtig wie Ingenieure und Techniker?

Weshalb geben wir Millionen und Millionen aus für die technische Entwicklung von Glasfaserkabeln statt für die Frage, welche sozialen Aufgaben und Auswirkungen neue Technologien haben könnten, Auswirkungen auf Lebensqualität, Lebensgewohnheiten, soziales Verhalten?

Kann Expansion je ein Ziel der Post sein?

Wie schaffen wir statt des Expansionsstrebens in der Post ein Problembewusstsein?»

Es folgten noch viele ähnliche Fragen. Die Empörung war gross. «Das kann und darf doch niemals unsere Sache sein. Wir haben uns an die Richtlinien der Politiker zu halten.» Auch hier wieder die Generalsmentalität: «Wir führen aus, die anderen befehlen.» Aber wer befiehlt denn eigentlich?

Noch ein Beispiel aus einem völlig anderen Bereich:
An einer Veranstaltung von Designern sitzen einige der sogenannten Designer-Päpste am gleichen Tisch. Plötzlich stellen sie fest, dass alle dieselbe Uhr tragen – die Swatch. Sie strahlen sich an: «Offenbar haben unsere Bestrebungen doch etwas genützt.»
Hätten sie nicht viel eher erschrecken müssen?
– Millionen und Abermillionen Menschen tragen die gleiche Uhr. Was einmal ein äusserst individuelles Produkt war, wurde zum Massenartikel, der sich nur noch in den Gags der Zifferblätter unterscheidet.
– Wollten wir aus der Uhr, die man möglichst ein ganzes Leben lang trug, einen Wegwerfartikel machen?
– Wollten wir die Produktion den Robotern übertragen? Die Uhrenindustrie blüht, die Arbeiter sind entlassen.
– Wollten wir unsere Welt mit noch mehr Kunststoffen überschwemmen?
– Wollten wir, dass man schon den Kindern in möglichst frühen Jahren eine Uhr andrehen kann?
Oder übertragen auf das gesamte Design:
– Wollten wir die Legitimation für die Massenproduktion liefern?
– Hat nicht unsere Forderung nach Funktionalität dazu geführt, dass sich Fabriken, Schulhäuser, Strafanstalten, Kliniken, Schlachthäuser äusserlich in nichts mehr unterscheiden?
– Gipfelte nicht die Forderung nach klaren, einfachen Formen in den baulichen Scheusslichkeiten deutscher Kaufhäuser, mit denen die Stadtzentren ein zweites Mal zerstört wurden?
– Hat nicht die Forderung nach der «guten Form» zur Perversität des Formfleisches geführt? (Da in Grossabfüt-

terungsstellen, genannt System-Gastronomie, sämtliche Fleischstücke genau gleich dick und genau gleich gross sein müssen, wird das Fleisch in die Fasern zerlegt und nachher wieder zusammengepresst, und dann haben die Kunden das Gefühl, ein möglichst zartes Fleisch gegessen zu haben. Kein Witz!)
– Hat nicht unsere Forderung nach rationeller Produktgestaltung mit idealer Handhabung zum ebenso perversen Stangenei geführt? (Für die Herstellung des Stangeneis wird beim natürlichen Ei zuerst das Eigelb vom Eiweiss getrennt und nachher in Form einer Stange wieder zusammengesetzt.)
– Trat nicht an die Stelle der hohen Ansprüche die Nivellierung? Hat man nicht dem Handel das Verkaufsargument des Modernen geliefert?
– Hat man nicht einfach das Geschäft angekurbelt: Fort mit dem alten Plunder? Hat man nicht trotz gegenteiliger Beteuerungen die Wegwerfmentalität gefördert? (Man hat einmal geglaubt, der Funktionalismus führe zum Asketismus. Genau das Gegenteil ist eingetreten: Wenn man keine emotionalen Bindungen an ein Produkt mehr hat, wirft man es viel leichter fort.)

Welche kuriosen Vorstellungen die Gedankenwelt der Designer beherrschen, zeigen Zitate aus ihren Prospekten:
«Wie können umweltfreundliche Produkte zu umweltfreundlichen Lebensformen und Lebensgewohnheiten führen?»
Nicht mehr das Leben ist das Entscheidende, sondern das Produkt bestimmt das Leben.
«Wie muss Design aussehen, damit es dem menschlichen Bedürfnis nach Identifikation und Selbstverwirklichung Rechnung tragen kann?»
Autonomie, Selbstbestimmung, pfeift auf das Design der Experten. Es bestimmt selbst.

«Wie muss Design aussehen, das der veränderten Freizeitsituation gerecht wird?»
Das neue Bewusstsein kennt keine Freizeit, sondern Lebensgestaltung.
«Design ist Kunst, die nützt.»
Also muss auch noch die Kunst nützlich sein.
Ist es nicht typisch, dass man in der Gentechnologie bereits von ‹Tierdesign› spricht?
Und wenn man ihnen die Frage stellt, ob denn heute nicht völlig andere Kriterien für die Produkte massgebend sein sollten, z.B. unter welchen Bedingungen sie hergestellt wurden, welche Auswirkungen sie auf die Dritte Welt haben, wie die Materialien beschaffen sein müssten, damit sie möglichst wenig Schaden anrichten könnten, wie ihre Auswirkungen auf die Umwelt bei der Herstellung, beim Gebrauch, bei der Beseitigung sind, zucken sie wieder mit den Schultern und sagen: «Das geht uns nichts an. Das tun wir dann, wenn's die Wirtschaft will.»
In der Tat: Das grosse Vorbild der Designer, Max Bill, hat schon 1957 erklärt: «Die Bedingungen, unter denen Design gemacht wird, unterliegen einem ständigen gesellschaftspolitisch und konjunkturell bedingten Wandel. Das Design, bzw. seine Ideologie und Philosophie hat sich ihnen anzupassen.»
Unglaubliche Mentalität! Man bezeichnet zwar seine eigene Tätigkeit als Ideologie und Philosophie. Wenn aber die Wirtschaft kommt, unterzieht man sich demütig ihren Anweisungen.
«Ich habe einen grossen Fabrikanten in der Bundesrepublik darauf aufmerksam gemacht, dass eine seiner Zahnbürsten das Zahnfleisch extrem schädige», erzählte mir ein Designer. Die Antwort des Fabrikanten hätte gelautet: «Die macht den grössten Umsatz.» Auf meine Frage an den Designer, wie er reagiert habe, sah er mich erstaunt an:

«Was hätte ich tun sollen? Ich bin doch auf die Weisungen der Fabrikanten angewiesen.»
Es sind immer ‹andere›. Es ist immer ‹das System›. Es sind immer ‹Systemzwänge›, ‹Sachzwänge›.
Man ist schliesslich nur Fachmann, Experte, man wird beigezogen, um Rat gefragt, beauftragt.
Aber man entscheidet doch nicht!
Wer denn, um Gotteswillen?
Die Politiker?

Sind also die *Politiker* die Schuldigen? Sind *sie* schuld, dass nichts geschieht? Ist es so einfach, ihnen alle Schuld zuzuschieben?

An einer Diskussion am Bayerischen Fernsehen geht es um den ‹Weg in die Informationsgesellschaft›. Am Tisch sitzen einige Informatik-Professoren, der Generaldirektor von Siemens und der deutsche Bundesforschungsminister Riesenhuber. Eine ¾-Stunde lang höre ich nichts anderes als höchste Lobgesänge auf die neuen Techniken, die auf uns zukommen. Ich höre Ausdrücke, die mir schleierhaft sind. Ich weiss nur, dass wir uns mit all diesen neuen Maschinen und Kabeln noch mehr von der Technik abhängig machen und uns noch mehr einer zentralistischen Grosstechnologie ausliefern werden. Mir platzt der Kragen: «Ich komme mir vor wie in einem Irrenhaus. Herr Riesenhuber, wollen Sie eigentlich all das, was uns da präsentiert wird?» Der Minister ist sprachlos. Nach langen Sekunden des Schweigens: «Selbstverständlich will ich das.» Meine simple Gegenfrage: «Warum eigentlich?» Und wieder die lange, geradezu peinliche Sprachlosigkeit. «Wir können doch nicht einfach stillestehen. Wir müssen doch weitermachen.» (Es war eine

Live-Aufnahme. In der Sendung waren die Sprachlosigkeiten herausgeschnitten. Auf Proteste der TV-Mitarbeiter hin hiess es: «Da war ja gar nichts.» Manipulation durch Herausschneiden von ‹nichts›!)

Ich hätte nun weiterfragen können: «Was erwarten Sie vom Weitermachen wie bisher?»
Wenn ich mit Politikern diskutiere, stelle ich immer die eine einzige entscheidende Frage: «Welche Probleme habt Ihr in den letzten Jahren noch lösen können?» Man hat mir noch nie eines nennen können. Man hört höchstens von Problemen, vor denen man noch nicht kapituliert hat. Probleme hinauszuschieben heisst nie, die Probleme auch zu lösen. Doch die Politiker tun so und lullen damit die öffentliche Meinung ein. Es liege in der Natur der Probleme, dass sie gar nicht zu lösen seien, ist jeweilen eine Antwort. Probleme seien Zielpunkte, an denen sie sich in ihrer Tätigkeit orientierten, die aber selber nie zu erreichen seien – es seien Utopien. «Dann sagen Sie mir wenigstens ein Problem, das vor 10 oder 20 Jahren bestanden hat, und das Ihr Politiker der Lösung wenigstens einen einzigen Schritt habt näherbringen können.» Ich habe auch darauf noch nie eine positive Antwort erhalten.

So brutal es tönt: Mit jeder Art Politik, die betrieben wurde, hat man genau das Gegenteil dessen erreicht, was man erreichen wollte.
– Die Verkehrspolitik hat dazu geführt, dass der Stau auf den Strassen so gross und das Defizit der Bahn so hoch ist wie noch nie, und das nennt man erfolgreiche Verkehrspolitik. Man faselt zwar von Gesamtverkehrskonzeptionen und von der Förderung des öffentlichen Verkehrs, macht aber genauso weiter wie bisher.
– Das Ziel der schweizerischen Landwirtschaftspolitik

bestand darin, 14% der Bevölkerung in der Landwirtschaft zu erhalten und die Versorgung des Landes in Krisenzeiten sicherzustellen. Heute sind noch 4% der Bevölkerung in der Landwirtschaft tätig, und von möglicher Selbstversorgung spricht kein Mensch mehr. Wir sind völlig vom Ausland abhängig geworden. Gleichzeitig hat man die Böden zerstört, die Seen überdüngt und Überschüsse produziert, die beseitigt werden müssen. Pro Lebensmittel-Franken des Schweizers erhält der Schweizer Bauer noch ganze 3,5 Rappen. Und das nennt man erfolgreiche Landwirtschaftspolitik. (Von der EG-Landwirtschaftspolitik sprechen wir lieber gar nicht. ¼ der 120 Milliarden DM Subventionen in der EG kommen den Bauern zugute, und zwar das meiste den Grossbetrieben, den sog. Agrarfabriken. ¾ der Beträge gehen an die chemische Industrie, an die Landmaschinenhersteller, an den Agrarhandel, an die Kühlhäuser, Lagerhausbetriebe, Grossbanken.) Man faselt zwar von einer grundsätzlich neuen Landwirtschaftspolitik. Man will gar einen winzigen Bruchteil der Subventionen für den biologischen Landbau einsetzen. Man macht aber genauso weiter wie bisher.
- Die Gewerbe- und Mittelstandpolitik hat dazu geführt, dass die Grossen immer grösser und die Kleinen immer weniger wurden, und dass die Kleinen, die überlebt haben, von den Grossen immer abhängiger werden. Und das nennt man erfolgreiche Gewerbe- und Mittelstandspolitik.
- Entwicklungspolitik hat dazu geführt, dass die reichen Länder immer reicher und die armen Länder immer ärmer und die armen Länder von den reichen Ländern immer abhängiger wurden.
- Die Umweltpolitik hat dazu geführt, dass Luft und Wasser immer dreckiger und der Boden immer giftiger wur-

den, dass der Wald bereits am Ende ist, dass wir im Müll ersticken und dass wir den kommenden Generationen die ärgsten aller Gifte hinterlassen.
– Die Sozialpolitik hat dazu geführt, dass in der Schweiz, dem zweitreichsten Land der Welt, 400 000 Menschen unter dem Existenzminimum (von Fr. 1000.— pro Monat) leben müssen, in allen Industrienationen heute von der ‹neuen Armut› gesprochen werden muss, und dass niemand mehr weiss, wie die Sozialwerke inskünftig finanziert werden sollen.

Machen Sie beliebig weiter! Suchen Sie irgendeinen politischen Bereich, wo nicht genau das Gegenteil dessen erreicht wurde, was man erreichen wollte. Es wird Ihnen nicht gelingen. Abrüstungspolitik? Asylpolitik? Arbeitsmarktpolitik? Steuerpolitik? Energiepolitik? Jugendpolitik? Familienpolitik?

Wenn man die Politiker mit der Tatsache konfrontiert, dass sie nichts, aber auch gar nichts Positives zustande bringen, dann kommen die üblichen dummen Sprüche:
– «Es ist alles nicht so einfach.»
Doch, die entscheidenden Fragen sind alle ganz einfach. Wenn sie für die Politiker nicht einfach sind, sehen sie das Problem nicht, oder sie haben alles absichtlich kompliziert gemacht.
– «Man darf es nicht so negativ sehen.»
Dann sollen sie uns bitte etwas Positives an ihren ‹Errungenschaften› zeigen, damit wir wenigstens ein winziges Fünkchen Hoffnung haben können. Aber bitte, wo?
– «Man kann alles von verschiedenen Seiten sehen.»
Nein, auch hier: Die entscheidenden Dinge sind klar und einfach, und auch die Lösungen wären klar und einfach. Aber die Politiker schauen lieber weg und sagen dann, man könne alles von verschiedenen Seiten sehen.

Was ist denn los?
Sitzen an der Spitze aller Ministerien überall hohle Dummköpfe? (Warum wohl formen derart viele Politiker, wenn sie ein ‹Argument› besonders nachhaltig betonen wollen, mit Zeigefinger und Daumen ein Loch?) Sind sämtliche Parlamentssitze mit Ignoranten belegt? Wie könnte der ‹Wahnsinn der Normalität›, wie es Arno Gruen bezeichnet, besser illustriert werden als durch eine Parlamentsdebatte! Der Gegenkandidat von Nixon im innerparteilichen Wahlkampf musste seine Kandidatur zurückziehen, als bekannt wurde, dass er sich einer Psychoanalyse unterzogen hatte. Statt umgekehrt. Es wäre bestimmt besser gewesen, wenn sich Nixon vor seiner Wahl einer Psychoanalyse hätte unterziehen müssen. Sollte dies nicht von jedem Politiker erwartet werden?
Man hat wirklich oft das Gefühl, diese Herren seien ihrer Sinne nicht mehr ganz mächtig, wobei die Regierungen den Parlamenten in nichts nachstehen. Aber zwei Betrunkene, die sich umarmen, finden den Weg nicht besser. Zwei Betrunkene ergeben keine Nüchternen.
Liegt es denn nicht wieder – wie bei der Wirtschaft – am politischen System an sich und produziert das System nicht genau jenen Typus Politiker, den es braucht, um überleben zu können? Und ist nicht jedes politische System, das auf dem Prinzip Staat beruht, letztlich das gleiche System, ob es sich nun um westliche Demokratien oder Volksdemokratien, ob es sich um kapitalistischen Parlamentarismus oder um sozialistische Einheitsstaaten handelt?
Wir sind stolz auf die demokratischen Ausleseprinzipien. Ist es dann aber nicht erschütternd, feststellen zu müssen, dass die Art des politischen Systems offenbar keinen Einfluss darauf hat, welche Typen die politische ‹Führung› übernehmen? Oder worin unterscheidet sich ein US-Präsident grundsätzlich von einem Generalsekretär der KPdSU

(wobei wir heute sogar die für uns peinliche Einschränkung machen müssen, dass das östliche System die fähigeren Köpfe auszulesen in der Lage zu sein scheint) oder die US-Administration von den UdSSR-Apparatschiks? Worin unterscheidet sich grundsätzlich eine Thatcher von einem Ceauşescu? Ein Mitterand von einem Kadar? Ein Kohl von einem Honecker? Sind es denn nicht im Prinzip immer die gleichen Typen? (Komischerweise spielt es auch keine Rolle, ob einer dumm und eingebildet wie Reagan oder intelligent und gerissen wie Schmidt, überheblich wie Mitterrand, eiskalt wie Thatcher, verlogen wie Waldheim ist oder jovial wie Palme es war). Liegt es denn nicht – wie in der Wirtschaft – am hierarchischen Prinzip an sich? Spielt es eine Rolle, ob jemand, der jahrzehntelang das politische Macht- und Karrierespiel mitgemacht hat, schliesslich durch Kooptation der ‹führenden› Gremien und mit Händeklatschen oder aufgrund des Affentheaters der amerikanischen Präsidentenwahlen an die Spitze kommt? Senilität war im Osten und ist im Westen bekanntlich kein Hinderungsgrund. Die Medienwirksamkeit ist wichtiger (ob Präsident, ob Papst).

Hinzu kommen nun im Westen die – brav ausgedrückt – Handicaps der Politiker, die alle vier Jahre die Farce einer sogenannten Volkswahl mitmachen wollen.

Handicap Nr. 1: Politik ist die Gestaltung menschlichen Zusammenlebens. Der Politiker nimmt für sich in Anspruch, darüber befinden zu können, wie andere Menschen ihr Zusammenleben zu gestalten haben. Der Politiker wird von seinen Entscheiden und Massnahmen höchstens mit-betroffen. Da er sich in der Regel jedoch weit über das Volk erhaben fühlt – er wurde ja vom Volk ‹emporgehoben› – spürt er meistens nichts von den Folgen seiner Politik.

- Er wohnt nicht neben der Autobahn
- Wohnungs- und Mietzinspolitik betreffen ihn selten
- Von der Situation auf dem Arbeitsmarkt spürt er nichts, geschweige denn von der Einkommenspolitik
- Erfolg oder Misserfolg der Sozialpolitik haben auf sein Leben keinen Einfluss.
- Die Dritte Welt ist ohnehin viel zu weit weg
- Und sogar einen nächsten Krieg glaubt er – tief eingebunkert – zu überleben. Zugrunde gehen die anderen.

Mit andern Worten (in Anlehnung an einen Spruch des Filmers Alexander Seiler): Er macht sich angeblich Sorgen über Sorgen, die nie seine Sorgen sein werden.

Sind wir eigentlich von allen guten Geistern verlassen, dass wir die Politik – Basis und Inhalt unseres Zusammenlebens – irgendwelchen hergelaufenen Ehrgeizlingen oder den hochdotierten Vertretern irgendwelcher Wirtschafts- oder Machtinteressen überlassen? Warum gestalten wir unser Zusammenleben mit unseren Mitmenschen nicht selber?

Handicap Nr. 2: Während der Obristendiktatur in Griechenland kommt ein Schweizer Spitzenpolitiker von seinem Urlaub auf Rhodos (natürlich in einem Schweizer Hotel, das dem gleichen Hotelier gehört wie die Luxusherberge in Bern, wo der Politiker abzusteigen pflegt – man will im Urlaub schliesslich fremde Völker und Sitten kennenlernen!) zurück. Er ist hell begeistert vom neuen Regime. Nun funktioniere endlich alles in Griechenland. Er habe sogar problemlos jeden Tag mit Zürich telefonieren können.

Politik besteht für den Politiker darin, dass ‹es› funktioniert. Wie soll er, der keine Ahnung vom wirklichen Leben hat, dessen Leben sich in und zwischen Sitzungssälen, in besten Restaurants, besten Hotels und nicht so besten Bars abspielt, erkennen können, dass wirkliches Leben nie ‹funktioniert›. Funktionieren ist lebensfeindlich. Der Funktionär ist die Marionette, an deren Fäden man ziehen kann. Dann täuscht sie Leben vor. Der Politiker braucht Ordnung. Nur in geordneten Verhältnissen lässt sich der Mensch manipulieren. Disziplin erfordert und ist Ordnung. Unordnung verhindert Manipulation.

Sind wir eigentlich auch hier von allen guten Geistern verlassen, dass wir uns von den Politikern Ruhe und Ordnung vorschreiben lassen? Wir wollen keine Grabesruhe und keine militärische Ordnung. Ich will unruhig sein, wenn man mir befiehlt, was Ruhe zu sein hat. Ich will unordentlich sein, wenn man mir befiehlt, was Ordnung zu sein hat. Ruhe finde ich in der Befriedigung, mein eigenes Leben leben zu können. Und wann mein Leben und mein Zusammenleben in Ordnung ist, kann nur ich entscheiden.

Handicap Nr. 3: Träumerei, Utopie, Spinnerei – wer würde nicht die ‹Argumente› kennen, wenn Politiker ihre Interessenpolitik verteidigen. Realpolitik ist gefragt. Realistisch ist, was der Politiker will. Alles andere ist unrealistisch.

Realpolitik ist Extrapolation der Vergangenheit. Nur keine Experimente – mit diesem Slogan hat man schliesslich schon einmal Wahlen gewonnen. Rechtskonservative Kreise in der Schweiz rufen zu Verfassungs- und Gesetzesstreik auf. Sie wollen damit neue Verfassungsbestimmungen und neue Gesetze verhindern. Verfassung und Gesetz aber sollten Ausdruck des politischen Willens und des Rechtsempfindens eines Volkes sein. Verfassungs- und Gesetzesstreik heisst: Schaltet das Volk aus! Nur nichts Neues! Es sei denn, wirtschaftliche Notwendigkeit erzwinge das Neue. Realistisch ist schliesslich, was der Wirtschaft nützt.

Damit möglichst viele Menschen erkennen, was Realität heisst, verlangt man von allen möglichen Berufsgruppen Wirtschaftserfahrung. Wirtschaftswochen für Lehrer, wirtschaftliches Praktikum für Sozialarbeiter, Konfrontation an der Wirtschaftsfront für Pfarrherren. Und damit niemand auf die Idee kommt, diese Realität könnte geändert werden, schafft man das Argument des Sach- und Systemzwangs. Es geht nicht anders. Was glauben Sie eigentlich? Und dann die Arbeitsplätze? Und dann die internationale Konkurrenzfähigkeit? Und dann die Existenz der gewerblichen Zulieferer? Und dann die Steuereinnahmen der Gemeinden? Warum verlangen wir von allen möglichen Berufen Wirtschaftserfahrung und nicht umgekehrt? Warum verlangen wir nicht von den Politikern ein Jahr Sozialerfahrung? Wie sähe wohl unsere Gesellschaft aus, wenn unsere ‹Führungskräfte› sich ein Jahr lang der Betreuung von bettlägrigen Alten, von Chronischkranken, von Schwerstbehinderten widmen müssten? Der Politiker, der wochenlang eitrige Geschwüre auswaschen muss, der General, der dem Gelähmten die Scheisse aus dem Darm klauben muss, der Manager, der Bischof, der Professor... *das wäre Realität!*

Sind wir eigentlich auch hier von allen guten Geistern verlassen, dass wir uns vorschreiben lassen, was realistisch zu sein hat und was nicht? Warum schaffen wir nicht unsere eigene Realität, eine Realität, die hervorgegangen ist aus Visionen, Träumereien, Utopien, Fantasien?

Handicap Nr. 4: Die Schweiz hatte einmal einen hervorragenden Innenminister. Der hat 25 Jahre lang das von seiner Familie gebrannte Zuger Kirschwasser getrunken, hat seine Repräsentationspflichten genossen und sonst eigentlich nichts getan. Würde es uns allen nicht viel viel besser gehen, wenn die Politiker in den letzten 30 Jahren nichts getan hätten? Wenn die Politik – wie wir gesehen haben – stets das Gegenteil dessen erreicht, was sie angeblich anstrebt, warum dann noch staatliche Politik? Ist es nicht wie mit der Wirtschaft? Wirtschaft als Selbstzweck, Produktion um der

Produktion willen, ohne zu fragen, was und wozu? Konsumieren um des Konsums willen, damit man produzieren kann, um der Produktion willen, ohne zu fragen, ob es denn unseren Bedürfnissen entspricht, Politik um der Politik willen, ohne zu fragen, welche Probleme eigentlich gelöst werden? Leider weiss ich nicht mehr, wie der Satiriker heisst, der die ideale Kartoffelmaschine erfunden hat. Es ist die Maschine, die die Erde pflügt, sie hackt, die Furchen gräbt, die Kartoffeln steckt, wieder zudeckt, bewässert, düngt, anhäufelt, sie schliesslich ausgräbt und sie anschliessend gleich selber frisst. So kommt es mir vor mit der heutigen Politik und der heutigen Wirtschaft.
In der Tat:
- Der Politiker muss zeigen, was er gemacht hat. Fehler, ja ganze Fehlentwicklungen zu vermeiden, ist ein Nichts-Tun, lässt sich nicht vorzeigen. (Riesenhuber: «Wir können doch nicht einfach aufhören!») Das Nichts-Tun ist nicht medienwirksam.
- Der Politiker braucht einen Ausweis für seine angebliche Fähigkeit. Der Ausweis muss messbar sein, man muss ihn also quantifizieren können. Wie messe ich die Erhaltung der Natur? Wie messe ich ein Lebensgefühl? Wie messe ich Rücksichtnahme, Solidarität, Liebe?

Ein Politiker kann kaum merken, geschweige denn je zugeben, dass er Unsinn gemacht hat. Wenn ein Politiker merkt, dass das, was er angeordnet oder beschlossen hat, ein Quatsch war, wird er nie zugeben, dass es ein Quatsch war, sondern er wird versuchen, den Quatsch zu perfektionieren, um zu beweisen, dass das, was er getan hat, kein Quatsch war.

(In diesem Zusammenhang kommt mir regelmässig die Aussage des amerikanischen Offiziers nach der Zerstörung einer vietnamesischen Stadt in den Sinn: «Wir waren genötigt, die Stadt zu zerstören, um sie zu retten.» Die

gleiche Logik gilt auch bei uns: Die Armee muss die Schweiz retten, auch wenn die Schweiz dabei zugrunde geht.)
- Die politische Leistung muss beweisbar sein.
«Ich habe den parlamentarischen Vorstoss X gemacht; die Folge davon ist die Massnahme Y.»
«Ich habe das Gesetz X erlassen; das Ergebnis sind die Vorschriften Y.»
«Ich habe den Antrag X gestellt; das Ergebnis sind die Subventionen Y.»
Ursache und Wirkung müssen unmittelbar zu erkennen sein. Der Politiker kann nicht in Zusammenhängen denken. Wie sollte er sonst beweisen, was seine politische Tätigkeit bewirkt hat? Die Eindimensionalität dieser Ursache-Wirkung-Logik beherrscht die ganze Politik.
- Die Wirkung der politischen Aktivität muss kurzfristig sein. Der Politiker hat nur 3 Jahre Zeit, dann beginnt schon wieder der Wahlkampf. Probleme, die heute angegangen werden müssten, damit sie längerfristig gelöst werden können, interessieren ihn nicht. Er will doch nicht, dass ein anderer Politiker einmal die Lorbeeren erntet. Aber noch schlimmer: Um die langfristigen Auswirkungen seiner politischen Tätigkeit kümmert er sich nicht. Soll er auf den kurzfristigen Erfolg verzichten und seine Wiederwahl gefährden, weil später einmal katastrophale Folgen eintreten könnten? Bis dann hat er schon längst eine andere Funktion in der Gesellschaft. Haben Sie denn je erlebt, dass ein Politiker schon einmal für das, was er früher gemacht hat, zur Verantwortung gezogen worden wäre?
Ist es nicht eigenartig, wie viele Politiker nach ihrem Rücktritt bzw. ihrer Nichtwiederwahl das genaue Gegenteil dessen vertreten, was sie befürworteten, als sie noch an der Macht waren?

Sicco Mansholt, einer der Hauptverantwortlichen für das Desaster der chemischen Landwirtschaft in Westeuropa, hat sich nach seinem Rücktritt vehement für den biologischen Landbau starkgemacht. Die SPD, die für die Nachrüstung verantwortlich ist, bekämpft seit der Wende jede weitere Aufrüstung. Usw. usw.

– «Die Pazifisten haben den Zweiten Weltkrieg und die Konzentrationslager mitverschuldet, weil Frankreich und Grossbritannien nicht aufgerüstet haben.» Der Spruch eines deutschen Spitzenpolitikers ist bekannt. Es wurde von den Militärköpfen in allen Lagern mit grossem Beifall aufgenommen. Er lenkt davon ab, dass die Ursachen des Zweiten Weltkrieges waren: einerseits eine Zivilisation, die auf Expansion, Macht, Nationalismus, Militarismus beruht und andererseits das deutsche Volk, und zwar jeder einzelne, der mitgemacht hat. Der Bischof, der die Hand zum Hitlergruss erhoben hat; der Generaldirektor, der die Aufrüstung finanziert hat; der Arbeiter, der Hitler gewählt hat und marschiert ist; der Richter, der Nazi-Recht gesprochen hat; der Journalist, der sich im braunen Dreck gesuhlt und hochgedienert hat.

Wie kommt ein Politiker dazu, diese wirklichen Ursachen zu vertuschen und die Schuld den Pazifisten zuzuschieben? Wie wenn ein starker Gegner je einen Diktator oder einen machtbesessenen Präsidenten oder ein kriegshysterisches Volk von seinen Wahnsinnstaten hätte abhalten können! Will der Politiker das deutsche Volk von dem entlasten, was geschah?

Oder verdrängt er die Ursachen, um so weitermachen zu können wie bisher, ohne die Grundsätze und Werte unserer ganzen Zivilisation in Frage stellen zu müssen?

Ist denn nicht das der Grund, weshalb Politik immer nur an den Symptomen herumwurstelt, dass Politik blosses Krisenmanagement ist, dass Politik ein Loch dadurch

aufzufüllen versucht, dass sie immer grössere Löcher gräbt?
Man verschiebt die ‹Ursache› auf irgendwelche nachfolgenden Tatsachen, Erscheinungen oder Anlässe. So scheint die Logik von Ursache und Wirkung noch zu stimmen, aber durch die Verschiebung der Ursache wird die Logik (hier Pazifisten = ungenügende Rüstung der späteren Alliierten = Angriff Hitlers = Konzentrationslager) zur Lüge.

Es ist so: Der Politiker will die wirklichen Ursachen nicht erkennen.
Er müsste Nein sagen zu unserer Gesellschaft.
Er müsste Nein sagen zu unserer Wirtschaft.
Er müsste Nein sagen zum ganzen politischen System.
Und das kann er nicht. Auch er ist das Ergebnis des Systems, er ist Träger des Systems.
Er kann nicht Nein sagen zu diesem politischen System. Er müsste Nein zu sich selber sagen. Dann wäre er kein Politiker mehr.
Ein Politiker ist ein Politiker ist ein Politiker...

Wenn heute einer sagt, er wisse, wie es mit diesem System weitergehen soll, ist er ein Dummkopf, ein Scharlatan oder eben ein Politiker.

Geht es denn uns allen nicht ganz ähnlich wie den Managern und Politikern? Wer von uns getraut sich denn, das System grundsätzlich in Frage zu stellen?
Bonn, 13. November 1983. In der Bundesrepublik ist Volkstrauertag. Zynischer geht's nicht mehr. Man gedenkt der gefallenen Soldaten – der zerbombten und umgebrachten Zivilisten gedenkt man nicht. Man gedenkt der eigenen Soldaten, nicht jedoch der Abermillionen Soldaten und Zivilisten jener Länder, die man überfallen hat. Doch vor allem: Man gedenkt der Gefallenen der Vergangenheit. Aber hat man daraus gelernt? Sollte man nicht viel eher an die möglichen ‹Gefallenen› von morgen denken?
Unter dem Motto ‹Von der Volkstrauer zum Volkswiderstand› sind wir an eben diesem Tag in Bonn versammelt. Vertreter aller nur denkbaren Widerstandsbewegungen sind da, von der polnischen Solidarność über die Startbahn-West-Bewegung, die verschiedenen AKW-Bewegungen, den französischen Bauernwiderstand von Larzac, die demokratischen Gruppen von Chile bis hin zu den Friedensbewegungen von der DDR bis zu den USA. Es geht um den Austausch von Erfahrungen mit dem bisherigen Widerstand und um das Suchen nach neuen Widerstandsformen.
Ich bin froh, aus der Schweiz von den fünfzigtausend Menschen erzählen zu können, die sich eine Woche zuvor, trotz der Durchmilitarisierung dieses Landes, in Bern zu einer grossen Friedensdemonstration versammelt hatten. Auf besonderes Interesse stösst die Bemerkung, dass innerhalb der schweizerischen Friedensbewegung jene Gruppe, die eine Schweiz ohne Armee fordert, von Tag zu Tag stärker wird und heute schon in allen nur denkbaren Bevölkerungskreisen Unterstützung findet. Welcher vernünftige Mensch denn noch für eine Schweizer Armee sein könne, eine Armee, die in einem Atomkrieg niemals das Überleben der Schweiz sicherstellen, sondern den Untergang des Landes

geradezu provozieren werde, wollte man wissen. Meine Antwort: «Die gefährlichsten Befürworter einer Schweizer Armee sind die – Friedensforscher!»
Und in der Tat: Als ich das Buch «Rettet die Schweiz – schafft die Armee ab»* zusammenstellte, verweigerte ein einziger Gefragter die Aufnahme eines seiner Artikel in das Buch; es war ein deutscher Friedensforscher. Begründung: Die Schweizer Armee sei für ihn Modellfall einer sinnvollen Landesverteidigung. Immer mehr Friedensforscher scheinen auf diese Linie einzuschwenken: Senghaas, Galtung, Afheldt, um nur einige zu nennen.
Wir haben diesen Forschern viel zu verdanken. In den letzten drei Jahrzehnten des Kalten Krieges und der atomaren Abschreckung waren *sie* es, die unermüdlich an einem neuen Bewusstsein in bezug auf Krieg, Frieden, Militär, sozialen Widerstand, zivile Verteidigung gearbeitet haben. Aber merken diese Forscher denn nicht, dass, je länger, je mehr, Frieden auch für sie zu einem Zustand des Nicht-Krieges wird, also genau das Gegenteil dessen, was sie bisher so vehement und überzeugend vertraten? Gibt es nicht sogar Friedensforscher, die sich auf das Raketenzählen eingelassen haben, also auf eine völlig absurde Auseinandersetzung über Friedenssicherung? Wie kommt man dazu, ein bestimmtes Modell-Militär wie die Schweizer Armee als Vorbild der Friedensbewahrung hinzustellen? Hören sie denn das teuflische Gelächter der Schweizer Generäle nicht: «Ha, ha, was wollt ihr denn mit eurer Friedensbewegung? Eure eigenen Vordenker geben *uns* Recht!» Sehen sie denn nicht, wie die Herren der Rüstungsindustrie sich die Hände reiben: «Uns soll es recht sein. Mit dem Modell Schweizer Armee wird es uns möglich sein,

---

*Hans A. Pestalozzi (Hrsg.) «Rettet die Schweiz – schafft die Armee ab», Zytglogge Bern 1982

ganz Westeuropa nicht nur mit Atomraketen, sondern auch mit konventioneller Rüstung vollzustopfen.»
Haben denn die Friedensforscher die politische, die gesellschaftliche Dimension des Prinzips Militär völlig vergessen? Denken sie nicht daran,
- dass das Modell Schweiz den Soldaten nicht zum Bürger macht, sondern jeden Bürger zum Soldaten?
- dass das Modell Schweiz zur totalen Militarisierung der Gesellschaft führt?
- dass die Militärprinzipien Gewalt, Aggression, Brutalität, Befehl, Hierarchie, sich auf die ganze Gesellschaft übertragen?
- dass die Schweizer Armee noch nie einen Krieg verhindert hat? (Eine Analyse der historischen Lügen über den Ersten und Zweiten Weltkrieg täte not.)
- dass die Schweizer Armee bisher nur gegen die eigenen Bürger eingesetzt wurde? Modell für ganz Westeuropa?
- dass es mit dem Modell Schweiz nie eine friedliche Schweiz geben wird?
- dass das Modell Schweiz die völlige Zementierung der bestehenden Machtstrukturen zur Folge hat?
- dass das Modell Schweiz all jene, die nicht töten wollen, zu Kriminellen macht – die Schweiz sperrt alle Kriegsdienstverweigerer ein wie die Diktaturen?
- dass das Modell Schweiz eine Entwicklung unserer Gesellschaft in Richtung Demokratie, Humanität, Gerechtigkeit oder gar Christentum unmöglich macht?
- dass das Modell Schweiz internationale Solidarität unmöglich macht?
- dass die Schweiz tagtäglich Krieg führt
  gegen die Ausländer im eigenen Land,
  gegen die Kinder in der Dritten Welt (Babynahrung),
  gegen die Ureinwohner in Australien (Aluminiumindustrie),

gegen die ehrlichen Leute in aller Welt (Bankgeheimnis), gegen die friedliebenden Menschen in aller Welt (Waffenexporte, Waffenmessen).
– dass das Prinzip Militär in sich faschistisch ist? «Vergessen wir... nicht, dass der Charakter eines 20jährigen noch umgebogen werden kann: Ein Baum, der die ersten Früchte trägt, die aber nicht ins Konzept passen, wird umgepfropft... Unseren Jungen, die nicht ins Konzept passen, muss es gleich ergehen» – so ein hoher schweizerischer Generalstabsoffizier.

«Zum Gehorsam: Mehr denn je ist es wichtig, ihn ohne irgendwelche Kompromisse oder Zugeständnisse zu fordern. Die persönliche Meinung des Untergebenen zu einem erhaltenen Befehl wird nicht in Betracht gezogen; seine Pflicht ist es, sein Bestes zu geben und ihn auszuführen, damit hat's sich!» – so der Ausbildungschef der Schweizer Armee.

Sehen denn die Friedensforscher die Zusammenhänge zwischen dem Prinzip Militär, wie es extremer als in den Strukturen der Schweizer Gesellschaft wohl kaum zum Ausdruck kommen kann, und Wirtschaft und Politik eines Landes überhaupt nicht mehr? Liebe Friedensforscher:
– Überlasst das Raketenzählen den Politikern!
– Überlasst das Entwickeln von Kriegsmodellen den Militärs!
– Überlasst die Forderung nach konventioneller Aufrüstung der Rüstungsindustrie!
– Hört bitte wieder auf, über Nicht-Krieg nachzudenken!

Ich weiss, wie ihr es meint: Eine Schweizer Armee ist besser als die heutigen Angriffsarmeen der Nato und des Warschauer Paktes. Aber gibt es ‹besseres› oder ‹schlechteres› Militär, wenn wir den Frieden wollen?

Hat die Friedensbewegung als Ganzes nicht den gleichen

Fehler gemacht wie diese Friedensforscher, die sich aufs Raketenzählen und auf die Entwicklung militärischer Alternativen eingelassen haben? Kann denn eine Anti-Haltung eine tragende Basis für eine umfassende Volksbewegung sein? Die entscheidende Aufgabe hätte darin bestehen müssen, von allem Anfang an aufzuzeigen, dass der Kampf gegen die Nachrüstung lediglich *ein* Schritt ist im weltweiten Kampf der Völker gegen Dummköpfe, Ignoranten und Kriminelle, die heute die Welt beherrschen. Keiner, der mit den Entscheidungsabläufen dieser Gesellschaft vertraut ist, konnte annehmen, dass mit einer noch so umfassenden Bewegung und einer noch so überwältigenden Mehrheit im Volk die Pershings und Cruise Missiles verhindert werden können. Man hätte sich früher überlegen müssen, dass eine derart punktuelle Fixierung, von der man wusste, dass sie nie unmittelbar Erfolg haben kann, zu Resignation führen kann.

Die Nachrüstung war Kristallisator für all jene Empfindungen in unseren Völkern, dass mit unserer Gesellschaft etwas nicht mehr stimmt. Das diffuse Gefühl von Bedrohung, die nicht greifbare Angst haben konkrete Gestalt angenommen. Die Pershings und Cruise Missiles wurden zu *der* Bedrohung.

Die Argumentation der ‹Friedens-Experten›, die Erhöhung der Zahl von Raketen könne niemals zu grösserer Sicherheit führen, kann auch umgedreht werden. Hat der von Gorbatschow und Reagan beschlossene Verzicht auf Pershings und Cruise Missiles einerseits oder SS-20 andererseits die Bedrohung verringert? Ein Wahnsinniger in Washington oder Moskau kann uns noch immer durch Knopfdruck auslöschen. Fühlt sich nach einer Verhinderung der Nachrüstung auch nur ein einziger Mensch weniger bedroht? Kann die ganze Bundesrepublik, ja ganz Europa erleichtert aufatmen: Die Bedrohung ist beseitigt, nun gehen wir einer Zukunft in Frieden und Freiheit entgegen?

Das ‹Feindbild› der Friedensbewegung hat nicht gestimmt. Nachrüstung ist nur Ausdruck des Prinzips Militär. Und Militär ist nur Ausdruck des Prinzips Gewalt. Und Gewalt ist das Prinzip unseres Systems schlechthin. Wobei zwischen den Prinzipien des ‹Systems› in Ost und West kaum ein Unterschied besteht. Für die Wirtschaft in Ost und West gelten die gleichen Ziele und Wertmassstäbe. In beiden Systemen herrscht das gleiche Patriarchat. Beide Systeme beruhen auf dem Gewaltprinzip.
Die Friedensbewegung sei von der Rüstungsindustrie gesteuert, hiess es eine Zeitlang. Man muss die atomare Bedrohung derart krass an die Wand malen, muss die Menschen derart auf die eine grosse Gefahr fixieren, dass sie geradezu nach konventioneller Aufrüstung schreien – als ob es eine Rolle spielen würde, ob, wie sich Graf Baudissin ausgedrückt hat, Europa atomar innerhalb weniger Minusten oder konventionell innerhalb einiger Tage dem Erdboden gleichgemacht wird!

Lag die Friedensbewegung womöglich im Interesse der Mächtigen? Konnte man damit von all den viel konkreteren Gefahren ablenken, die uns tagtäglich bedrohen? Die totale Erfassung des Bürgers, seine Überwachung durch einen totalitären Staat, ist doch kein Problem, verglichen mit der Gefahr eines Dritten Weltkrieges, sagte der frühere schwedische Ministerpräsident in einem ‹Spiegel›-Gespräch. Die atomare Gefahr als Vorhang, um dahinter um so ungehemmter die graue Diktatur des Betons, der Computer, der Bürohäuser und Bankgebäude, der Massanzüge der Manager und ihrer Gesichter vorantreiben zu können?

In der Tat: Welches sind denn die unmittelbaren Gefahren, die genauso zum grossen ‹Bumm› führen können wie der Finger am Auslöseknopf?
– Der Nord-Süd-Konflikt mit seinen Hungerkatastrophen?
– Ein Öko-Kollaps mit dem Kippen des ganzen Bio-Systems?
– Die internationale Schuldensituation mit der Möglichkeit, dass die ganze Weltwirtschaft zusammenbricht?
– Die soziale Instabilität mit der steigenden Gefahr von Bürgerkriegen?
– Die Ansprüche der Multis, über unsere Zukunft zu entscheiden?

Es sind alles Bedrohungen, an denen unsere Wirtschaft schuld ist. Es sind die Gewaltprinzipien unserer Wirtschaft mit ihrem Kampf um Macht, Expansion, Unterdrückung des Schwächeren, Ausbeutung der Natur, der Dritten Welt, der kommenden Generationen.

Weshalb ist all dies von der Friedensbewegung ausgeklammert worden? Man geht zwar nicht so weit wie die Funktionäre der Anthroposophie, die sich ihr geistiges Zentrum in Dornach von der Atomwirtschaft mitfinanzieren lassen und deren ‹freie› Universität sich mit Beiräten aus der Rüstungsindustrie schmückt. Hauptsache ist, man kann sein eigenes Gärtchen pflegen; die bösen Mächte kommen sowieso aus dem Kosmos und sind in uns selbst, doch nicht bei der Wirtschaft! Es reicht, dass man die Tatsache verdrängt, dass die Entwicklung einer Gesellschaft, die von einer solchen Wirtschaft abhängig ist, zum Krieg führen muss. Der Krieg ist nicht Vater aller Dinge; die Wirtschaft ist Mutter aller Kriege.

Welches ist der Grund, dass wir uns dies nicht einzugestehen wagen? Ist es unsere eigene Abhängigkeit von der Wirtschaft? Das Ohnmachtsgefühl diesem nicht greifbaren Monstrum gegenüber? Das Gefühl, den Filz zwischen Militär und Industrie nicht durchdringen zu können? Mein eigener Glaube an die Autoritäten? Oder ist es die Angst, unser ganzes System als solches in Frage stellen zu müssen? Aber wir leben doch in der besten aller Gesellschaften! Unsere politischen Institutionen sind zwar schlecht, aber doch noch am wenigsten schlecht! Unsere Wirtschaft führt uns zwar in die Katastrophe, aber es geht uns dabei doch so gut wie nie zuvor!

Wir sollten endlich bereit sein, aus der Geschichte zu lernen. War es nicht die CDU, die an ihrem ersten Parteitag nach dem letzten Krieg beschlossen hat: «Nie mehr Kapitalismus!» Aus der richtigen Erkenntnis heraus, dass es schliesslich die Grundsätze des Kapitalismus waren, die uns in die zwei Weltkriege geführt und die grosse Weltwirtschaftskrise verursacht hatten und letztlich auch daran schuld sind, dass uns angeblich der Bolschewismus bedroht. «Nie mehr Kapitalismus!» Die CDU! Alles Lügner und Heuchler?
Auch die Entwicklung der Sozialdemokratie sollte uns Warnung sein. Ich habe die geradezu überschäumende Begeisterung unserer britischen Bekannten nie vergessen. Sie waren 1945 bei uns zu Besuch, als der Nachrichtensprecher den ersten Wahlsieg der Labour-Party über die Konservativen bekanntgab. «Nun wird alles anders werden», war der Tenor der Begeisterung. Was wurde anders?
Heinrich Böll schilderte einmal, wie er mit Tränen in den Augen – und einer Fackel in der Hand – den Wahlsieg Willy Brandts gefeiert hat. Endlich Schluss mit dem rücksichtslosen CDU/CSU-Regime! Endlich Hoffnung auf eine menschlichere Bundesrepublik! Willy Brandt war nach kur-

zer Zeit fertiggemacht; an seine Stelle trat ein SPD-Kanzler, wie ihn sich die CDU/CSU nicht besser hätte wünschen können. Nachrüstung – Pershings und Cruise Missiles – Volkszählung – Personalausweis mit Computerüberwachung – Radikalenerlasse und Berufsverbote – Autobahnen – Atomkraftwerke – Startbahn West – finaler Rettungsschuss: Hinterlassenschaft der SPD-Regierungen.
Das schmutzige Kapital floh nach Mitterrands erstem Sieg in Milliardenbeträgen in die Schweiz. Der Streit ging lediglich darum, ob es sich um Dutzende oder Hunderte von Milliarden französischer Francs handelte. Flucht des Kapitals ist Hoffnungsschimmer für mehr Menschlichkeit und Gerechtigkeit. Das Kapital kehrte nach kurzer Zeit zurück. Allen Wahlversprechen zum Trotz blühte der französische Kapitalismus; die ‹force de frappe› wurde aufgerüstet, die Atomindustrie ausgebaut. Und an der Spitze ein Sonnenkönig wie gehabt.
Oder aus meiner eigenen Nähe: Wie freuten wir uns über den Einzug der ersten Frau in die Zürcher Stadtregierung. Und noch dazu einer Sozialdemokratin. Da *musste* sich doch vieles ändern. Wir freuten uns für die Alten in ihren Ghettos; wir freuten uns für die Jungen, denen man zwanzig Jahre lang ein autonomes Jugendzentrum versprochen hatte; wir freuten uns für alle die Randgruppen, die dank bürgerlicher männlicher Politik aus der Gemeinschaft ausgeschlossen waren. Was geschah? Nach kurzer Zeit war aus der ‹linken Frau› ein ‹rechter Mann› geworden.
Die wichtigsten Diskussionen in unserer ‹Denkfabrik› in Rüschlikon waren die informellen Aussprachen im kleinen Kreis. Wir träumten, wie es wäre, wenn... Ein aktiver Gesprächsteilnehmer wurde wenig später Stadtrat von Zürich. Wir konnten es kaum fassen. Endlich! Aber was geschah? Er machte genau das Gegenteil dessen, was er mit uns ‹geträumt› hatte.

Die schweizerische Aussenpolitik liegt in der Hand eines Sozialdemokraten! Endlich mehr internationale Solidarität! Endlich mehr Verständnis für die Dritte Welt! Endlich ein politisches Gegengewicht zur Brutalität der Grossbanken, der Multis, der Spekulation! Aber was geschah? Die Schweiz ist heute ein schlimmerer Lakai des internationalen Kapitals als je zuvor.
Was ist mit der Idee des Sozialismus los? Ist sie derart weltfremd, ist sie derart absurd, dass die Grundgedanken des Sozialismus nicht einmal mehr Orientierungshilfe für konkrete Politik sein können, geschweige denn praktikable Verpflichtung für einen Politiker, der sich zum Sozialismus bekennt? Oder haben schlicht und einfach die Politiker versagt? Lauter Leute, die das Bekenntnis zum Sozialismus lediglich als Karriereleiter benutzten, lauter Leute, denen es einzig und allein um ihre Macht ging?
Weder noch! Der Sozialismus hat sich aufgegeben, als er glaubte, das kapitalistische System aus sich selber heraus verändern zu können. Ein bestehendes System hat sich noch immer als stärker erwiesen als all die gutmeinenden Menschen, die es verändern wollten, stärker aber auch als alle Ideen, die das System hätten gefährden können. Primäres Anliegen jedes Systems ist, genügend Sicherungen einzubauen, um eine Veränderung des Systems zu verunmöglichen. Sobald sich der zahlenmässig wichtigste Träger der Idee des Sozialismus, die Sozialdemokratie, bereit erklärte, das bestehende System zu akzeptieren, ja sogar innerhalb dieses Systems seine Existenz zu rechtfertigen, war es aus. Wenn der Sozialismus nicht grundsätzlich Neues schaffen will – und dies ist über die Mechanismen eines bestehenden Systems nicht möglich –, hört er auf, an sich selbst zu glauben. Sozialismus als Ergebnis eines politischen Kuhhandels? Sozialismus als ‹realpolitischer› Kompromiss – letztlich also als ein Entgegenkommen der Kapitalisten?

Wie verblendet muss man sein, um zu glauben, die bürgerliche, die kapitalistische Pseudo-Demokratie erlaube es wirklich, Neues zu schaffen! Wie lange braucht man, bis man sich eingesteht, dass es Illusionen waren, denen die Sozialdemokratie nachgerannt ist?
Es war eine Illusion zu glauben, der Sozialismus sei eine historische Notwendigkeit. Die Sozialdemokratie zementierte durch ihre Mitwirkung den Kapitalismus. Es war eine Illusion zu glauben, die Zeit arbeite für den Sozialismus. Die Zeit verstärkte die bestehende Macht. Es war eine Illusion zu glauben, das Volk werde erkennen, wer seine Interessen wirklich vertritt. Das Volk stimmt in der Regel gegen sich selbst. Die Sozialdemokratie hat dadurch, dass sie dem bestehenden hierarchischen Prinzip zustimmte, und dadurch, dass sie sich selbst hierarchische Strukturen gegeben hat, die Autoritätsgläubigkeit des Volkes verstärkt. Die ‹Oberen› haben recht. Sie wissen es besser.
Es war eine Illusion zu glauben, über den Staat eine menschlichere Gesellschaft schaffen zu können. Wer den Staat als Institution und als Notwendigkeit für menschliches Zusammenleben bejaht, bejaht auch Gewalt, Unterordnung, Fremdbestimmung, diktatorisches Mehrheitsprinzip.
Es war eine Illusion zu glauben, durch Anerkennung der kapitalistischen Wirtschaftsprinzipien dem Arbeiter Einfluss auf das wirtschaftliche Geschehen verschaffen zu können. Man hat sich auf die Ziele der Unternehmer mit ihrem völlig unsinnigen Wohlstandsbegriff fixieren lassen. Kampf um die Menschenwürde des Arbeiters war das ursprüngliche Anliegen der Sozialdemokratie. Statt dessen ist man dem rein materiellen ‹Immer mehr› nachgerannt. Der Arbeiter ist heute abhängiger denn je. Er ist wirtschaftliche Manipuliermasse nach Belieben der Kapitalisten.
Es war eine Illusion zu glauben, man werde über die parlamentarischen Institutionen und den Staat die Wirt-

schaft in den Griff bekommen. Die Wirtschaft war noch immer stärker als der Staat. Die Wirtschaft, das heisst die in einer Volkswirtschaft Mächtigen, haben es noch immer verstanden, den Staat in ihren Dienst zu stellen. Über den Staat lässt sich wirtschaftlich nichts verändern.

Es waren diese Illusionen, die der Sozialdemokratie vorgegaukelt hatten, die ‹Realpolitik› werde alles ändern. Die ‹Realpolitik› trat an die Stelle der Vision. An die Stelle der Visionäre, der Utopisten, der Phantasten, an die Stelle der Sozialisten traten die Anpasser.

Wenn man aber als Anpasser selber keine Ahnung hat, wie eine demokratische, wie eine menschliche, eine soziale Gemeinschaft aussehen könnte, wenn man selber nicht bereit ist, das Neue auszuprobieren – wie soll man dann in der Lage sein, das bestehende Unrecht, die bestehende Unmenschlichkeit zu überwinden? Wenn ich an den Sozialismus glaube, so glaube ich daran, dass das heutige System überwunden werden kann, dass die Welt wandelbar ist. Das System in Frage stellen? Auf keinen Fall! Man müsste ja eigene Machtpositionen aufgeben. Man dürfte auf das sogenannte Erreichte nicht länger stolz sein, sondern müsste es in Zweifel ziehen, müsste in Kauf nehmen, dass man nicht mehr ‹anerkannt› ist, dürfte nicht mehr Sozial-‹Partner› sein, sondern müsste eine Gegenmacht bilden, müsste kämpfen wollen. «Kämpfen? Ach, lass mich doch in Ruhe! Die Zeit unserer Grossväter ist vorbei.»

Wenn sich das parlamentarische System in den letzten 20 Jahren als unfähig erwiesen hat, auch nur ein einziges Problem zu lösen, und wenn sich durch Wahlerfolge der Sozialdemokratie an der konkreten Politik nichts, aber auch gar nichts änderte, weshalb beteiligt man sich dann noch an Wahlen?

Der Anarcho-Spruch ist nur allzu wahr: «Wenn Wahlen etwas verändern könnten, wären sie längst verboten.»

Die Sozialdemokratie ist nur ein Beispiel. Noch alle, die glaubten, über das System das System verändern zu können, sind gescheitert. In der Schweiz entwickelte sich in den dreissiger Jahren eine kraftvolle Bewegung der Unabhängigen. Sie war getragen von den besten Köpfen aus Wissenschaft und Wirtschaft, die ins Parlament in Bern einzogen. Wo blieb der Erfolg? Heute ist daraus eine kuriose Fraktion von Opportunisten geworden. Die Kommunisten sitzen bei uns seit bald 40 Jahren im Parlament. Sie können nur noch mumifiziert werden. Und was ist aus der ganzen 68er Bewegung geworden mit ihrem Glauben an den ‹Marsch durch die Institutionen›? Oder was geschieht heute mit den ‹Grünen›? Nach den Erfahrungen mit den Realos wird wohl niemand mehr annehmen, der Weg über das Parlament sei möglich, um das heutige Parlament zu überwinden.
Ich zog noch mit der ‹Grünen Raupe› für die Grünen in den bundesdeutschen Wahlkampf. «Wählt die Grünen! Selbstverständlich! Aber glaubt nicht, über das Parlament etwas verändern zu können.» Grün und Parteipolitik ist ein Widerspruch in sich. Grün ist – vereinfacht nach Fromm ausgedrückt – das Seins-Prinzip. Parteipolitik ist extremste Form des Haben-Prinzips. Wenn ich als Grüner Parteipolitik betreiben will und glaube, Einfluss auf, im und über das parlamentarische System nehmen zu können, muss ich mich nach den Prinzipien der Parteipolitik richten. Ich muss Parteistrukturen schaffen. Der Basis steht die Parteispitze gegenüber. Ich trete meine Kompetenz an Delegierte ab. Ich muss Macht haben wollen. Ich muss taktieren, Rücksichten nehmen, zum Kuhhandel bereit sein; ich muss all das verleugnen, was meinen Prinzipien Grün entsprechen würde. Ich füge mich dem System und seinen Mechanismen, werde Teil des Systems und stärke es. (So wie die oft geforderte Frauen-Partei lediglich dafür sorgen würde, dass die Männer-Maschinerie weiterläuft, sogar noch geschmier-

ter, weil sie ein Alibi hat. Frau und Partei geht nicht zusammen.) Und schon tauchen überall die Ottos und Joschkas auf und lechzen nach Anerkennung, Kommissionssitzen und Ministerpöstchen. Und auch hier wieder das Gesabber mit der sog. Realpolitik. Man wollte sich doch nicht von einem Polit-Medien-Star (Haffner) vorwerfen lassen, man sei ‹nicht politikfähig›. Man wollte sich doch seinen Vorwürfen nicht aussetzen, die Grünen machten den Staat funktionsunfähig; die Grünen förderten die Gefahr einer Diktatur. Wie wenn sich nicht die eingesessenen Parteien als zur Politik unfähig erwiesen hätten. Wie wenn nicht die etablierten Kreise mit Bestechung, Korruption, Ämterfilz und Lügen diesen unseren Staat funktionsunfähig gemacht hätten. Wie wenn nicht nur autonome – grüne – Menschen, aber niemals die kriechende Mehrheit vor der Diktatur gefeit wären.

Realpolitik sei Kompromisspolitik. Ohne Kompromisse gehe es nicht, heisst es. Dabei sind Kompromisse immer nur taktische Zugeständnisse des Mächtigeren. Was der Schwächere erreicht, ist immer abhängig von der politischen Gnade des Stärkeren.
Der Stärkere macht kurzfristige Zugeständnisse, um langfristig zu gewinnen. Der Stärkere geht in Einzelfragen Kompromisse ein, um in den Grundsatzfragen recht zu behalten. Damit legitimiert der schwächere Partner aber die unerwünschte Grundhaltung des Stärkeren.

Wenn mir eine Realo-Sprecherin der Grünen unter tosendem Beifall des Publikums vorhält, wenn es ihr gelinge, nur ein Kind vor dem Tod durch Pseudokrupp zu retten, sei ihre Kompromisspolitik sinnvoll gewesen, dann verdrängt sie, dass sie mit ihrer Politik eine Wirtschaft legitimiert, die Tausende von Kindern umbringt.

Wenn man stolz darauf ist, mit der Kompromisspolitik vielleicht ein AKW verhindert zu haben, verdrängt man, dass man die Atompolitik an sich legitimiert.

Wenn man darauf hinweist, mit der Kompromisspolitik vielleicht ein Nachtflugverbot auf der Startbahn West zu erreichen, verdrängt man, dass man damit die Startbahn West samt der damit verbundenen Schlägerpolitik legitimiert.

Und was heisst denn eigentlich Kompromiss in den entscheidenden Fragen der heutigen Zeit? Besteht der Kompromiss darin,

- dass wegen unserer Politik und unseres Wirtschaftssystems inskünftig nur noch 25000 statt 40000 Kinder pro Tag in der Dritten Welt verhungern?
- dass wir dem Moloch Verkehr nur noch 500 Kinder pro Jahr opfern?
- dass der Wald statt in 5, erst in 10 Jahren völlig kaputt sein wird?
- dass die Nordsee statt im nächsten Jahr erst nach 3 Jahren kippen wird?
- dass mit den gefährlichsten Pestiziden nur noch die Menschen in der Dritten Welt, aber nicht mehr bei uns umgebracht werden dürfen?

Welch ein Unterschied zwischen dem Kompromiss und dem Konsens! Kompromisse entsprechen nie meiner Überzeugung. Sie sind Taktik. Ich werde ständig versuchen, immer noch mehr zu meinen Gunsten einzuhandeln. Kompromisslösungen sind keine Lösungen. Sie sind labil, sie sind keine Basis.

Nur der Konsens, die Übereinstimmung, schafft die Basis eines menschlichen Zusammenlebens.

War denn nicht genau das der grosse Fehler, den wir in den letzten Jahrzehnten gemacht haben: dass wir immer noch glaubten, das System könne über das System verändert werden?

War es nicht genau diese Illusion, an den guten Willen der Politiker zu glauben, an die Einsicht der Manager zu glauben, an den Bewusstseinswandel der ‹Führungskräfte› in allen nur denkbaren Bereichen zu glauben? Habe ich nicht selber 15 Jahre lang geglaubt, mit Seminaren, Kongressen, Symposien, Aussprachen, Informationen die Manager und damit die Wirtschaft von der Notwendigkeit und der Möglichkeit eines «Umdenkens und Umschwenkens» zu überzeugen? Wer von uns hat sich denn getraut, grundsätzlich NEIN zu dieser Wirtschaft und zu dieser Gesellschaft zu sagen?

Wie kamen wir auch nur dazu, an die Wandelbarkeit eines Systems zu glauben? Ist es nicht bei den meisten kritischen Geistern noch immer so: Man sieht zwar in aller Klarheit und Eindeutigkeit, dass wir in jeder Beziehung am Ende sind. Aber daraus die Konsequenzen ziehen? Den Strohhalm System aufgeben? Frei schwimmen? Nein, gegen den Strom kann ich schwimmen wie ich will, der Strom ist nicht aufzuhalten; ich vergeude nur meine Kräfte. Nein, weg vom Strom, mit allen Konsequenzen!

Die wichtigste – und hinterhältigste – Sicherung in unserem politischen System besteht ausgerechnet darin, dass das System uns vorgaukelt, es sei jederzeit veränderbar. «Wir leben schliesslich in einer demokratischen Gesellschaft! Du hast es in der Hand! Wir Politiker sind vom Volk legitimiert! Wir handeln im Auftrag des Volkes! Wenn es dir nicht passt: es liegt an dir, du kannst es ändern!»

Frag sie doch einfach, was das eigentlich sei, diese Demokratie.
- Ob nicht schon das Wort völlig absurd sei.
- Ob denn ein Volk über sich selber herrschen könne.
- Ob dies nicht ein Widerspruch in sich selber sei.
- Ob es in einer Gemeinschaft, in der die Menschen über sich selber bestimmen, eben keine Herrschaft mehr geben könne.
- Ob Volksherrschaft denn nicht höchstens bedeuten könne, dass eine Mehrheit über eine Minderheit herrsche.
- Ob es nicht für diese Minderheit bedeutungslos sei, ob sie von einem einzelnen Diktator oder einer kleinen Gruppe Herrschender oder einer angeblichen Volksmehrheit unterdrückt werde.
- Ob diese angebliche Mehrheit in Wirklichkeit nicht immer eine kleine Minderheit sei. (Die Stimmbeteiligung bei Volksabstimmungen in der Schweiz beträgt oft nur etwa 35%. Dies sind etwa 18% der Einwohner. Die Ergebnisse sind in der Regel ziemlich knapp. Mit anderen Worten: Rund 9% der Einwohner bestimmen über die restlichen 91%. Die 9% sind dann die Mehrheit.)
- Und ob diese sogenannte Mehrheit nicht nur dadurch zustande kommt, dass diejenigen, die in der Farce Demokratie über die wirkliche Macht verfügen, eben auch über das Geld und damit die Massenmedien verfügen.

Oder frag sie doch – noch viel einfacher –, wo denn in allen unseren Lebensbereichen demokratische Grundsätze gelten oder wo man sich wenigstens den Anschein eines demokratischen Bekenntnisses geben wolle.

Demokratie in Kultur?
        Wissenschaft?
        Schule?
        Kirche?

Familie?
Sport?
Wirtschaft?
Armee?
Frag sie dann gleich noch, weshalb jene Menschen, die in all diesen Lebensbereichen versuchen wollen, nach demokratischen Prinzipien zu leben, als Feinde der Demokratie bezeichnet werden, die unser angeblich demokratisches Gesellschaftssystem untergraben wollen.
Frag sie doch, ob sich das demokratische Bekenntnis nicht auf einen winzigen Teil meines Lebens, auf einen Bruchteil staatlicher Entscheidungsfindung beschränkt.
Und wenn mein ganzer Beitrag zu dieser staatlichen Entscheidungsfindung darin besteht, alle vier Jahre zwischen einzelnen Damen und Herren wählen zu können, und wenn ich dann nur noch zwischen Pest und Cholera wählen kann,
dann bleibe ich lieber gesund.
Das echte demokratische Bekenntnis besteht nicht in der formalen Abwicklung irgendwelcher politischer Institutionen, sondern ist eine Frage des Menschenbildes, eine Frage der Einstellung meinem Mitmenschen gegenüber, eine Frage meiner eigenen Lebensgestaltung.

Unser eigenartiges Verhältnis zur heutigen Gesellschaft und zum politischen System kommt in krassester Weise in der Gründung und den Erfolgen der Autopartei in der Schweiz zum Ausdruck.
- Das Auto als politisches Bekenntnis
- Die Autobahn als politischer Inhalt. (Das Wahlplakat der Autopartei bestand in der stilisierten Abbildung einer Autobahn).
- Die Gleichsetzung von Auto und Freiheit – Nato und Schweizer Armee verteidigen die Freiheit, heisst es. (Die Autobahn des Wahlplakates mündete ein in den Begriff Freiheit. Die Autopartei hat damit lediglich die ‹Logik› der Autowerbung übernommen, die uns dauernd einhämmert, das Auto sei Symbol der Freiheit. Je grösser das Auto, desto grösser die Freiheit. «Freiheit braucht Raum», heisst der neueste Slogan für einen grossen Kombiwagen).
- Stupide Raserei auf der Autobahn, Missachtung staatlicher Vorschriften als Inhalt von ‹Freiheit› (der Präsident einer kantonalen Autopartei wurde mit 200 km Tempo bei einer Geschwindigkeitslimite von 80 km erwischt. Er war stolz darauf; es zeige, er könne gut fahren.)
- Erfindungen des Nationalsozialismus – Autobahn und Volkswagen als Auto für jeden Untertan – als wichtigste Errungenschaften unseres Systems (wen wundert's, dass der Schweizer Parteipräsident in einer öffentlichen Veranstaltung forderte: «Linke und Grüne an die Wand nageln und dann mit dem Flammenwerfer drüber...» Er wurde als Parteipräsident bestätigt. Es wurde keine Strafverfolgung eingeleitet.)
- Die Autopartei hat einen einzigen Vorteil: Sie ist ehrlich.

Liegt dem erfolgreichen politischen Slogan ‹Mehr Freiheit – weniger Staat› nicht die gleiche Mentalität zugrunde? Was

sagt der Slogan aus? Ist der Erfolg des Slogans erstaunlich? Wir alle fühlen uns bevormundet und eingeengt und immer neuen Vorschriften unterworfen. Wir fühlen uns immer unfreier. Wir spüren, dass es ständig mehr Staat gibt und empfinden es als grauenvoll. Das will doch niemand! Sind wir denn nicht alle für weniger Staat? Aber bereits dieses «wir alle sind für weniger Staat, wir alle sind für mehr Freiheit» sollte uns stutzig machen.
Wenn Grüne und Schwarze
Ökologen und Technokraten
Aussteiger und Integrierte
Müesli-Esser und Manager
das gleiche wollen, dann kann etwas nicht stimmen. Die können nicht alle das gleiche meinen.
Noch verworrener wird die Situation, wenn man sich überlegt, dass ausgerechnet diejenigen Kreise, die diese Forderung «Mehr Freiheit – weniger Staat» auf ihre Fahne geheftet haben, die gleichen Kreise sind, die in Wirklichkeit immer mehr Staat verlangen, nach immer mehr Staat rufen. Es sind die Kreise, die immer mehr Militär, immer mehr Polizei, immer mehr Überwachung des Bürgers, immer mehr Kontrollen, eine immer stärkere Erfassung des Bügers wollen. Es sind die Kreise, die im wirtschaftlichen Sektor nach immer mehr Staatsaufträgen, immer mehr Subventionen, immer mehr Forschungsgeldern, immer mehr Risikogarantien, immer mehr unmittelbarem Engagement des Staates in Krisenbranchen rufen.
Anderseits werden aber die Leute, die konkret mit weniger Staat leben wollen, als Staatsfeinde diffamiert. Es sind die sogenannten Alternativgruppen, die Freie Schulen ohne den Staat wollen, die keine weitere Grosstechnologie, keine Volkszählung, einen Ausbau des Datenschutzes, keine neuen Personalausweise, Förderung der Versuche mit Selbstverwaltung, Dezentralisierung, Aufhebung der extre-

men Arbeitsteilung usw. wollen. Wer mit weniger Staat leben will, wird genau von den Leuten, die nach weniger Staat rufen, als Staatsfeind bezeichnet.

Welches sind denn nun die wirklichen Staatsfeinde? Sind es diejenigen, die in ihren politischen Forderungen im Grunde genommen den Staat ablehnen, oder sind es diejenigen, die ohne Staat leben wollen?

Um nur ein Beispiel zu nennen: Rechtskonservative Kreise in der Schweiz greifen die ‹Alternativler› heftig an. Ziel des Widerstands gegen Volkszählungen – also weniger Staat – sei nicht Schutz der Privatsphäre, sondern ‹Schwächung des Rechtsstaats›, ‹Schwächung des Sozialsystems und der Wirtschaft, weil hier keine zuverlässigen Planungsdaten mehr vorlägen›. Beim Persönlichkeitsschutz handle es sich um ‹Datenschutz-Hysterie›, ‹informationsfeindliche Forderungen›, ‹um das verhasste System aus den Angeln zu heben› (Egon P. S. Zehnder, der mehrmals erwähnte berüchtigte Headhunter in Zürich). Diejenigen, die mit ihren Slogans letztlich den Staat ablehnen, bezeichnen sich aber als staatserhaltende, staatstragende Schicht unseres Volkes. Ist es der einfache Trick des ‹Haltet den Dieb...› oder verstehen die verschiedenen Leute unter Staat etwas ganz verschiedenes? Gibt es verschiedene Staatsbegriffe? Oder ist es der Begriff Freiheit? Gibt es verschiedene Freiheitsbegriffe?

Wenn Freiheit identisch sein soll mit Auto und Autobahn, dann ist es bestimmt nicht *meine* Freiheit. Schau doch einfach, wie so ein Begriff wie Freiheit im Alltag gebraucht wird.

– Freiheit statt Sozialismus. Was soll das heissen? Sozialismus ist eine Gesellschaftsform, die der Gerechtigkeit einen höheren Stellenwert einräumt als dem materiellen Wohlstand. Freiheit und Gerechtigkeit wären demnach ein Widerspruch. Je unfreier, desto gerechter?

- Die Rede eines prominenten CDU-Funktionärs an einem Volkstrauertag gipfelte im Appell, wir sollten in Ehrfurcht der Väter, die für die Freiheit gefallen seien, gedenken. Die Grossväter sind für den Kaiser gefallen und die Väter für den Führer. Was ist denn das für eine Freiheit, für die sie gefallen sind?
- Ein Divisionär (Zweisterngeneral) in der Schweiz schloss eine grosse patriotische Ansprache mit dem Spruch: «Wir brauchen mehr Verantwortung statt mehr Demokratie.» Sind Verantwortung und Demokratie ein Widerspruch in sich selber? Dann wäre die Diktatur die verantwortungsvollste Gesellschaftsform.
- In ihrem Bulletin warnt eine Grossbank in Zürich, die Demokratisierungsversuche in allen möglichen Lebensbereichen führe zur Verstaatlichung des ganzen Lebens. «Sorgen wir dafür, dass wir nicht die Freiheit der Gleichheit opfern.» Auch hier wieder: Freiheit und Gleichheit als Widerspruch? Je unfreier, desto gleicher?

Wenn man sich vergegenwärtigt, wie der Ausdruck Freiheit gebraucht wird, dann merkt man, dass damit etwas nicht stimmen kann. Sind denn Verantwortung und Freiheit, Gerechtigkeit und Freiheit, Gleichheit und Freiheit echte Widersprüche oder wird mit dem Begriff Freiheit Schindluderei getrieben?

Wenn mit dem Begriff Freiheit argumentiert wird, dann stehen wir stramm! Wir schalten unser Denken aus. In der Schweiz gibt es keine patriotische Ansprache, ohne dass es heisst: «Wir wollen frei sein, wie die Väter waren.» Abgesehen davon, dass der Spruch kurioserweise von einem Deutschen stammt, bedeutet der Spruch nichts anderes, als dass die alten Eidgenossen aus finanziellen Gründen die Habsburger zum Teufel gejagt hatten und sich jetzt so frei fühlten wie nie zuvor. Aber dieser Spruch ist bezeichnend. In der Regel handelte es sich in der Geschichte – wenn von

Freiheit die Rede war – um die Freiheit der Gemeinschaft, die Unabhängigkeit des Staates vom Ausland. Dann wird behauptet: «Wenn der Staat unabhängig, frei ist, dann ist der einzelne frei, auch wenn das Gegenteil der Fall ist.»
Nehmen wir einmal an, die Unabhängigkeit des Staates sei tatsächlich das Entscheidende. Dann haben wir es allerdings sehr weit gebracht.
Niemand in der BRD wird von einem souveränen Staat sprechen wollen. Wir müssen nicht nur an die Nato und an die Tatsache denken, dass die BRD faktisch noch immer von vier fremden Armeen besetzt ist. Besteht denn nicht auch das Ziel der EG in der Überwindung der staatlichen Souveränität?
Ist die Situation in der Schweiz grundsätzlich anders? Soll ich einmal mehr jenen berühmt-berüchtigten Satz des Berner Jurisprudenz-Professors zitieren – ein Bekenntnis, das offensichtlich der Doktrin der Schweizerischen Offiziersgesellschaft entspricht: «Unsere Souveränität beruht einzig und allein auf den amerikanischen Interkontinentalraketen.» Mit andern Worten: Wir haben unsere Souveränität, unsere militärische Unabhängigkeit von ausländischen Staaten schon längst aufgegeben.
Die bewaffnete Neutralität sei die Grundlage der schweizerischen Souveränität und umgekehrt. Sind amerikanische Interkontinentalraketen neutral? Oder die Kurse des amerikanischen Generalstabs, deren Besuch bei den Schweizer Instruktionsoffizieren derart beliebt sind? Oder die Manöverannahmen bei Gesamtverteidigungsübungen? Oder die Übungen, in deren Verlauf ‹befreundete Armeen› – aus dem Westen – unterstützend in unseren Abwehrkampf eingreifen?
Oder wie steht es mit der wirtschaftlichen Unabhängigkeit? In welchen Bereichen ist man denn noch souverän, autonom, unabhängig? Im Energiesektor, in der Landwirt-

schaft, im Bereich der Nahrungsmittelversorgung oder gar im Bereich des Kapitals, der Kapitalverflechtungen einerseits und der gigantischen Zu- und Wegflüsse anderseits? Hat der Crash vom 19. Oktober 1987 denn Rücksicht genommen auf die Landesgrenzen? Es ist geradezu lächerlich, von staatlicher Unabhängigkeit zu sprechen, wenn es um all die Katastrophen geht, die uns tagtäglich bedrohen. Es sind längst keine militärischen Gefahren mehr, die wir abwehren müssen. Tschernobyl kennt keine Grenzen.
Es ist glatter Selbstbetrug, wenn wir von staatlicher Souveränität sprechen. Wenn die Identität von institutioneller und individueller Freiheit zutreffen würde, dann hiesse das nichts anderes, als dass wir als Einzelpersonen schon längst keine Freiheit mehr haben. Die Freiheit des Staates, die Unabhängigkeit der Institution, hat nichts, aber auch gar nichts zu tun mit der Freiheit des einzelnen, weder mit der äusseren, und noch viel weniger mit der inneren Freiheit des einzelnen Menschen, und darauf käme es doch an.
Es gibt keinen anderen Massstab für die Freiheit als die Freiheit des Individuums.
Versuche einmal, deine individuelle Freiheit zu definieren. Worin besteht sie? Als ich einmal Gelegenheit hatte, in der BRD auf Einladung der F.D.P. – einer Partei, für die Freiheit programmatisch das Hauptanliegen ist – einen Vortrag über Freiheit zu halten, habe ich mir die Mühe genommen und deren Thesen, Parteiprogramme, Flugblätter durchgesehen. Wohl bin ich da auf Aussagen gestossen, das Ziel der F.D.P. bestehe in der «grösstmöglichen Freiheitsverwirklichung für jeden einzelnen», im Kampf gegen «alle Freiheit und Recht bedrohenden staatlichen Massnahmen und gesellschaftlichen Entwicklungen». Es gehe «um Menschenwürde durch Selbstbestimmung», «Vorrang der Person vor der Institution», «Befreiung der Person aus Unmündigkeit und Abhängigkeit». Man fordert als Voraussetzung

menschlicher Freiheit «ein Höchstmass an Selbstverwirklichung im Arbeitsprozess», «nur eine konsequente Politik für die Freiheit des einzelnen sorgt auch für die Freiheit der vielen». Als ich im Vortrag diese Bekenntnisse der Alltagspolitik der Partei gegenüberstellte und fragte, worin denn die Freiheit des einzelnen Menschen in der Wirklichkeit, d. h. also im alltäglichen Leben, bestehe, wurde ich in der anschliessenden Diskussion nicht sehr freundlich behandelt. Aber in all den Programmen, Flugblättern usw.: nirgends auch nur eine Andeutung, was konkret unter Freiheit verstanden werden könnte.

«So geh doch in den Osten, dann merkst Du, was Freiheit ist», ist der übliche Tenor in solchen Diskussionen. Ich kann meine Freiheit nicht negativ definieren. Der Osten ist bestimmt für niemanden eine Alternative. Es ist auch nicht eine Gesellschaftsform, die sich zur Freiheit als Prinzip bekennt. Wenn jemand bei uns den Vergleich mit dem Osten benützt, um das eigene Verhalten zu rechtfertigen, kann man sicher sein, dass er für sein Verhalten keine stichhaltigen Argumente hat.

– Als wir gegen Atomkraftwerke waren, hiess es, der Osten baue auch welche. Wir müssten auch.
– Als wir uns gegen die weitere Aufrüstung wehrten, hiess es, wir müssten mit dem Osten gleichziehen.
– Als wir die Zerstörung des Altmühltals durch den unsinnigen Rhein-Main-Donau-Kanal anprangerten, hiess es, im Osten seien viel grössere Wasserstrassen im Entstehen.
– Als wir den Wehrunterricht in den Schulen ablehnten, hiess es, wir sollten mit der Militarisierung der Jugend im Osten vergleichen.

Immer war der Osten der positive Vergleich. Sollten wir nicht ganz andere Vergleiche anstellen und fragen:
– Ihr unterstützt die Solidarität unter Arbeitern (Solidar-

nosc), wenn sie im Osten stattfindet. Warum bekämpft ihr sie bei uns?
- Warum feiert ihr langhaarige Jugendliche als mutige Rebellen, wenn sie im Osten wohnen? Bei uns sind sie für euch langhaarige Gammler und Drückeberger und gehören zum letzten Gesindel.
- Politische Liedermacher holt ihr mit Begeisterung aus der DDR in den Westen. Warum verschliesst ihr unseren Liedermachern Radio und Fernsehen?
- Die Kirchen im Osten sind für euch Hort der Menschenrechte. Warum sind sie für euch Nester der Subversion, wenn sie bei uns das gleiche tun?
- Ihr beklatscht die Perestrojka im Osten. Warum wehrt ihr euch gegen jede Veränderung bei uns?
- Glasnost ist als Versuch, eine Gesellschaft zu öffnen und sie durchsichtiger zu machen, eine grossartige Entwicklung im Osten. Warum schliesst ihr unsere Gesellschaft immer mehr?

Machen wir ruhig weiter mit diesen Vergleichen:
- Was ist schlimmer, Menschen, die keineswegs bedroht sind, nicht ausreisen oder bedrohte und verfolgte Menschen nicht einreisen zu lassen?
- Was ist schlimmer, nicht immer alle nur denkbaren sinnvollen und sinnlosen Produkte in Hülle und Fülle kaufen zu können, oder wertvolle Lebensmittel mit Milliardenaufwand zu vernichten, während Millionen von Menschen verhungern?
- Wenn im Osten ein wahnsinniger Diktator angeblich plant, Tausende von Dörfern zu schleifen und die Bewohner in städtischen Wohnblocks unterzubringen, erhebt sich ein Riesengeschrei. Wenn in unseren Industriestaaten Tausende von Dörfern aufgegeben werden müssen und verfallen – die Häuser werden vielleicht als Ferien-

häuser für Fremde wieder instandgestellt – und die Einwohner in der Anonymität der Städte verschwinden müssen und wenn unsere Konzerne und Grossbanken Mammutprojekte in der Dritten Welt finanzieren und realisieren, denen unzählige Siedlungen, ganze Kulturen und Hunderttausende von Menschen weichen müssen, nennt man dies wirtschaftlichen Sachzwang und Entwicklungshilfe.

Was ist sie denn, diese Freiheit? Die Wahrung der Menschenrechte? Warum sorgen wir denn nicht dafür, dass die Menschenrechte auch in der Wirtschaft gelten? Wo gelten in der Wirtschaft die elementarsten Menschenrechte wie Redefreiheit, Freiheit der Meinungsäusserung, Koalitionsfreiheit? Und ist nicht Hierarchie, d. h. die Macht von Menschen, anderen Menschen befehlen zu dürfen, an sich schon eine Verletzung des grundlegendsten Menschenrechtes, der Menschenwürde?
«Du kannst ja gehen, wenn es dir nicht passt!» Besteht meine Freiheit darin, dass ich gehen kann? Dann stehe ich einfach auf der Strasse. «Du kannst ja die Stelle wechseln, wenn es dir nicht passt.» Ändere ich damit etwas an meiner Situation?
Die Freiheit des Arbeiters, zwischen dem Fliessband X und dem Fliessband Y wählen zu können.
Die Freiheit der Kassiererin, zwischen der Supermarktkasse X und der Supermarktkasse Y wählen zu können.
Die Freiheit des Angestellten, zwischen dem Computer X und dem Computer Y wählen zu können, zwischen dem Bildschirm X und dem Bildschirm Y. Ist das nun die Freiheit?
Die Freiheit des Lehrers, die heimlichen Lehrpläne Disziplin, Unterordnung, Einordnung zu erfüllen oder entlassen zu werden?

Die Freiheit des Sozialarbeiters, alle Ausgeflippten wieder zu flicken und wieder einzuordnen, ohne sich um die Ursachen kümmern zu dürfen, oder abgeschoben zu werden?
Die Freiheit des Beamten, der richtigen Partei anzugehören oder kaltgestellt zu werden?
Die Freiheit des Journalisten, auf die Inserenten Rücksicht zu nehmen oder den Arbeitsplatz zu verlieren?
Die Freiheit des Pfarrers, nicht politisch sein zu dürfen und damit Diener der Reichen und Mächtigen sein zu müssen oder versetzt zu werden?
Die Freiheit des Politikers, sich dem Fraktionszwang zu fügen oder ausgeschlossen zu werden?

«Aber ist denn nicht unsere wirtschaftliche Freiheit eine grossartige Errungenschaft? Schau dir doch den Hunger in der Welt an! Schau dir doch die Warteschlangen im Osten an! Da lob ich mir unsere Wirtschaft und ihre Freiheit!»
Welche wirtschaftliche Freiheit?
Die Konsumfreiheit?
Die Freiheit des Konsumenten, zwischen dem Einkaufszentrum X und dem Einkaufszentrum Y wählen zu können?
Die Freiheit, zwischen Maggi und Knorr wählen zu können?
Die Freiheit, zwischen dem weissen Riesen und einem anderen Phantom wählen zu können?
Die Freiheit, zwischen 50 verschiedenen Seifen wählen zu können?
Die Freiheit, den Hamburger bei Burger King statt bei McDonalds reinwürgen zu können?
Merken wir denn nicht, dass wir auch in dieser sogenannten Konsumfreiheit keine echte Wahl mehr haben? Eine Freiheit ohne die Möglichkeit, zwischen echten Alternativen wählen zu können, ist keine Freiheit.
Oder ist es unsere Freiheit,

mindestens ein Auto haben zu *müssen,* weil es anders nicht mehr geht?
einen Fernseher haben zu *müssen?*
einen Tiefkühler haben zu *müssen?*
im Urlaub vom Hochhaus in einem Vorort von Zürich oder München oder Wien in ein Hochhaus an der Costa Brava überwechseln zu *müssen?*
Merken wir denn nicht, dass diese Freiheit längst zum Konsumzwang geworden ist?
Oder ist es die Freiheit,
eine Zweitwohnung haben zu dürfen, weil die Unfreiheit in der Erstwohnung nicht mehr auszuhalten ist?
am Sonntag mit dem Wagen im Land herumreisen zu können, weil die Unfreiheit im Wohnviertel unerträglich geworden ist?
Abend für Abend am TV mir vorgekaute Meinung, vorgekaute Information, vorgekaute Kultur einzuverleiben, weil uns die Unfreiheit der eigenen Meinungsäusserung kaputt macht?
am Wochenende und im Urlaub auf vorgeschriebenen Plätzen ein Zelt aufstellen und einen Kochherd konstruieren zu dürfen, weil mir die Wohnbatterien keine Möglichkeit mehr offen lassen, mein ‹Nest› zu gestalten?
Freiheit als Kompensation dessen, was wir verloren haben?

Oder besteht die wirtschaftliche Freiheit in unserer freien Marktwirtschaft?
Freie Marktwirtschaft in der Landwirtschaft?
Marktwirtschaft in der Energieversorgung?
Marktwirtschaft im Bankwesen?
Marktwirtschaft bei den Versicherungen?
Und wie steht es denn mit der unternehmerischen Freiheit? Hat sie sich nicht selbst schon grösstenteils ausser Kraft gesetzt, sich selber aufgegeben? Dass man die Marktwirt-

schaft durch Gesetze vor den Unternehmern schützen muss, die ihre Privilegien mit Kartellen und anderen Zusammenschlüssen retten wollen, ginge ja noch. Auch dass die Manager-Helden weinerlich nach dem Schutze des Staates rufen, sobald das wirtschaftliche Klima etwas rauher wird, wäre noch zu verzeihen. Dass man sich aber feige hinter angeblichen Sach- und Systemzwängen verschanzt, wenn es darum ginge, sich gegen die Giganten unserer heutigen Wirtschaft, gegen die weitere Zentralisation, die weitere Konzentration, die weitere Abhängigkeit von den Grossbanken zur Wehr zu setzen, ist unerträglich. Die unternehmerische Freiheit beschränkt sich je länger je mehr auf das Diktat der paar wenigen, die an den Schaltstellen der heutigen zentralisierten Strukturen sitzen.
Die wirtschaftliche Freiheit ist die Freiheit des Kapitals, sich dahin zu verschieben, wo es am meisten rentiert – Schluss!

Die wirtschaftliche Freiheit ist die freie Mobilität des Kapitals.

Alles andere, gesellschaftliche Strukturen, Arbeitsplätze, Wohnverhältnisse und was auch immer, hat sich dieser einen Freiheit unterzuordnen. Wehe, wenn diese eine Freiheit durch irgendeine andere Freiheit bedroht wäre. Das ist die Schizophrenie in unserem Freiheitsbegriff und im Verhältnis der Wirtschaft zum Staat. Der Staat hat die Mobilität des Kapitals sicherzustellen. Hier heisst es: Mehr Staat! Man ruft nach dem Staat, wenn es darum geht, alles andere auszuschalten, um diese eine Freiheit sicherzustellen. Aber der Staat darf nichts tun, was diese Mobilität einengen könnte.
Einerseits schreit man nach staatlichen Eingriffen und Gesetzen, um Ruhe und Ordnung sicherzustellen. Unruhe

und Unordnung wären Unsicherheitsfaktoren. Das Kapital braucht Sicherheit. Andererseits lehnt man für sich jegliche staatliche Einschränkung ab. Sogar da, wo der Staat im Interesse der Wirtschaft (von wem denn sonst?) – gesetzlich eingreifen *muss,* versucht man, sich mit allen Tricks der staatlichen Regelung zu entziehen.
Welches Unternehmen bemüht sich denn, staatliche Vorschriften, die gesetzliche Ordnung, korrekt einzuhalten?
Nur die besten Juristen sind gut genug, um Kartellvorschriften zu umgehen.
Nur die besten Finanzexperten sind dafür gut genug, sich um die Steuerpflichten drücken zu können.
Nur die besten Lobbyisten sind gut genug, um den Umweltgesetzen ein Schnippchen schlagen zu können.
Wenn legale Experten nicht genügen, um für «mehr Freiheit – weniger Staat» zu sorgen, bleibt die Möglichkeit der ‹wg.-Buchungen› immer noch offen.
Eine Freiheit, die in der freien Mobilität besteht, ist verheerend. Eine solche Freiheit ist rücksichtslos, schrankenlos, bindungslos, emotionslos, heimatlos, verantwortungslos. Eine Freiheit, die immer nur verlangt, frei von Bindungen, frei von Einschränkungen zu sein, hat einen rein negativen Inhalt. Eine solche Freiheit, die immer nur fragt: «Frei wovon?» wird zur Machtfrage. Sie geht immer zulasten von jemand anderem. Eine solche Freiheit ist inhaltslos und führt in die Leere, ins Nichts.
Die echte Freiheit ist nicht eine Freiheit *von etwas,* sondern eine Freiheit *für etwas.*
Wohl dürfte es meistens als erstes unerlässlich sein, sich von bestehenden Zwängen zu lösen, also für sich die negative Freiheit *von etwas* zu verwirklichen, um die positive Freiheit *für etwas* wahrnehmen zu können. Oft wird es sogar zuerst die negative Freiheit brauchen, um überhaupt die Möglichkeit einer positiven Freiheit erkennen zu können.

Wenn es aber nicht gelingt, das Sich-befreien durch ein Gestalten, ein Kreieren, ein Verwirklichen zu ergänzen, kann die Befreiung ins Fiasko führen. Die Befreiung allein kann zwar schon Wunder vollbringen. Ent-Täuschung kann grossartige Befreiung sein – vorher hatte ich mich getäuscht! Es ist schon viel, zu wissen, was ich *nicht* will. Es ist alles, zu wissen, was ich will.

● Wie oft stossen wir auf den Fall, dass sich eine Frau mühsam von ihren Schranken befreit, in die sie durch Rollenfixierung, Erziehung, Männerwelt eingezwängt war, um dann ganz verzweifelt vor der Frage zu stehen: Was nun? Als Ergebnis dieser Leere nimmt sie dann wieder irgendeine Stelle auf einem Büro oder in einem Laden an, begibt sich damit wieder in die gleichen patriarchalisch-autoritären Strukturen und sucht dann verwundert nach dem Gefühl der Freiheit.

● Was nützt es dem Arbeiter, der sich beispielsweise in einem selbstverwalteten Betrieb endlich vom Diktat des Kapitals und der Hierarchie befreit hat, wenn er dann den Pseudo-Idealen des früheren Chefs, des Unternehmers, des Arbeitgebers nachrennt, und nicht in der Lage ist, die Befreiung in ein Gestalten zu erheben.
Eine Emanzipation, die nicht nach eigenen Inhalten sucht, führt unweigerlich dazu, dass die bisherigen Unterdrücker zum Leitbild werden, dass man wenigstens dem Unterdrücker gleichgestellt werden will.
 – Alice Schwarzer, die gleichberechtigten Militärdienst für die Frauen fordert
 – Die Sozialdemokratinnen, die ‹Quoten› in allen möglichen Männergremien wollen
 – Die Frauen-Parteien, die das Männer-Machtmittel Partei übernehmen wollen

- Der Arbeitsdirektor mit grossem schwarzem Mercedes und eigenem Fahrer
- Die ‹Entkolonialisierten›, die dem Lebensstil der früheren Kolonialherren nacheifern
- Der ‹Prolet›, der Kleinkapitalist und damit Spiessbürger wird
- Die Farbigen in den Kleidern der Weissen
- Die Managerinnen, die noch mehr leisten als ihre Kollegen, um ihre Ebenbürtigkeit zu beweisen

Es ist wie bei kriegerischen Auseinandersetzungen zwischen Nationen: Der Sieger übernimmt die Mentalität des Besiegten.

Es ist die gleiche Haltung wie diejenige des Konvertiten:
- Der Protestant, der katholisch wird, und dann gleich zu Lefebvre rennt
- Der Kommunist, der Kapitalist wird und sich in einer rechtsextremen Partei engagiert
- Der 68er, der sich zum System bekehrt und Unternehmensberater oder Generaldirektor wird
- Der Priester, der heiratet und nachher jede Religion verteufelt

● Wieviel Hoffnung setzte man in die sexuelle Befreiung. Aber auch hier genügte die Beseitigung der Schranken nicht. Im Gegenteil, man war nicht in der Lage, sich von den übrigen, ebenso schlimmen Zwängen zu befreien. Besitzanspruch, Leistungszwang – Orgasmushäufigkeit als Männlichkeitsumsatz –, Kommerzialisierung dominierten den freien Sex und machten ihn damit unfreier denn je, statt dass diese Befreiung zu einem inneren Gelöstsein und einem neuen mitmenschlichen und gemeinschaftlichen Gefühl geführt hätte.

● Mit Hohngelächter verweisen die ‹Strammen› unserer

Gesellschaft auf ein angebliches Scheitern der antiautoritären Erziehung. Eine Erziehung, die sich nicht als antiautoritär, sondern als nicht autoritär empfand, ist nie gescheitert. (Im Zusammenhang mit Summerhill ist es interessant, dass, wie es im Englischen heisst, ‹non-authoritarian education›, im Deutschen immer mit ‹antiautoritäre Erziehung› übersetzt wurde.) Wenn die Erziehung darin bestand, einfach jegliche Schranken zu beseitigen, führte sie das Kind in die Leere. Wenn es jedoch statt einer Erziehung darum ging, dem Kind zu ermöglichen, einen eigenen Willen zu formen – und das geht nur in der Konfrontation mit einem anderen Willen – und es damit in die Lage zu versetzen, sein Leben selber zu gestalten, dann setzten wir ihm Grenzen, zwangen ihm aber keinen fremden Willen auf. Es gibt eben nicht nur die Alternative ‹keine Ordnung› oder sich einordnen müssen, es gibt eben auch noch die Möglichkeit, fähig zu sein, sich freiwillig in eine mitgestaltete Ordnung einfügen zu können.

- Oder noch ein Beispiel aus dem gesellschaftlich/staatlichen Bereich: Wenn wir mit militärischen Mitteln unsere staatliche Unabhängigkeit gewährleisten wollen, dann ist dies eine nur negative Freiheit, eine Freiheit von ausländischer Einmischung. Wir fragen nicht einmal danach, ob wir mit dieser Art Freiheitssicherung nach aussen unter Umständen jene Freiheit im Innern zerstören, die wir angeblich bewahren wollen. Wenn wir statt von Kriegsverhütung von Friedensforschung oder Friedenssicherung sprechen, dann meinen wir die positive Freiheit. Unser menschliches Zusammenleben, unser Leben in einer Gemeinschaft und die Beziehungen zwischen Gemeinschaften sind so zu gestalten, dass Friede ist. Friede ist nicht statisch, wie die Kriegsverhütung, sondern Friede ist ständiges positives, kreatives, gestalterisches Sich-auseinandersetzen. Freiheit durch

Kriegsverhütung macht unfrei – Freiheit durch Friedensgestaltung macht frei.

Diese paar Beispiele zeigen, dass Freiheit *von* etwas und Freiheit *für* etwas einen grundlegend anderen Charakter haben. Die innere Haltung bei der Befreiung oder Freiheit *von* etwas ist Ablehnung. Es ist im Extremfall Hass. Freiheit *zu* etwas ist Liebe, Liebe zum Kommenden, Liebe zum Neuen. Echte Freiheit fragt, was wir gewinnen und nicht, was wir verlieren könnten.
Wo bleiben nun all die angeblichen Widersprüche von Freiheit und Verantwortung, von Freiheit und Gleichheit, von Freiheit und Ordnung, von Freiheit und Demokratie? Aus den Widersprüchen wird eine Einheit, ein Ganzes.

Wie steht es nun mit dem Slogan ‹Mehr Freiheit – weniger Staat›? Brauche ich nicht den Staat, um mich einerseits in der negativen Freiheit von dem Willen der anderen abzugrenzen, also mich vor dem Freiheitsanspruch der anderen zu schützen und um mir andererseits den Rahmen zu liefern für die positive Freiheit?
Brauche ich dazu den Staat?
Brauche ich eine Zwangsgemeinschaft, um meine positive Freiheit sicherzustellen?
Was ist denn der Staat anderes als eine Zwangsgemeinschaft? Zufällig entstanden durch irgendwelche historischen Ereignisse, mit zufälligen Grenzen, als Ergebnis von meist ebenso zufälligen Kriegsergebnissen, mit einer zufälligen Form. Eine zufällige Form, die – z. B. in der BRD – spielend innert einer Generation vom Kaiserreich zur Demokratie, zur Räterepublik, dann zur Diktatur und wieder zurück zur Demokratie wechselt? Der einzelne Mensch hat sich zufällig anzupassen. Bald ist er Untertan, auf Knopfdruck wird er mündiger Bürger, dann wird er plötz-

lich Volks- oder Parteigenosse, dann wird er wieder mündiger Bürger. Der allmächtige Staat, der uns derart im Griff hat, ist durch und durch ein Zufallsprodukt.
Weshalb soll dieses Zufallsprodukt eine Nation sein? *Meine* Nation sein, mein Vaterland sein? Mein Vaterland, dem ich alles opfern soll? Mein Vaterland, dem ich mein Leben opfern soll? Mein Vaterland, dem ich meine Kinder zu opfern habe?

Diesem reinen Kunstbegriff Nation, Vaterland (warum nicht wenigstens Mutterland?), steht der Begriff Heimat gegenüber.
Heimat und Vaterland sind etwas grundsätzlich anderes.
Heimat ist ganz konkret jener Raum, jener Ort, jene Umgebung, wo ich daheim bin. Vaterland ist ein abstraktes Gebilde, das ich für mich nicht einmal definieren kann.
Heimat hat für mich einen intensiven Gefühlswert. Wenn ich von Heimat spreche, spüre ich etwas tief in mir drin. Das Vaterland wurde mir aufgezwungen. Ich hatte nicht einmal etwas dazu zu sagen.
In der Heimat kann ich Ich sein. Niemand kann über meine Beziehungen zur Heimat entscheiden, während mir das Vaterland pausenlos als sogenannte Rechte und Pflichten vorschreibt, was ich tun darf und tun muss. Mit anderen Worten: Heimat kennt keine Strukturen, während Vaterland immer mit Staat, Institutionen und damit mit Hierarchie und Abhängigkeit verbunden ist.
Heimat ist Inhalt; Vaterland ist Struktur.
Heimat ist Liebe; Vaterland ist Macht.
Die Leute, die das Zufallsprodukt Staat brauchen, um ihre Macht zu sichern, setzen nun einfach die Heimat dem Vaterland gleich – schon als Kinder sangen wir inbrünstig: «Oh, mein Heimatland, oh, mein Vaterland» – und prompt klappt die Gleichung

Staat = Nation = Vaterland = Heimat
und prompt hat man dir beigebracht, der Staat repräsentiere das, was der Rahmen deines Lebens ist: die Heimat.
Heimat hat einen tiefen Sinn; aber sie ist zwecklos.
Der Staat hat einen Zweck, aber er ist sinnlos.
Der Zweck verspricht dir irgendwas – dann einmal (siehe Seite 135); der Sinn ist jetzt.
Der eigentliche Zweck des Staates, die bestehenden Machtstrukturen zu sichern, wird selbstverständlich nicht zugegeben. Deshalb schafft sich jeder Staat laufend die inneren (Terroristen!) oder äusseren (Russen!) Feinde, die er braucht, um bestehen zu können. Der Star-‹Denker› der Schweizer Armee, der sich in seinem Zynismus einen Spass daraus macht, eine gesamtschweizerische (militärische und zivile) Alarmübung mitten in ein langes Wochenende zu legen (die Russen kämen bestimmt an einem Feiertag!), formuliert dies eindeutig: «Waffengewalt ist das Privileg souveräner Staaten, die schliesslich mit der Zielsetzung geschaffen worden sind, ihren Bürgern Schutz gegen äussere und innere Feinde zu gewähren. Und wenn sie diese Macht auch noch so viel missbrauchten und Macht oft nur zu Gunsten einer kleinen Elite einsetzten, ihr Grundauftrag wird auch heute noch kaum in Frage gestellt. So lässt sich denn der simpel anmutende, im Kern aber richtige Schluss ziehen: Solange es Nationalstaaten gibt, die von Völkern getragen werden, solange wird es Machtansprüche, Waffen und Rüstungsschübe geben. Der Grad äusserer Bedrohung, ohnehin nur ein Gemisch von Fakten und Vorstellungen, Wahrnehmungen und Deutungen, hat damit erst in zweiter Linie zu tun.»
Kommt es auf den Sinn der Heimat an oder auf den Zweck des Staates? Bestimmst du den Zweck des Staates? Brauchst du für deine Zwecke den Staat? Der Zweck müsste doch dem entsprechen, was du willst. Warum muss

denn der Staat mit Macht, mit dem Gewaltmonopol ausgerüstet werden, um dir seinen Willen aufzwingen zu können? Dann hat er nicht den Zweck, dir zu dienen, sondern dich einzuschränken. Dann willst du ihn doch gar nicht!

Es ist schon eigenartig mit all den Institutionen, ob das der Staat ist, ob das Genossenschaften sind, ob das der Bauernverband oder eine Handwerkervereinigung oder Raiffeisenkassen oder Schulen oder Kirchen sind: Alle wurden aus einer Idee heraus gegründet. Aber kaum gegründet, entwickeln sie ein Eigenleben. Die Idee wird institutionalisiert. Die Institution wird wichtiger als die Idee. Die Mitglieder haben sich der Institution zu unterziehen. Die Idee wird verraten.
Und wenn ich mich der Institution nicht entziehen kann, werde ich ihr Opfer. Am schlimmsten beim Staat mit seinem Gewaltmonopol. Soll mir doch einer sagen, wo der Staat für seine Bürger da ist!

Und schon kommen die Grün-Realos und ähnliche Gestalten gerannt und sagen, ohne den Staat würde sich doch die Wirtschaft noch viel brutaler benehmen. Es brauche den Staat, um die Wirtschaft in die Schranken zu weisen.
Abgesehen davon,
– dass der Politiker ähnliche charakterliche Strukturen wie der Manager aufweist,
– dass der Politiker völlig von der Information abhängig ist, die ihm die Wirtschaft liefert,
– dass die Instrumente des Politikers – sofern er einmal erstaunlicherweise doch möchte – niemals ausreichen, um die Wirtschaft in die Schranken zu weisen:
Der Staat hat noch nie, aber auch noch gar nie die Wirtschaft eingeschränkt. Der Staat war noch immer Diener einer ganz bestimmten Art zu wirtschaften.

Willst Du also zurück in die Frühzeit des Kapitalismus mit ihrem Manchester-Liberalismus?
Die ganze Geschichte des ‹Laisser-faire, Laisser-aller› des Frühkapitalismus ist falsch und irreführend. Es gab den Nachtwächterstaat, wie er damals hiess, gar nie. Schon damals sorgte der Staat dafür, dass sich die Unternehmer ausbeuterisch verhalten konnten. Das Militär wurde gegen die streikenden Arbeiter eingesetzt. Die Eroberung der Kolonien war die Basis des Gedeihens der Wirtschaft. Das hat der Staat besorgt. Der Staat erliess die Gesetze zum Schutze des Privateigentums an Grund und Boden. Der Staat erliess die Gesetze zur Errichtung der Zinsherrschaft. Ohne den Staat hätte es die zerstörerischen Entwicklungen nicht in diesem Ausmass gegeben. Es gäbe diese Grosstechnologie, es gäbe diese wirtschaftlichen Grossgebilde nicht. Alles, was der Staat macht, kommt den Grossen zugute: Forschung, Übernahme der sozialen Kosten, Infrastruktur, Investitionshilfen, Grosstechnologie als Abfallprodukt der Rüstung, Risikogarantien, Interessenvertretungen in den Parlamenten, Bankwesen, Einsatz von Polizei für die Startbahn-West, für die Atomenergie. Was ist Aussenpolitik anderes als Aussenwirtschaftspolitik? Was ist Entwicklungspolitik anderes als Exportpolitik?
Es ist der Staat, der für diese Art Wirtschaft sorgt. Und wir sind uns viel zu wenig bewusst, dass der Staat eben auch die Hilfsinstitutionen bereit- und sicherstellt, die der Wirtschaft jenes Menschenmaterial liefert, das die Wirtschaft braucht: Erziehung, Schule, Kirche, Militär. Und die wohlmeinendsten Demokraten rufen nach dem Weltstaat und der Weltpolizei, und die wohlmeinendsten Liberalen rufen nach der Super-Nationalwirtschaft EG.
Der Slogan darf nicht heissen: ‹Mehr Freiheit – weniger Staat›. Sondern ‹Freiheit – weg mit dem Staat!›

Es gibt eine Sicherung im System, die noch viel härter greift als der Glaube an die Veränderbarkeit des Systems. Es ist die *Autoritätsgläubigkeit* des Menschen. Sie wird uns auf eine Art und Weise beigebracht, dass wir es kaum merken. Die Dressur läuft subtil ab.
Was soll ich eigentlich Vorträge halten? Auch mir wurde als Kind beigebracht: «Reden ist Silber, Schweigen ist Gold.» Dann würde ich doch besser zuhause bleiben. Warum spreche ich überhaupt? Oder umgekehrt gefragt: Was soll eigentlich so ein Spruch? Will ich tatsächlich, dass wir schweigen? Will ich denn nicht das Gegenteil? Ich will, dass wir die Meinung sagen dürfen. Wir sind stolz auf das Recht der freien Meinungsäusserung. Ich will zu meiner Meinung stehen. Ich will doch ‹ausrufen› können, wenn es mir nicht passt. Ich will keine hörigen Bürger, ich will den mündigen Bürger, der sagt, was er denkt. Warum dann dieser Spruch? Jetzt könnten wir geradezu ein Gesellschaftsspiel machen. Wir nehmen einfach alle möglichen Sprichwörter. Dann drehen wir sie um, und dann stimmen sie.
- «Morgenstund hat Gold im Mund.» Wie denn, wenn ich ein Morgenmuffel bin? Der Spruch stimmt: Aber dann muss schönes Wetter sein; ich muss ausgeschlafen sein und nicht zur Arbeit gehen müssen. Sonst stimmt er nicht.
- «Arbeit kommt vor dem Vergnügen.» Das Ziel muss doch darin bestehen, dass Arbeit ein Vergnügen ist. Und wenn sie kein Vergnügen ist, dann will ich so wenig arbeiten müssen wie möglich.
- «Müssiggang ist aller Laster Anfang.» Jesus war ein lasterhafter Kerl. Der hat gar nichts gearbeitet, nachdem er seinen Tischler-Beruf aufgegeben hatte.
- «Was Hänschen nicht lernt, lernt Hans nimmermehr.» Dann hat er es nicht gebraucht. Warum hätte er's dann lernen sollen?

- «Morgen, morgen, nur nicht heute, sagen alle faulen Leute.» Warum soll ich denn nicht faul sein dürfen? Und wenn's morgen noch reicht, warum soll ich's heute schon tun? Die meisten Dinge erledigen sich von selbst. Besser wäre: ‹Was ich morgen kann besorgen, verschieb ich gleich auf übermorgen.›
- «Wer rastet, rostet.» Im Gegenteil. Wir müssen rasten können. Wir müssen zur Besinnung kommen können, Ruhe haben können. Und dann soll ich rosten dabei?
- «Der Gschiider git nah, der Esel bliibt schtah.» (Der Klügere gibt nach, der Esel bleibt stehen). Wahrscheinlich das dümmste Sprichwort, das es gibt. Mit dem Resultat, dass überall die Esel an der Spitze sind.

Mache selber weiter mit diesem ‹Spiel›! (Keine Sprichwörter wählen, die einfache Tatsachen festhalten, wie z.B. ‹Der Apfel fällt nicht weit vom Stamm›).
Es ist kein Spiel. Was sollen denn eigentlich alle diese Sprichwörter? Sie haben offensichtlich keinen anderen Zweck, als mir ein Verhalten beizubringen, das mir überhaupt nicht entspricht. Ich will das Gegenteil. Ich will das nicht, was mir die Sprichwörter beibringen. Warum gibt es sie denn? Und warum ist es für jeden selbstverständlich, für Vater und Mutter, für Lehrer und Pfarrer, uns diese Sprichwörter beizubringen? Es ist ein Dressurschritt.

Wir können einen Schritt weitergehen.
«Du sollst Vater und Mutter ehren.» Warum denn eigentlich? Ich habe die ja nicht gewollt. Die wollten mich – vielleicht. Dann sollen sie *mich* ehren. Dieses Gebot kann schlicht und einfach nicht stimmen. Ein paar Gebote weiter hinten steht die Frau als Weib auf der gleichen Stufe wie der Sklave und der Esel. Ein paar Gebote weiter vorne soll sie auf der gleichen Stufe stehen wie der Mann? Wenn man

solchen Geboten nachgeht, dann merkt man, dass sie ursprünglich einen ganz anderen Sinn hatten. Der ursprüngliche Sinn bestand darin, dass es geheissen hat: «Pass auf den sozialen Rahmen auf, in den du hineingeboren worden bist. Der soziale Rahmen ist wichtig für dich. Trag ihm Sorge. Aber nicht, indem du ihn anbetest, sondern indem du mithilfst, diesen Rahmen zu gestalten.» Aber das hat natürlich nicht gepasst. Ehre Vater und Mutter! Geh auf die Knie vor den Autoritäten! Vater und Mutter sind deine ersten Autoritäten.

«Du sollst nicht lügen.» Sag das mal einem Politiker. Und ist Lüge nicht die Basis des ganzen Geschäftslebens? Das Bankgeheimnis hat keinen anderen Zweck, als dass die Reichen lügen können wie sie wollen. Das ist der einzige Zweck! Oder: Jedes Unternehmen hat zwei Bilanzen. Eine ehrliche – eine interne, und eine gelogene – eine externe, die veröffentlicht wird.

«Du sollst nicht stehlen.» Sind denn moderne Verkaufsmethoden nicht Diebstahl? Sind unsere wirtschaftlichen Beziehungen mit der Dritten Welt nicht Diebstahl? Oder die Zinswirtschaft? In jeder Religion verboten! Denn Zinswirtschaft ist Diebstahl, nichts anderes.

Was ist denn mit den Geboten los? Sind wir uns denn eigentlich dessen bewusst, dass die Gebote nie gelten für die Leute, die an der Macht sind? Die Gebote gelten immer nur für uns Bürger. Sind wir uns dessen bewusst?

Besser sagen könnte man es nicht als die deutsche Theologin Elga Sorge in einer Fernsehsendung: «Die zehn Gebote verbieten, was offenbar überall, wo Männerbünde herrschen, andauernd stattfindet, sonst müsste man es ja nicht verbieten.»

Der berühmte Dekalog musste erlassen werden, weil Männer dazu neigen, die Ehe zu brechen, zu vergewaltigen, zu stehlen, zu morden, zu töten, die Feiertage nicht zu heiligen

und zu lügen, ja sogar Meineide vor Gericht abzulegen.
Gegen die zehn Gebote hat Elga Sorge zehn Erlaubnisse geschrieben, darunter die berüchtigte sechste.
«Sechste Erlaubnis: Du darfst ehebrechen. Du kannst ja nicht anders, weil jede, die einen anderen Mann ansieht, seiner zu begehren, in ihrem Herzen bereits die Ehe gebrochen hat. So, wörtlich, Jesus von Nazareth. Aber natürlich darfst du auch treu sein.»
Wer weiss denn noch, dass es im hebräischen Urtext heisst: «Du wirst...» und nicht: «Du sollst...»?
Selbstverständlich geht es nicht darum, nun einfach die Sprichwörter und Gebote umzudrehen und dann als gültig zu akzeptieren. Es wären wieder Rezepte. Aber frage dich immer wieder und bei allem, ob es wirklich so sein muss, wie es dir dargestellt und beigebracht wurde.

- Stell dir einen fröhlichen, lachenden Jesus vor! Vergiss das deprimierende Leidensgesicht!
- Stell dir einen beleibten, sinnesfreudigen Jesus vor und zur Abwechslung einen hageren, asketischen Buddha!
- Frag dich einmal, weshalb wir ein grausames Folterinstrument anbeten müssen und damit die Berggipfel, Schulzimmer und Wohnstuben verunstalten.
- Wundere dich, weshalb wir das Blut eines Leichnams trinken und sein Fleisch essen müssen!

Ein weiterer Dressurschritt sind die *Begriffe,* die uns eingetrichtert werden.

● Woran denkt man, wenn man den Begriff *Mut* hört?
Der Held, der sich auf irgendwelche Feinde stürzt – der Soldat, der sein Leben ‹auf dem Feld der Ehre› opfert – der Kamikaze-Flieger, der sich samt seinem Flugzeug in die Luft sprengt?

Oder sind es vielleicht die Mutübungen im Turnunterricht? Irgendwelche Sprünge über ein hohes Pferd? Oder ein Sprung vom Fünfmeter-Brett im Schwimmbad? Oder gar die Beweise von Mut des Jugendlichen, im Supermarkt möglichst viel klauen zu können, – mehr als die anderen? Oder mit dem Moped möglichst viele Verbote zu übertreten?

Bei all diesen Beispielen geht es immer um dasselbe: Immer hat irgendjemand einem beigebracht, man solle etwas tun, was man eigentlich gar nicht tun wollte. Man ist dann mutig, wenn man etwas gemacht hat, was ein anderer von mir wollte. Der ‹Andere›, das können der vorgesetzte Offizier sein, das ‹Vaterland›, vielleicht die Eltern, der Lehrer, vielleicht aber auch die Gruppe, zu der man gehört. Zwar sträuben sich alle Gefühle dagegen. Man muss sich überwinden, wie es so schön heisst. Man würde es niemals von sich aus tun. Erst die Abhängigkeit von einem Chef, Vorgesetzten, einer Autorität oder auch einfach die Anerkennung in einer Gruppe bringen einen dazu, dies zu tun.

Gibt es denn nicht eine ganz andere Art von Mut? Wäre es denn nicht viel wichtiger, das zu tun, was man selber als richtig erachtet, statt das, was andere einem als richtig vorschreiben?

Damit kehrt sich nun aber alles in sein Gegenteil um:

Mut ist, Mutübungen *nicht* zu machen, wenn sie einem nicht passen.

Mut ist, das *nicht* zu machen, was einem die ‹Höheren› sagen, wenn man es nicht als richtig empfindet.

- «Nur keine *Konfrontation*», sagen sie. «Kommunikation statt Konfrontation» – heisst ihr schöner Spruch. Man muss doch aufeinander zugehen, man muss doch reden miteinander, nicht gegeneinander sein!
Merkt man den Trick? Ich kann nur kommunizieren mit

einem Menschen, den ich in seiner eigenen Haltung voll und ganz respektiere und anerkenne. Ich kann nur kommunizieren mit einem Menschen, von dem ich weiss, wo er steht. Ich kann nur dann kommunizieren, wenn ich ganz genau weiss, wo die Probleme liegen, welches die Konflikte sind. Ich brauche die Konfrontation, um mein Gegenüber zu erkennen. Ich brauche die Konfrontation, um die Probleme erkennen zu können. Sonst gelingt es den Mächtigen immer, die Probleme unter den Tisch zu wischen. Kommunikation statt Konfrontation heisst Verdrängung der Probleme.
Es darf nicht heissen: Kommunikation statt Konfrontation, sondern Kommunikation dank Konfrontation. Ich muss die Konfrontation suchen, wo ich kann. Erst die Konfrontation führt zu der Situation, aufgrund derer ich dann kommunizieren kann. Nicht-Konfrontation ist das Ziel, Nicht-Konfrontation kann niemals der Weg sein. Konfrontation ist der Weg.
«Nur keine *Polarisation*», heisst es. Wie wenn nicht diejenigen, die an der Macht sind, sich schon längst polarisiert hätten! Sie haben noch nie die Bereitschaft gezeigt, von ihrem Extrem-Pol abzurücken. Es geht genau darum, endlich die Gegenpole aufzubauen, um die Polarisation der Mächtigen erkennen und aufzeigen zu können. Polarisieren wir uns doch endlich, statt ständig zu kuschen!

Man muss oft auch bereit sein, jegliches Gespräch zu verweigern. Nämlich dann, wenn unsere Gesprächsbereitschaft dem anderen weiterhin erlaubt, zu tun als ob.
Die deutsche ‹Tageszeitung› (taz) wollte ein Gespräch zwischen den Vertretern der Weltbank und ihren schärfsten Kritikern organisieren. Der Bundeskongress entwicklungspolitischer Aktionsgruppen (BUKO) hat sich geweigert. Zum Glück! «Kein Dialog mit den Weltbank-Mördern!»

Diese Kriminellen wissen ganz genau, was sie tun, und kein Gespräch wird sie auch nur um ein Jota von ihrem Kurs abbringen. Aber das Gespräch hätte ihnen erlaubt, in der Öffentlichkeit so zu tun, als ob sie den Argumenten ihrer Kritiker Verständnis entgegenbringen würden. Man hätte ihnen erlaubt, Bereitschaft zu heucheln, ihre Politik zu überdenken. Wenn den Vertretern der BUKO nachher von konservativer Seite Hetzkampagne und Dialogunfähigkeit vorgeworfen wird, wissen sie, dass sie richtig lagen.
120 Schweizer Schriftsteller und Publizisten veröffentlichen eine ‹Wald-Handschrift›, in welcher sie ihren Gefühlen und Meinungen zum Sterben unserer Wälder Ausdruck geben. Es findet eine öffentliche Lesung statt. Anschliessend versuchen Vertreter der Forstwirtschaft und einzelner Umweltgruppen, darüber zu diskutieren, was getan werden sollte. Ich weigere mich, zu diskutieren, ja versuche, jede Diskussion zu unterbrechen. «Merkt ihr denn nicht, dass es viel zu spät ist? Merkt ihr denn nicht, dass ihr mit euren Urwäldchen, die ihr plötzlich als Rettung empfehlt, den Leuten Sand in die Augen streut? Merkt ihr denn nicht, dass ihr mit euren lieben Ratschläglein der Autolobby und der Industrie das Alibi liefert, weitermachen zu können. Es gibt nichts mehr zu diskutieren!» Selbstverständlich muss ich in Kauf nehmen, dass es nachher in der Presse in Millionenauflage heisst: «Mit HAP. kann man nicht mehr reden. Da kann einer nur noch schimpfen und poltern, nicht mehr zuhören, nicht mehr argumentieren; da möchte sich einer aus Protest gewissermassen permanent auf irgendwelche Strassen legen.»
Es ist nicht einfach, von den Massenmedien verfemt zu werden. Weichen wir nicht deshalb immer wieder der Konfrontation aus, weil es nicht sehr angenehm ist, in aller Öffentlichkeit als profilierungssüchtiger Nestbeschmutzer und ähnlich beschimpft zu werden. Hoffen wir nicht im

geheimen auf die Anerkennung durch die Mächtigen? Warten wir nicht auf den Beifall von der falschen Seite? Oder geht es uns wie jenen Journalisten und Autoren, die zwar energisch gegen die heutige Gesellschaft ankämpfen, aber beleidigt sind, wenn sie von dieser Gesellschaft nicht mit Preisen und Stipendien ausgezeichnet werden?
Es war schon im ‹Institut› ein ständiger Konflikt. Wenn nach einer gesellschafts- oder wirtschaftskritischen Tagung ein Mitarbeiter zu mir kam und sagte: «Schau doch, sogar die NZZ oder die FAZ haben ganz positiv über die Tagung berichtet», dann wusste ich, dass die Tagung nicht viel wert war. Wenn nach oder möglichst schon vor der Tagung die Medien Zetermordio schrien, die Politiker ihre Beziehungen spielen liessen und die Lobbyisten in Aktion traten, dann stimmte die Tagung. Konfrontation heisst Bereitschaft, nicht mehr ‹dazu› gehören zu wollen.

- Sie predigen *Solidarität* – auch so ein herrliches Wort. Welche Heuchelei! Schon je erlebt, dass die Oberen in Konfliktsituationen mit den Unteren solidarisch gewesen wären? Und wehe, wenn Gleichgestellte untereinander solidarisch sind – dann wird das Streikrecht geändert. Die Mächtigen brauchen unsere Solidarität, damit sie ihren Willen durchsetzen können. Ein Beispiel am Rande: In der Schweiz findet zur Zeit eine heftige Auseinandersetzung zwischen den kleinen und mittleren Bauern einerseits und den grossen Bauern andererseits statt. Für die kleinen Bauern geht es ums Überleben. Das Paradoxe und Bezeichnende besteht darin, dass die Grossen ständig an die Solidarität der Kleinen im Kampf für die Interessen der Landwirtschaft appellieren. Die Kleinen kämen nie auf die Idee, mit der Solidarität der Grossen zu rechnen. Sie wissen, dass es nutzlos wäre. Die Grossen haben kein Interesse am Überleben der Kleinen.

Je mieser die Situation der Unteren, desto stärker der Appell der Oberen an die Solidarität der Unteren.
«Jetzt gilt es, zusammenzustehen...»
«Jetzt zählt jeder einzelne...»
«Wir sitzen im gleichen Boot; wir ziehen am gleichen Strick...»
«In Zeiten wie diesen...»

● Ähnlich wie mit dem Begriff Solidarität verhält es sich mit der *Toleranz*. Wer ist sich dessen bewusst, dass Toleranz ein reiner Machtbegriff ist? Was soll ich von unten nach oben tolerant sein? Wie wenn die oben mich fragen würden, ob ich es toleriere, ob ich es ertrage, wie sie sich verhalten. Die tun ohnehin, was *sie* wollen.
Und meinem Mitmenschen gegenüber will ich nicht tolerant sein. Ich will ihn nicht ertragen. Ertragen hat immer etwas Leidendes an sich. Eigentlich passt es mir nicht, aber ich überwinde mich und fühle mich dann in meiner Grossmut geradezu erhaben. Ich will meinem Mitmenschen nicht einmal gleichgültig sein – dies wäre die nächste Stufe des Zusammenlebens. Nein, ich will ihn annehmen, ich will ihn respektieren in seiner Andersartigkeit. Er hat ein Recht darauf, so zu sein, wie er ist, so wie ich für mich das Recht beanspruche, so zu sein, wie ich bin.
Nun merkt man plötzlich, dass Toleranz ja nur von oben nach unten abläuft. Die oben bestimmen die Normen, nach denen wir uns zu richten haben, und gleichzeitig legen sie die Bandbreiten fest, innerhalb derer wir uns anders verhalten dürfen, aber nur soviel, dass es die oben noch ertragen. Wie absurd der Begriff der Toleranz von oben gebraucht wird, demonstrierte ein bayrischer Minister. Als in Bayern das obligatorische Schulgebet wieder eingeführt wurde, wurde er gefragt, was ein junger Jude oder ein junger Moslem mit dem Gebet anfangen solle und wie das Obliga-

torium für diese jungen Menschen mit der Religionsfreiheit zu vereinbaren sei. Die Antwort: «Für diese Andersgläubigen sei es eine Übung in Toleranz gegenüber ihren christlichen Mitbürgern.» Also: Du wirst als Moslem oder Jude gezwungen, an einem christlichen Gebet teilzunehmen, und dann bist du tolerant.

Aber wie steht es denn mit dem *Pluralismus?* Wir leben doch in einer pluralistischen Gesellschaft! Innerhalb eines Herrschaftssystems ist Pluralismus Bluff. Wie weit die Andersartigkeit gehen darf, wird auch hier von oben bestimmt. Der Begriff Pluralismus hat nur dann einen Sinn, wenn in einem herrschaftsfreien Raum verschiedene Lebens- und Organisationsformen nebeneinander existieren können.

So können wir Begriff um Begriff aus all unseren Lebensbereichen durchnehmen und uns fragen: Welcher Inhalt wurde ihm gegeben, welche Bedeutung hätte er aber wirklich, wenn ich von mir selber ausgehe und weshalb ist ihm eine Bedeutung gegeben worden, die mir nicht entspricht?

- Beispielsweise ein Begriff wie *Mobilität.* Wir sind so stolz auf unsere Mobilität. Mobilität ist für uns ein Wert an sich geworden. Je mobiler eine Gesellschaft, desto entwickelter ist sie. Mobilität ist gleichbedeutend mit Fortschritt und Freiheit. Da bei uns alles quantifiziert werden muss, wird auch die Mobilität gemessen. Je mehr Strassen, desto besser, je mehr Autos, desto besser, je mehr Flugreisen, desto besser (die Zunahme des Flugverkehrs hat alle Erwartungen übertroffen – grossartig! heisst es). Je mehr Bahnpassagiere, desto besser usw. Die Mobilität wird gemessen in Anzahl Reisen und in Länge der Reisen und in Anzahl Reisender – je mehr, je länger, desto besser.

Mit dem absurden Ergebnis: Die Hausfrau, die noch in

ihrem Dorf, ihrer Strasse, ihrem Stadtviertel einkaufen gehen kann, ist nicht mobil. Sie trägt nicht bei zur Mobilität dieser Gesellschaft. Erst wenn sie 20 km mit dem Wagen ins Einkaufszentrum fahren muss, wird sie fortschrittlich. Genauso der Arbeiter: Der Arbeiter, der noch im Dorf seine Stelle findet, ist immobil. Zum Glück müssen jeden Montag Zehntausende von Friesen einige Hundert Kilometer ins Ländle zur Arbeit fahren und am Freitag wieder zurück. Sie tragen bei zur Mobilität, zum Fortschritt dieser Gesellschaft.

Ich will doch nur mobil sein, ich will mich doch nur dann verschieben, wenn ich ein bestimmtes Ziel erreichen will. Je weniger ich mich verschieben muss, um das Ziel zu erreichen, desto besser. Meine Lebenssituation ist dann ideal, wenn alles, was ich für meine Lebensgestaltung, für meine Zufriedenheit, für mein Glück brauche, in meiner unmittelbaren Nähe ist. Mein Ziel kann also niemals darin bestehen, mich möglichst oft verschieben zu müssen – mobil sein zu müssen – sondern darin, für mich eine Situation zu schaffen, in der ich mich möglichst wenig verschieben muss (dann geniesse ich auch meine Ferienreise oder meinen Sonntagsausflug wieder).

- Noch ein letzter Begriff. In der Zeitung gelesen: «Wenn man sich zuverlässig auf etwas verlassen kann, dann nennt man das Vertrauen.» Schon die Formulierung «zuverlässig auf etwas verlassen» sollte einen aufmerksam machen: da kann etwas nicht stimmen. Oder kann man sich «unzuverlässig auf etwas verlassen»? Ich verlasse mich auf einen Menschen oder eine Sache heisst, dass ich von dieser Person oder diesem Ding etwas Bestimmtes erwarte: ein bestimmtes Verhalten oder eine bestimmte Eigenschaft. *Ich bestimme, wie er sich nach meinen Erwartungen zu benehmen hat oder wie er zu sein hat.* Er hat sich nach meinen

Erwartungen zu richten. Zuverlässigkeit ist Pflichterfüllung, ohne dass ich die Erfüllung der Pflicht mit Machtmitteln durchzusetzen brauche. ‹Zuverlässigkeit› ist wie ‹Pflicht› fremdbestimmt. Sie wird von aussen festgelegt. Das Vertrauen hingegen entspricht dem Begriff der Verantwortung. Wenn ich jemandem vertraue, weiss ich, dass er ehrlich und offen ist, dass er nach seinem persönlichen Gewissen handelt, dass er versucht, aufgrund seiner Überzeugung mir gerecht zu werden. Er will mich nicht übers Ohr hauen. Es verbindet uns etwas. (Bei dem zitierten Spruch handelt es sich um eine Reissverschluss-Werbung.)

Es geht bei all diesen Begriffen, Ausdrücken, Slogans um das gleiche wie bei den übrigen Aussagen dieses Buches:
Entweder wird mir der Inhalt eines Begriffs beigebracht, eingetrichtert, eingebläut, aufgezwungen – dann ist der Inhalt fremd. Der Inhalt entspricht mir nicht. Der Inhalt kommt nicht aus mir heraus. Die andere Möglichkeit ist, dass ich den Begriff oder die Aussage selber erlebt habe. Dann ist der Inhalt des Begriffs in mir drin. Ich verstehe den Begriff. Ich begreife den Begriff. Er entspricht mir, meinem eigenen Erleben.

Im nächsten Dressurschritt wurden uns ganze *Denkweisen* beigebracht. Diese Dressur ist besonders hinterhältig. Die Denkweisen sind uns in Fleisch und Blut übergegangen. Wir kämen gar nicht auf die Idee, es handle sich um künstliche Konstruktionen.
Eine solche Konstruktion ist das Denken in Vergangenheit – Gegenwart – Zukunft.
Die Gegenwart ist das Ergebnis der Vergangenheit. Die Geschichte bestimmt das Heute. Eine Selbstverständlichkeit! Wirklich? Ist nicht auch hier wieder genau das Gegen-

teil wahr? Die Gegenwart bestimmt die Geschichte. Es gibt keine objektive Geschichte. Wie es war, könnten nur Zeitgenossen schildern. Wüssten es wenigstens die Zeitgenossen? Wissen wir, was heute wirklich geschieht? Der Zeitgenosse erlebt ja persönlich nur einen winzigen Bruchteil dessen, was geschieht. Schon er ist auf Information aus zweiter Hand angewiesen. Aber es gibt doch Quellen, auf die man sich verlassen kann? Nein, schon die «Quellen sind die Zwecklügen verstorbener Politiker oder Höflinge», wie sich der Historiker Sebastian Haffner ausdrückt. Und wie werden denn diese angeblich objektiven Quellen nun interpretiert und durch wen? Es sind immer die im Moment Mächtigen, die darüber befinden, wie es war. Die Mächtigen der Gegenwart befinden über die Geschichte. Die Geschichte ist das Ergebnis der Gegenwart.
Die Schweizer Geschichte strotzt geradezu von Beispielen, wie Geschichte manipuliert wird. Die Lächerlichkeit der Schlachtenfeiern! Jedes Jahr wird zum Beispiel im Kanton Glarus an der Näfelserfahrt des heldenhaften Sieges der Eidgenossen über die Habsburger gedacht. Man verschweigt, dass die damaligen Habsburger heute auch Schweizer sind, nur etwas mehr aus dem Osten, aus der Gegend des Bodensees und aus dem Toggenburg, wo ich zur Zeit wohne. Wie wäre es, wenn diese Gegenden Gedenk- und Totenfeiern für ihre Vorfahren abhalten würden, die damals von ihren heutigen Miteidgenossenschaften grausam abgeschlachtet worden sind?
Etwas vom Ulkigsten ist die ganze Wilhelm-Tell-Geschichte. Telldenkmäler, Tellspiele, Tellaufführungen in jedem Stadttheater mit obligatorischem Besuch für die Schüler. Dabei weiss doch eigentlich jedermann, dass es Tell gar nicht gab. Er wurde – auch hier wieder – ausgerechnet von einem Deutschen – erfunden. Schiller liess sich von Goethe nach seinen Schweizer Reisen schildern, wie es dort

aussehe – damit wenigstens die Umgebung stimme. Alles andere ist Fantasie eines Dichters. Abgesehen davon: Wenn es ihn gegeben hätte, wäre er ein Terrorist gewesen. Wir müssen ihn als Freiheitshelden feiern. Abgesehen auch davon: Wenn es ihn gegeben hätte, dann lese man einmal ‹Wilhelm Tell für die Schule› von Max Frisch, um sich vorstellen zu können, wie es eben auch hätte sein können. Genauso ist es mit allen Helden der Schweizergeschichte und dem Ablauf vieler Schlachten. Fantasien – aber auch sie werden gebraucht von den heutigen Politikern und Generälen, und vor allem von den Managern der Rüstungsindustrie. Wie könnte man dem Volk sonst beibringen, dass das Ländchen Schweiz die mit Abstand stärkste Armee der Welt braucht (bezogen auf die Grösse des Staatsgebietes und die Anzahl Einwohner)? Es war doch immer der heldenhafte militärische Widerstand der Eidgenossen, der die Schweiz vor Krieg und Besetzung verschont hat. Dabei wollte die Schweizer Armee im Ersten Weltkrieg auf der Seite der Deutschen in den Krieg ziehen und im Zweiten Weltkrieg versteckte sie sich schon gleich zu Beginn in den Bergen, und überliess alle Städte, 90 % der Bevölkerung, die gesamte Industrie und den Grossteil der Landwirtschaft von vornherein Hitler, falls er gekommen wäre. Warum hätte er kommen sollen? Wir haben ohnehin gemacht, was er wollte, haben ihm Waffen geliefert, Lebensmittel geliefert, die Juden in den Tod geschickt, die Nord-Süd-Verbindung sichergestellt, die Nazi-Vermögen versteckt. Aber so darf es doch nicht gewesen sein!
Man muss aus der Geschichte lernen, sagen sie. Na klar, wenn Geschichte so zu sein hat, wie sie heute gebraucht wird.
Wie blödsinnig ein solcher Spruch ist, zeigt sich schon daran, dass die Mächtigen selber noch nie aus negativen Erfahrungen ihrer Vorgänger gelernt haben – im Gegenteil,

man will doch beweisen, dass man es ‹besser› kann. (Hitler/ Napoleon vor Moskau im grossen Rahmen).
Und: Erfahrungen in der Vergangenheit wären für die Gegenwart nur dann relevant, wenn heute die gleichen Voraussetzungen gegeben wären wie damals – und das sind sie nie. Was sollen dann solche Sprüche? Ausser dass man wieder eine Möglichkeit hat, uns zu gängeln, ganz nach Belieben? Dass Geschichte immer das Ergebnis der Gegenwart ist, wird noch offensichtlicher an der deutschen Geschichte. Die paar letzten hundert Jahre, ja zurück bis zu den Germanen, sahen bis 1933 völlig anders aus als von 1933 bis 1945, und nach 1945 wieder anders. Und in der DDR hat Deutschland bestimmt eine völlig andere Geschichte als in der BRD. Oder man denke an die Umschreibung der Geschichte in der heutigen Sowjetunion. Bei Orwells ‹1984› war das wichtigste Ministerium das Wahrheitsministerium. Seine Aufgabe bestand darin, die Geschichte pausenlos den neuen Erlassen der Machthaber anzupassen. Bei uns erfüllt die Schule diese Aufgabe.
Wie steht es mit der Zukunft? Das ist selbstverständlich etwas völlig anderes. Zukunft: Morgensonne, strahlende Kinderaugen, Zuversicht. Unsere höchste Verantwortung, unsere grösste Verpflichtung: für die Zukunft sorgen. Keine Festansprache ohne den Glauben an die Zukunft, ohne den Appell, an die Zukunft zu denken. Ist es denn nicht unsere grossartigste und vornehmste Aufgabe, immer und immer wieder darauf hinzuweisen: nach uns kommt eine Zukunft, nicht die Sintflut! Wenn wir auch nur noch einen Funken Hoffnung in uns spüren, dann geht es doch darum, diese Zukunft zu gestalten. Allen Widerwärtigkeiten zum Trotz: Zukunftsgläubigkeit ist das, was wir haben müssen. «Mit der CDU kraftvoll in die Zukunft» – damit hat schliesslich Lothar Späth einmal die Wahlen gewonnen.
Wir gestalten die Zukunft!

Mit welchem Recht denn eigentlich? Mit welchem Recht wollen wir denn darüber entscheiden, was einmal zu sein hat?

Mit welchem Recht wollen wir denn heute über das Morgen bestimmen? Sind *wir* es denn, die morgen leben werden? Oder sind es ganz andere Menschen?

Ist es nicht eine ungeheure Anmassung: Wir wollen bestimmen über die Welt, über die Gesellschaft, in der diese anderen Menschen zu leben haben werden?

Sollten denn nicht diese anderen Menschen, die einmal sein werden, über ihre eigene Welt, ihre Gesellschaft, ihre Gegenwart bestimmen können?

Würde denn nicht unsere wichtigste Verpflichtung darin bestehen, dafür zu sorgen,
- dass wir mit dem, was wir heute tun, die Gegenwart der Menschen, die einmal sein werden, nicht präjudizieren?
- dass wir mit dem, was wir heute tun, den kommenden Generationen nicht verunmöglichen, ihre eigene Gegenwart selber zu gestalten?

Ein heutiger deutscher Minister (es ging um die Verkabelung der Bundesrepublik) wurde von einer Illustrierten gefragt, ob von dem, was er mache, noch irgend etwas zurückgedreht werden könne. Antwort: «Es ist eine Entwicklung im Gange, die nicht mehr zurückgedreht werden kann.» Das Interview stand unter dem zutreffenden Titel: «Was ich tue, ist nicht rückgängig zu machen.»

Mit der Zukunft ist es genau gleich wie mit der Geschichte. Diejenigen, die heute an der Macht sind, bestimmen über die Geschichte. Die gleichen Leute wollen auch über die Zukunft verfügen und die Zukunft bestimmen.

Wenn es heisst «Mit der Partei X oder Y kraftvoll in die Zukunft», dann heisst dies nicht, dass diese Partei eine menschlichere, demokratischere, gerechtere Zukunft will, dass sie die Zukunft ‹gestalten› will. Es heisst, dass die

Zukunft so aussehen soll, wie die betreffende Partei das Heute gestaltet. Man will die heutigen Vorstellungen, Verhältnisse, Strukturen unverändert auf die Zukunft übertragen. Zukunft ist damit immer Extrapolation der Vergangenheit. Zukunft ist Reproduktion der bestehenden Verhältnisse.
Und Reproduktion heisst immer Verstärkung der bestehenden Strukturen – und das will man schliesslich. Zukunft gestalten heisst für diese Herren: keine Veränderung. Helmut Kohl hat es in seiner Programmerklärung von 1987 eindeutig formuliert: «Wir wollen die Zukunft gewinnen.»

Die Begriffe Geschichte und Zukunft sind eine Erfindung derjenigen, die an der Macht sind.
«Wir können doch nichts dafür, dass es heute so ist. Wir sind das Ergebnis der Geschichte. Wir haben einen historischen Auftrag.»
Und: «Wir Entscheidungsträger haben aufgrund unseres historischen Auftrages die heilige Pflicht den kommenden Generationen gegenüber: Wir müssen die Zukunft gestalten. Die Zukunft ist *unsere* Sache.»
Geschichte – Gegenwart – Zukunft: eine künstliche Konstruktion, damit wir akzeptieren, was ist.
Man vertröstet uns auf die Zukunft.
- Jede Partei hat ein Zukunftsprogramm, keine Partei weiss, was sie heute tun soll.
- Alle Ideologen versprechen uns das Paradies auf Erden – in der Zukunft – aber nur, wenn wir ihnen folgen.
- Die Kirche verspricht uns das Paradies, allerdings nicht im Diesseits, sondern später einmal – im Jenseits. Die Priester, Pastoren, Pfarrherren sagen dir, wie du dich zu verhalten hast. Die Order kommt von oben, dann hast du ein Jenseits.
- Die Sektenführer aller Schattierungen versprechen uns

die Erleuchtung – irgendwann einmal – und dann wird alles gut – aber hört auf meine Worte!
– Auch die Anthroposophen versprechen uns die höhere Stufe – allerdings auch erst in einem der nächsten Leben. Pass auf dein Karma auf!
– Sogar all die Therapeuten, Gruppendynamiker oder wie sie sich auch immer nennen wollen, sprechen von deiner Selbstverwirklichung. Du musst an dir arbeiten, du musst dich entwickeln. Du musst reifen. Dann wirst du zu dir finden – irgendeinmal. Aber komm in meine Kurse!

Dieses ‹es kommt dann einmal› wird zur Lebenseinstellung. Meine Kinder sollen es einmal besser haben als ich; ich lasse alles mit mir geschehen.

Wir stecken zwar in einer grausigen Situation – aber nur keine Schwarzmalerei, man darf den Mut nicht verlieren, es kommt schon besser. Die Politiker und Experten wissen wie.

Wir glauben, die Kinder erziehen zu müssen, damit sie dann einmal nützliche Glieder dieser Gesellschaft sein werden. Was nützlich ist, bestimmen die Oberen.

Wir müssen uns permanent weiterbilden, um den Anforderungen der Zukunft gerecht zu werden. Die Wirtschaft bestimmt über die Anforderungen der Zukunft.

Wir nehmen den ganzen Wahnsinn Schule in Kauf, weil die Kinder sonst keine Zukunft haben. Die Schule ist nichts anderes als die Kopieranstalt der bestehenden Gesellschaft.

Das ganze Problem ‹soziale Sicherheit› ist darauf fixiert: Pass auf deine Zukunft auf. Nur nicht aus der Gesellschaft ausscheren. Deine Rente könnte gefährdet sein.

In der Tat: Ich halte einen Vortrag vor 200 Jugendgruppenleitern. Wir diskutieren über die ungeheuerlichen Probleme, mit denen sich die Jugendlichen heute konfrontiert sehen. Ein 20jähriger Junge steht auf und fragt: «Wer sorgt dann einmal für meine Rente?» Ich werde wütend. «Du

weisst ganz genau, dass du keine 40 Jahre alt werden wirst, wenn wir so weitermachen wie heute. Du weisst ganz genau, dass täglich 40000 Kinder verhungern, weil wir so leben, wie wir es heute tun. Aber du stellst nicht die Frage, was wir heute verändern müssen, sondern deine ganze Sorge gilt deiner Rente in 40 Jahren.» Ein anderer Jugendlicher steht auf: «Sie weichen der Frage aus!»
Wenige Wochen später spreche ich in Dillingen, dem Indoktrinationszentrum für die bayrischen Lehrer. Eine der ersten Fragen des Rektors eines Lehrerseminars in der Diskussion: «Wer sorgt einmal für die Rente der heutigen Jugendlichen?» Wenige Wochen später ein öffentlicher Vortrag in Bayreuth. Die regionale F.D.P.-Grösse: «Wer sorgt dann einmal für die Renten?»
Genauso läuft es. Bitte nichts verändern! Bitte so weitermachen! Bitte an die Zukunft denken! Eure Rente könnte sonst gefährdet sein.
Und die Rente ist nur ein Beispiel unter vielen.
Es ist ein Doppeltrick, der angewendet wird:
Die Hoffnung auf die Zukunft, wenn es dir schlecht geht. Nur keine Angst, es kommt schon einmal!
Die Angst vor der Zukunft, wenn es dir gut geht. Pass nur auf, man soll den Tag nicht vor dem Abend loben. Es ist noch nicht aller Tage Abend.
Wir warten, warten, warten auf das, was angeblich kommt. Das Warten macht uns unfähig zu leben. Tagsüber warten wir auf den Feierabend, während der Woche warten wir auf das Wochenende, während des Jahres warten wir auf den Urlaub – ständig warten wir auf das, was wir dann unter ‹Leben-können› verstehen. Und so läuft es im ganzen Leben: Als 12jähriger haben wir schon begonnen, zu warten, bis die Schule zu Ende ist. Als 16jähriger haben wir gewartet, bis wir mündig sind. Dann kommt ‹es›! Dann haben wir auf das Ende des Studiums gewartet, dann auf

den guten Job, dann auf die Gründung einer Familie, dann warten wir auf den Moment, wo die Kinder aus der Schule sind, dann auf den Ruhestand – und dann? Das Warten auf den Tod? Was soll noch bleiben, wenn man das ganze Leben gewartet hat? Wartet man dann auf das Leben *nach* dem Tod, oder das *nächste* Leben, oder die Befreiung vom Zwang, wiedergeboren zu werden, oder schlicht und endgültig die Erlösung – aber freu dich nicht zu früh! Zuerst kommt das Fegefeuer.

Liegt nicht die ganze Tragik des alten Menschen in unserer Gesellschaft in diesem ständigen Vertröstet-worden-sein? Und nun?
Was machst du nun mit dem Zukunftsbegriff, wenn du einmal alt bist? Wenn du keine Zukunft mehr vor dir hast?
Kann der Tod denn Zukunft sein?
Kann der Tod denn Ziel sein?
Führt uns nicht der Tod die Sinnlosigkeit von Begriffen wie Zukunft und Ziel dramatisch vor Augen?
Ein Leben lang musstest du aktiv, dynamisch, heroisch sein. Du musstest Leistung erbringen, du musstest an deine Zukunft denken, klare Ziele vor Augen haben, Arbeit hatte Lebensinhalt zu sein.
Von einem Tag auf den anderen gilt all das nicht mehr. Mit der Pensionierung sollen plötzlich völlig andere Werte, eine völlig andere Einstellung zum restlichen Leben massgebend sein. Plötzlich sollst du mit dir zufrieden sein, genügsam sein (gilt nur für Rentenbezüger, nicht für die Reichen). Du darfst keine Ambitionen mehr haben, sollst glücklich sein, nicht mehr arbeiten zu müssen. Du sollst im Mitmenschen nicht mehr den Konkurrenten und Kontrahenten sehen, sondern den Kumpel, mit dem du Karten oder Boggia spielst oder ein Altenreislein machst.

Erfolg im Leben – darauf hat man dich getrimmt, und nun musst du plötzlich die Frage stellen, ob es nicht wichtiger gewesen wäre, wenn dein Leben für dich und deine Mitmenschen ein Erfolg gewesen wäre.
Schon oft ist darauf hingewiesen worden, dass sich eine Gesellschaft am auffälligsten in der Art und Weise charakterisiert, wie sie ihre alten Menschen behandelt. Da kann man bei uns nur sagen: Verlogener geht's nicht mehr.
Noch nie sei es den Alten materiell so gut gegangen wie heute. Durchschnittlich verfüge ein Mensch im Rentenalter heute über ein so hohes Einkommen wie noch nie zuvor, hiess es in der Schweizer Presse. In keinem Alter werde so viel gespart, wie im Rentenalter, wurde nachgedoppelt. Das Dreisäulenprinzip der Altersvorsorge in der Schweiz: erste Säule = staatliche Altersversicherung, zweite Säule = betriebliche Pensionskasse und Rentenversicherung, dritte Säule = private Ersparnisse und Versicherungen, habe sich als hervorragende Lösung erwiesen.
Wie wenn die zweite Säule nicht in erster Linie im Interesse der Arbeitgeber geschaffen worden wäre! Bei den Pensionskassen sammeln sich geradezu unfassbare Kapitalien an. Wer verfügt darüber? Und weshalb sind die Liegenschaftspreise in den letzen zwei Jahren in die heutigen schwindelnden Höhen getrieben worden? Warum verschwinden preisgünstige Wohnungen immer mehr? Wer leidet darunter am meisten, wenn nicht die Alten, denen man mit der einen Hand die Rente auszahlt, sie mit der anderen Hand als Miete wieder einkassiert? Und ist nicht mit der zweiten Säule die Macht der Unternehmen noch grösser, der Arbeitnehmer noch abhängiger geworden?
Aber nein, die Alten sollen dankbar sein, noch nie ging es Alten so gut wie denen heute.
Immer wenn Dankbarkeit gefordert wird, ist die Drohung nicht weit. Die Alten werden zum Schreckgespenst aufge-

baut. Die Alten werden zu einer untragbaren Last unserer Gesellschaft. Immer weniger ‹Aktive› müssten immer mehr ‹Nicht-Aktive› erhalten. Noch 1948 hätten fünf Erwerbstätige für einen Rentner sorgen müssen, heute seien es nur noch vier, im Jahr 2000 werden es nur noch drei sein, 2040 nur noch zwei usw. Und du, alter Mensch, bist schuld daran! Sogar an der Kostenexplosion im Gesundheitswesen sind weder die Ärzte, noch die pharmazeutische Industrie, noch die gigantische Medizinmaschinerie schuld. Sondern vor allem die Alten. Schliesslich belegen sie als Langzeitpatienten bereits rund ein Drittel der Spitalbetten.
Aber den Alten geht es so gut wie noch nie!
Aber nicht: Sie haben ein Recht darauf. Es ist keine Selbstverständlichkeit, dass eine Gesellschaft für ihre alten Menschen sorgt.
Sondern: Sie sollen froh sein. Sie haben sich anzupassen.
Geht es ihnen wenigstens materiell so gut, wie behauptet wird? Warum leben denn in der superreichen Schweiz 150 000 alte Menschen unter finanziellen Bedingungen, die lediglich noch ein Überleben sichern? Warum leben denn im Tessin, das vor Geld geradezu stinkt, 30% der alten Menschen unter dem Existenzminimum? Man weiss genau, dass Durchschnittszahlen nichts, aber auch gar nichts aussagen. Warum sind sie trotzdem gang und gäbe, wenn es darum geht, irgend etwas beweisen zu wollen?
Aber gibt es denn nicht noch unzählige andere Beweise dafür, dass es den Alten so gut geht wie noch nie?
Bis ins hohe Rentenalter sind sie unternehmungslustig, begeisterungsfähig, lernbegierig. Wer würde denn nicht all die Jubelreportagen kennen,
- in denen eine 80jährige Grossmutter Fallschirm springen lernt
- Zehntausende von Senioren im Winter auf Mallorca ihr Liebesleben neu entdecken

- die Volkshochschulkurse und Altersuniversitäten von Alten geradezu gestürmt werden
- die Senioren die besten Kunden der Fitness-Klubs und Bodybuilding-Folterkammern sind
- ein weisshaariger Herr auf öffentlichen Plätzen seine Rollschuhkünste vorführt.

Und sind denn nicht die Greise, die über das Geschick dieser Welt befinden, von Churchill über Adenauer bis Reagan Beweise dafür, wie jugendlich man bis ins höchste Alter hinein bleiben kann?
Dieser ganzen Jubel-Trubel-Heiterkeit stehen die Tatsachen gegenüber,
- dass die Rentner eine dreimal höhere Selbstmordquote als die Jungen haben
- dass drei Viertel aller Selbstmorde von alten Menschen verübt werden
- dass jeder vierte bis dritte in der BRD und der Schweiz als fassbar und diagnostizierbar psychisch krank gilt?

Wenn die alten Menschen doch heute derart positiv leben können, warum wird dann in der zeitgenössischen Literatur das Alter immer gleichgesetzt mit «Armut, Einsamkeit, Krankheit, Verzweiflung» (Simone de Beauvoir)? Die Würde des Alters bestehe in der «totalen Lähmung, in Anpassung und Verstummung» (Laure Wyss). Und warum war für Jean Améry das Alter nichts als «Mühsal und Drangsal»?
Warum wird denn an einem New-Age-Kongress – wie ich es erlebt habe – ein 70jähriger Starreferent als «einer dieser seltenen Menschen» vorgestellt, «denen es gelungen ist, im Alter glücklich zu sein, der aus seinem Alter sogar einen gewissen Genuss zu ziehen scheint» und der in seinem Alter «immer noch regen Anteil am Zeitgeschehen nimmt».
Die beiden sich auf den ersten Blick widersprechenden Erscheinungen – Trubel und Hektik auf der einen, Ver-

zweiflung auf der anderen Seite – sind die Kehrseiten derselben Medaille.
Jetzt muss ich's noch benützen – auf der einen Seite. Was wollte ich im Leben alles machen – auf der anderen Seite.
Denen werd ich's noch zeigen – auf der einen Seite. Ich bin niemand mehr, man hat mich vergessen – auf der anderen Seite.
Das Leben beginnt mit 60 – auf der einen Seite. Soll das nun alles gewesen sein – auf der anderen Seite.
Jetzt redet mir niemand mehr drein – auf der einen Seite. Was fange ich bloss mit der vielen Zeit an – auf der anderen Seite.
Nun will ich die sorgenfreien Jahre im wunderschönen Altersheim geniessen – auf der einen Seite. Was mach ich in dieser Isolation auf der grünen Wiese – weg vom gesellschaftlichen Leben, eingezwängt in die Kasernendisziplin des Heimlebens – auf der anderen Seite.
Hektik oder Verzweiflung – die zwei einzigen Möglichkeiten?
Vergiss wenigstens nicht, wie lange du heute dank der Errungenschaften unserer Gesellschaft – Medizin, Hygiene, Arbeitsbedingungen, soziale Voraussetzungen – leben kannst! Ist denn nicht die hohe Lebenserwartung an sich schon etwas Positives? (In jeder Diskussion, in der ich die Teilnehmer bitte, mir einen Sozialindikator zu nennen, der sich in unserer Zeit positiv entwickelt habe, nennt man die steigende Lebenserwartung. Sozialindikatoren wären Grössen, die über die qualitative Entwicklung einer Gesellschaft Auskunft geben, wie Selbstmordquote, Kriminalitätsquote, neurotische Erkrankungen, Medikamentenkonsum. Sie entwickeln sich bei uns alle negativ).
Schon die Behauptung übertreibt. Erstens ist die Lebenserwartung seit einigen Jahren eher rückläufig, und zweitens soll die längere Lebenserwartung ausschliesslich auf die

geringere Kindersterblichkeit zurückzuführen sein. Simone de Beauvoir weist in ihrem Buch ‹Das Alter› darauf hin, dass der Erwachsene heute ungefähr die gleiche Lebenserwartung habe wie vor 200 Jahren. Anfangs des 19. Jahrhunderts habe ein 50jähriger durchschnittlich noch 18 Jahre vor sich gehabt und heute 22 Jahre.
Doch viel wichtiger: Soll auch unser Leben eine rein quantitative Grösse sein? Kommt es am Schluss darauf an, möglichst lange gelebt zu haben, oder kommt es darauf an, *wie* ich gelebt habe?
Hat nicht die WHO, die Weltgesundheitsorganisation, recht, wenn sie sagt, das entscheidende sei nicht, dem Leben mehr Jahre zuzufügen, sondern den Jahren mehr Leben?
Wer ein intensives, erfülltes Leben gelebt hat, akzeptiert auch den Tod. Tod gehört zur Lebensfreude. Wer nicht gelebt hat, hat Angst vor dem Tod. Was bringt es, den natürlichen Tod um vier Jahre hinauszuschieben, wenn man vorher nicht gelebt hat? Würde es nicht darum gehen, das Totenhafte des Lebens in unserer Gesellschaft, das Ohne-Leben-Sein des heutigen Menschen zu bekämpfen? Würde echte Humanität in der Medizin nicht davon ausgehen, dass der Mensch nach einem humanen Leben human sterben kann, Ja sagen kann zum Tod als Teil des Lebens, statt dass sie den Menschen beibringt, grundsätzlich einmal Nein zum natürlichen Tod sagen und ihn so lange wie möglich hinausschieben zu müssen, auch unter den grausigsten Bedingungen der seelenlosen Medizinmaschinerie? Stimmt es denn, wie Ditfurth sen. behauptet, dass die Reaktion des Menschen «bekanntlich unüberwindliche Angst und heftiges Widerstreben» dem Tod gegenüber sein muss? Wie wenn es nicht Zivilisationen und Kulturen geben würde, die den Tod voll und ganz akzeptieren. Aber persönliche Empfindungen werden ‹bekanntlich› auf die ganze Zivilisation übertragen,

und unsere Zivilisation ist ohnehin die ganze Welt.
Muss das bewusste Warten auf den Tod unbedingt negativ sein? Es gibt einen wunderschönen Ausdruck für das Altwerden: «Man setzt sich zur Ruhe.» Solange man keine Ruhe hat, also stets beschäftigt, gehetzt, gefordert, gestresst ist, und ständig etwas leisten und beweisen muss, kann man nicht leben. Ruhe ist Voraussetzung dafür, sein eigenes Leben gestalten zu können.
Aber wie soll ich Ruhe finden, müssig sein können, wenn ich es mein Leben lang nicht durfte? Gibt es etwas anderes als Verdrängung durch Hektik oder Verzweiflung in der Resignation?
Der Mensch muss eben aufs Alter vorbereitet werden. Die alten Tage müssen geplant werden. Man muss dem alten Menschen beibringen, den Pensionierungs-Schock zu überwinden. «Es muss ein neues Leben organisiert werden», heisst es in einem Kommissionsbericht des Schweizerischen Departements des Innern (Innenministerium) über die Altersfrage in der Schweiz.
Und schon werden Vorbereitungskurse für das Alter zuhauf angeboten, den Personalabteilungen der Grosskonzerne werden Beratungsstellen für Altersfragen angegliedert. Aus der Personalzeitung des Migros-Konzerns: Tips für ein lebenswertes Alter im Comics-Stil: Er macht Kaffee, sie bleibt länger im Bett. Er ist stolz: «Jetzt habe ich sogar gelernt, wie man Kaffee macht.»
Die Gerontologie, die den Menschen funktionsfähig erhalten will, wird von den Medien hochgelobt. Und schliesslich besteht die Aufgabe darin, den Alten «wieder eine produktive, nützliche Funktion in der Gesellschaft zu verschaffen», wie es ein Bundesrat (Innenminister) formulierte.
Die Arbeiter haben doch dank unserer Leistungen so viel Freizeit wie noch nie. Nur wissen sie nicht, was anfangen damit. Nun müssen wir Politiker und Manager noch dafür

sorgen, dass sie ihre Zeit sinnvoll verbringen – so ein Ständerat und Top-Manager im ‹Institut› im Rahmen einer Diskussion über die Arbeitszeitverkürzung. «Brot und Spiele» hiess es bei den Römern, als ihr Reich am Ende war. «Fernsehen und Auto» heisst es heute.
Wir können die Alten zwar nicht mehr brauchen. Wir werden jedoch dafür sorgen, dass sie sich nicht überflüssig vorkommen. Wir managen das Alter. Und wenn es uns gelingt, die Voraussetzungen zu schaffen, «dass alte Menschen ebenso selbständig und unabhängig leben können, wie dies die Jungen tun», – wie es im Leitbild einer Organisation heisst, die sich den alten Menschen widmet –, dann sind alle Probleme gelöst.
Also wieder die Jungen als Vorbild? Dynamisch, energisch, frisch, frei, fröhlich, unabhängig, selbständig – jugendlich! Dies als Idealbild meines Alters?
«Man ist schliesslich so alt, wie man sich fühlt», – selbstverständlich bist du selber schuld, wenn du dir wertlos vorkommst. Wie wenn es dir etwas bringen würde, wenn du dir jung vorkommst. Du verdrängst, dass du für die anderen trotzdem alt bist. Die gesellschaftlichen Werte bestimmen darüber, wann du alt zu sein hast. Nicht vergessen, dass die Mächtigen und Reichen nie alt werden. Sie steigen mit dem hohen Alter erst in die höchsten Positionen auf (siehe Seite 34). Aber du Normalbürger bist nicht mehr brauchbar. Zwar bist du neuerdings, dank des materiellen Wohlstandes eines Teils der Alten, als Konsument ganz schön wichtig geworden – dies ist der Grund für all die vielen ‹Ferien für die Alten› – in der Zwischensaison –, ‹Reisen für die Alten›, ‹Essen für die Alten›, ‹Kuren für die Alten›, ‹Medikamente – Geriatrics für die Alten›. Aber schliesslich warst du dein Leben lang soviel wert, wie du zum Produktionsvolumen dieser Wirtschaft beigetragen hast, wieviel du zu Macht und Reichtum derjenigen beigetragen hast, die nie alt werden.

Schauen wir uns doch einmal die bei uns gültige Lebenskurve an: Sie beginnt bei der Geburt ganz unten als Kleinkind, ganz unten, bei Null. Sie steigt auf bis 30, vielleicht 40, dann bist du oben, du leistest am meisten. Dann sinkt sie wieder ab. Im Alter bist du wieder bei Null, du bist nichts wert.
Es gibt eine andere Lebenskurve. Nicht bei uns, aber in anderen Kulturen. Sie beginnt ganz oben. Als Kleinkind liegt die ganze Hoffnung der Gemeinschaft bei dir. Du bist das Wertvollste dieser Gemeinschaft. Dann sinkst du allmählich ab in die Niederungen der Erwerbstätigkeit, der notwendigen Arbeiten. Du musst ‹aktiv› sein! Aber selbstverständlich versuchst du, möglichst wenig abzusinken. Wenn du älter wirst, beginnst du wieder aufzusteigen. Und im Alter bist du ganz oben, wie das Kind. Du verfügst über die unersetzlichen eigenen Erfahrungen eines ganzen Lebens. Du gehörst wieder zum Wertvollsten deiner Gemeinschaft. Du wirst – wieder – wie das Kind – umsorgt und gepflegt; du wirst geschätzt.
Solange wir den Wert eines Menschen bei uns an seinem Produktiv-Nutzen messen, solange wird das Alter aus Verdrängung oder Resignation bestehen.
Hoffnungslos? Willst du warten, bis sich die Gesellschaft ändert? Oder willst du dich der Gesellschaft entziehen? Dann musst du aber nicht ‹dann später einmal› lernen wollen, wie du im Alter nützlich sein könntest. Du musst in deinem ganzen Leben ‹nutzlos› sein wollen. Du musst Un-Kraut, Un-Geziefer, Un-brauchbar sein wollen!

Gehen wir zurück zum Beispiel mit der Selbstverwirklichung, die uns von allen Therapeuten, Gruppendynamikern usw. als Ziel für unsere Zukunft vorgegeben wird.
Gibt es denn irgendein Idealbild von mir? Wer hat dieses

Idealbild entworfen? Habe ich nun die Aufgabe, durch Selbsterziehung, Selbsterfahrung, Selbstdisziplin mich jahrelang, jahrzehntelang auf dieses Idealbild hin zu bewegen? Und in dieser ganzen Zeit muss ich ein schlechtes Gewissen haben: Ich bin ja noch nicht so, wie ich eigentlich sein sollte? Und dann: werde ich eines Tages einmal sagen können: Ach, wie herrlich, jetzt habe ich mich selbst verwirklicht! Jetzt bin ich Ich! Jetzt entspreche ich meinem Ideal!
Es geht nicht um Selbstverwirklichung, um irgendeinen Prozess, der mich irgendwohin führt, wo mich die anderen haben wollen. Es geht um Selbstbestimmung. Es geht darum, Ich selber sein zu können. Ich bin Ich. Es geht doch einzig und allein darum, ob ich *jetzt* Ich sein kann und darf. Und zwar in jeder Phase, in jedem Moment meines Lebens, als Kind, als Jugendlicher, als Erwachsener.
Das ist Leben, nicht Warten!
Weshalb kennen Menschen, die noch unmittelbar mit dem Leben verbunden sind, die Begriffe Vergangenheit-Gegenwart-Zukunft nicht?
Den Kindern muss dieses lineare Denken, diese künstliche Konstruktion beigebracht werden. Ihr Leben würde sich sonst weiterhin in der Selbstverständlichkeit des selbsterlebten Gestern-Heute-Morgen abspielen, was nichts zu tun hat mit dem über mein Leben hinaus gehenden, von anderen bestimmten «es war einmal und es wird einmal sein».
Indianer kennen nur den Begriff der Gegenwart. Das Wesentliche ist das Fliessen. Der Fluss ist die ewige Wiederkehr.
Und der Bauer, der echte, noch mit der Natur verbundene Bauer, nicht der heute übliche Landwirt, der zum Heimarbeiter der chemischen Industrie und der Grossbanken verkommen ist, der echte Bauer also, lebt auch nicht in der linearen Konstruktion, in welcher die Wochentage Namen

haben, die Monate numeriert sind und die Jahre gezählt werden müssen. Er lebt im Rhythmus der Natur, im Rhythmus der Jahreszeiten und im Kreislauf seiner Welt, der eine Spanne von etwa 3 Jahren umfasst.

Die Fernsehsendung ist mir unvergesslich: Wir, d.h. zwei ältere Schriftsteller, und uns gegenüber zwei Jungmanager, diskutieren über die sog. Midlife-Krisis, also die ‹Krise der Lebensmitte›. Zur Runde gehört ferner ein etwa 55jähriger Biobauer. Er schüttelt nur den Kopf, sofern er nicht vor sich hin schmunzelt. «Ich weiss einfach nicht, worüber Ihr redet. Mein ganzes Leben sah genau gleich aus, ein Jahr wie das andere. Es gab die Einflüsse und Schwankungen der Natur, denen ich mich anzupassen hatte. Eine Krise der Lebensmitte, was soll das sein? Sucht Ihr dann plötzlich nach dem Sinn des Lebens?»

Alle diese Menschen leben, nicht für eine ferne Zukunft. Sie leben hier und jetzt!

Ist es nicht interessant, dass die deutsche Sprache ursprünglich keine Zukunftsform kannte? Sie wurde künstlich eingeführt, und zwar von den Klöstern. Die Sprache der Klöster war – und ist – Latein; es war – und ist – die Sprache der römischen Herrschaftsstrukturen. Die Zukunft ist Ausdruck einer hierarchischen Machtstruktur. Im übrigen: die Mundart, die Sprache des persönlichen Er-Lebens, kennt keine Zukunftsform.

Ist es nicht dieses lineare Denken, das unsere Zivilisation derart mörderisch hat werden lassen?

Immer weiter, immer weiter
Immer schneller, immer schneller
Hopp hopp
Wer rastet, der rostet!
Stillstand ist Rückgang!

Fortschritt heisst die Losung.

Was heisst denn Fortschritt? Ein völlig inhaltsleerer Begriff. Er lässt sich nicht einmal definieren. Aber welcher Politiker, welcher Manager würde nicht bei jeder Gelegenheit mit diesem Begriff argumentieren! Damit rechtfertigt man jede Untat, koste sie, soviel sie wolle.
Wenn Fortschritt wenigstens sachtes Weiterschreiten bedeuten würde, aber es heisst fort, fort, nur noch fort! Wohin denn?
«Wohin kämen wir denn, wenn...», sagen sie. Wohin müssen wir denn kommen? Müssen wir denn überhaupt irgendwohin kommen? Nach vorn?
Was ist vorn? Was zeitlich später kommt? Aber auch dieser Zeitbegriff ist ja eine lineare Erfindung des Menschen. Erst die Uhr hat diesen Zeitbegriff geschaffen. Die Zeit im heutigen Sinn ist die Folge einer technischen Erfindung. Extremster Ausdruck dieser Linearität ist die Digitaluhr. Wenn ein paar dieser blöden Klappen heruntergefallen sind oder die Micro-Chips ein paar Lämpchen in anderer Form haben aufleuchten lassen, ist das dann vorn?
Dem Begriff Fortschritt verwandt, der erst aufgrund des linearen Zukunftsdenkens hat entstehen können, ist der Begriff der Entwicklung. Entwicklung ist in diesem Denken an sich positiv. Man spricht mit Vorliebe von einem Prozess. Dabei ist dies lediglich das Fremdwort für den Unsinn Fortschritt.
Man tut so, wie wenn Entwicklung etwas Gottgegebenes wäre. Nein, es gibt keine Eigendynamik der Wissenschaft und keine Eigendynamik der Technik.
Weshalb läuft denn die sogenannte Eigendynamik immer in einer ganz bestimmten Richtung ab? In Richtung hart, gewaltsam, zentralistisch? Nie in Richtung lieb, zärtlich, sanft, rücksichtsvoll? Was man als Eigendynamik bezeichnet, ist gewollt. Es stehen immer ganz konkrete Interessen – Profit, Macht, Militär – dahinter. Darum waren auch all die

Versprechungen der Industrie, wie man die technische Entwicklung inskünftig beherrschen werde, wie man mit Ansätzen wie dem ‹technology assessment› – auf das ich selber hereingefallen war, (‹Zukunft›, Seite 85), den Ansprüchen der Gesellschaft, der Menschen und der Umwelt gerecht werden wolle, reine Heuchelei.

Man *will* die möglichen Folgen neuer technologischer Entwicklungen nicht zur Kenntnis nehmen, weil sonst die Entwicklung selbst in Frage gestellt werden müsste.

Entwicklung hat mit Wandel nichts zu tun. Jedes Leben ist ständiger Wandel. Es ist das, was die Griechen ‹panta rhei› nannten. Es ist das erwähnte Fliessen bei den Indianern. Entwicklung aber ist lebensfeindlich, zerstörerisch.

Fliessen ist
- kein Strammstehen vor den angeblichen Leistungen von Wissenschaft und Technik, sondern Bewunderung für die Leistungen der Natur.
- nicht Staunen über die angeblichen Leistungen von Wissenschaft und Technik, sondern Staunen über die Wunder der Natur.
- nicht Träumen vom Machbaren, sondern Träumen von der unendlichen Fülle unserer Welt
- nicht Neugierig-sein, was man noch alles in den Griff kriegen könnte, sondern Neugierig-sein auf die Überraschungen des eigenen Lebens
- nicht Planen-wollen, wie sich das Leben entwickeln soll, sondern leben.

Zum Begriffspaar Fortschritt und Entwicklung passen die Begriffe Planung und Prognose. Beides sind hervorragende Manipulationsinstrumente. Sie gaukeln uns die Unabänderlichkeit dessen vor, was sie selber bestimmt haben.

Noch nie hat eine Energieprognose gestimmt. Aber man hat erreicht, was man wollte. Die Kraftwerke wurden gebaut.

Noch nie haben Schüler- und Lehrerprognosen gestimmt. Aber man hat erreicht, was man wollte. Sinnvolle dezentralisierte Kleinschulen wurden liquidiert. Zentralisierte Drill-Anstalten wurden gebaut.
Noch nie hat eine Bevölkerungsprognose gestimmt. Aber man hat erreicht, was man wollte. Überrissene Infrastrukturen wurden erstellt, unsinnige Wohnzonen festgelegt, die heute mit Milliarden-Entschädigungen rückgezont werden müssen.
Noch nie hat eine Ernährungsprognose gestimmt, aber man hat erreicht, was man wollte. Man konnte die ‹grüne Revolution› durchboxen, die Grossbetriebe fördern und den Multis in der Dritten Welt freie Hand lassen.
Die Prognosen gaukeln uns einerseits vor, auf den Erfahrungen der Vergangenheit aufzubauen. Sie sind angeblich realistisch. Sie verunmöglichen uns, uns vorzustellen, dass es ganz anders sein könnte.
Andererseits fixieren sie uns auf das von den Mächtigen gewünschte Zukunftsbild: So wird es sich entwickeln, also müssen wir uns so verhalten, wie sie sagen.
Entwicklung ist etwas Äusserliches, von aussen Wahrnehmbares. Entwicklung orientiert sich an irgendwelchen Zielen. Die Erreichung der Ziele ist das wesentliche. Wie ich dorthin gelange, ist nebensächlich. «Der Zweck heiligt die Mittel.» Die Erreichung des Zieles fordert alle unsere Kräfte heraus. Welches diese Kräfte zu sein haben, bestimmen jene, die über die Entwicklung entscheiden.
Der Entwicklung steht die Entfaltung gegenüber. Sie ist innerlich. Sie kommt von innen, aus mir heraus. Es sind meine eigenen Kräfte. Entwicklung ist Zweck, Entfaltung ist Sinn. Der Weg, das Leben selbst – darauf kommt es an. Wenn du ein grosser Musiker werden willst oder ein berühmter Maler oder ein renommierter Arzt oder ein erfolgreicher Lehrer, dann strebst du danach, vom Urteil

anderer Menschen abhängig zu werden. (Streber werden von den Mitmenschen nie geschätzt, nur von Oberen, die den Streber brauchen.) Was aber, wenn deine Musik, deine Art zu malen, deine Methoden, deine Vorstellungen den anderen nicht passen? Bist du dann ein Versager? War dein Leben ein Flop?
Kannst du denn nicht deine Erfüllung in der Musik selber, in deinen Bildern, in deinem Umgang mit den Menschen finden? Dann lebst du dich. Dann ist es auch selbstverständlich, dass du aus dir herauszuholen suchst, was in dir steckt. Aber du musst nicht gross werden – im Urteil der anderen.

Wo werden uns denn all die Sprichwörter und sonstigen Sprüche eingetrichtert?
Wo werden die Begriffe mit den völlig falschen Inhalten angefüllt?
Wo werden uns Denkweisen beigebracht, die uns abhängig machen?
Wenn nicht in der *Schule?*
Ist das nicht die Hauptaufgabe der Schule, uns abhängig zu machen, uns beizubringen, dass nichts aus uns selber heraus entstehen kann, dass es Autoritäten braucht, die über uns und unser Leben bestimmen?
Warum wollen wir nicht merken, was mit unserer Schule los ist?

- Jedes Kind lernt gerne. Es lernt ‹von selbst›. Es macht ihm Spass, nachzuahmen. Hat es je eines Zwanges bedurft, ihm all das, was es im Leben wirklich braucht, beizubringen: zu sprechen, zu essen, zu kriechen, zu gehen, zu laufen, Blumen zu pflücken, Beeren zu suchen, Hütten zu bauen?

Das Kind lernt freiwillig und mit Begeisterung. Bis es in die Schule kommt. Dann ist Schluss. Von einem Tag auf den anderen muss es gezwungen werden. Notenzwang, Hausaufgabenzwang, Selektionszwang. Es wäre doch sonst zu faul zum Lernen.
«Sobald ich einen Lehrer sehe, höre ich auf zu lernen», sagt ein 12jähriger Schüler. Hat er nicht recht? Es kommt nicht darauf an, wofür sich der Schüler interessiert, wozu er Lust und Freude hat, ob er sich auch in der Lage fühlt, etwas Neues aufzunehmen. (Jeder Erwachsene nimmt für sich in Anspruch, hie und da nicht gut aufgelegt zu sein, einen ‹Hänger› zu haben, gar in einem kleinen Tief drinzustekken. Nur der Schüler muss immer präsent sein. Sonst wird er bestraft. Er ist abwesend, unaufmerksam, lernunwillig, faul.)
Der Lehrer bestimmt
– was ich zu lernen habe
– wieviel ich zu lernen habe
– wann ich zu lernen habe
– wie ich zu lernen habe.
Ob es mir entspricht, spielt keine Rolle. Wehe, wenn ich nicht genauso lerne, wie er will! Dann bin ich dumm. Wer sich fügt, ist intelligent. Dabei verwechselt man intelligent und intellektuell. Beinahe alles, was man bei uns als Intelligenz bezeichnet, macht der Computer viel besser. Man spricht nicht umsonst von künstlicher Intelligenz. Intelligenz ist der «Komplex von Fähigkeiten, der die Lösung konkreter oder abstrakter Probleme und damit die Bewältigung neuer Anforderungen und Situationen ermöglicht» (Brockhaus). Es ist genau das, was der Computer nicht kann, nämlich neue Probleme, neue Anforderungen, neue Situationen zu erkennen. Zur Intelligenz gehört Einfühlungsvermögen, Fantasie, Einsicht, sinnliche Wahrnehmung – also das, was einem in der Schule ausgetrieben wird.

Intellekt andererseits ist die reine vernunft- und verstandesmässige Fähigkeit des Erkennens. Was wir als Vernunft bezeichnen, ist programmiertes Wissen. Der Intelligente ist nie intellektuell, der Intellektuelle selten intelligent.
Als in den Zürcher Schulen das Obligatorium für die musischen Fächer abgeschafft werden sollte, führte dies zu Protestaktionen eines Teils der Lehrerschaft. Der Zürcher ‹Erziehungsdirektor› (so heissen in der Schweiz die für die Schulen zuständigen Kultusminister. Gäbe es eine bessere Bezeichnung?) entgegnete, es sei doch eine alte Wahrheit, dass man viel besser und intensiver lerne, wenn man dürfe, als wenn man müsse. «Ein freiwilliges Angebot, das sich nach individuellen Begabungen und Neigungen richtet, spornt die Schüler weit mehr an, als ein obligatorischer Unterricht.» Zum ersten und einzigen Mal war ich mit diesem Erziehungsdirektor einig. Warum hat er wohl daraus keine Konsequenzen für die Schule allgemein gezogen?

- Jedes Kind ist kreativ. Jedes Kind kann und will gestalten. Der Ton formt sich in seinen Fingern zu den fantastischsten Figuren. Im Sandkasten gestaltet es wahre Märchenwelten. Mit Fingerfarben schafft es kleine Meisterwerke. Wurzeln werden zu Traumgestalten, Tannzapfen zu Tieren, Kastanien zu Menschen. Das Kind ist kreativ – bis es in die Schule kommt. Dann ist Schluss. Nach kurzer Zeit hat das angepasste Reproduzieren das fantasievolle Kreieren völlig verdrängt. Wer vorgekautes Wissen fehlerfrei wiedergibt, ist ein guter Schüler. Wer eigenständig und eigenwillig gestaltet, wird zum ‹auffälligen› Kind. (A propos: Auch in den Steiner/Waldorf-Schulen, die mit ihrem musischen Engagement so hoch angeben, malen und basteln alle Kinder genau gleich: die gleichen sogenannten anthroposophischen Farben, die gleichen sogenannten anthroposophischen Formen, der gleiche sogenannte anthroposophische Ausdruck.)

Was aus der Tiefe kommt, aus dem Bauch heraus, *das* ist das eigentliche Leben, *das* ist unsere Natur, *das* ist Urkraft. Ur-Kraft ist unberechenbar. Die Schüler aber müssen berechenbar sein – im wahrsten Sinne des Wortes.
Schöpfen ist unberechenbar – Schöpfen setzt Un-Ordnung voraus. Schöpfen kommt aus dem Chaos. Um schöpfen zu können, muss ich leer sein. Wenn ich vollgestopft, angefüllt bin, kann ich nicht schöpfen.
Die Schule behauptet aber, möglichst viel in das Kind hineinpumpen zu müssen. Je mehr hineingepumpt werde, desto mehr komme auch heraus. Statt zu fragen, was denn eigentlich ‹herauskommen› solle. Ob überhaupt etwas herauskommen soll. Ob nicht das Grösste, Schönste das Kind an sich ist in seiner Einmaligkeit und seiner schöpferischen Leere.

- Jedes Kind lebt ungeheuer emotional. Jedes Kind ist fähig, seinen Gefühlen, seinem Empfinden, seinem Erleben frei Ausdruck zu geben. Es ist spontan. Es kann und will weinen, lachen, schreien, trotzen. Es will und kann umarmen, sich verweigern. Es will und kann lieben; es will und kann hassen. Es will und kann Gefühle haben und zeigen. Bis es in die Schule kommt. Dann ist Schluss. Von einem Tag auf den anderen heist es: Benimm dich! Lass dich nicht gehen! Ein Junge weint nicht! Pfeif nicht, das tut ein Mädchen nicht!
Von einem Tag auf den anderen muss es rational sein. Alles muss über den Kopf ablaufen. Lernen ist nicht mehr sinnliche Erfahrung, sondern rationales Eintrichtern. Lernen ist Konsum. Und dann beklagen sich die Lehrer (in der Schweizerischen Lehrerzeitung): «Die Schüler sind heute nicht etwa vorlauter, frecher, gewitzter oder roher als früher; was uns Lehrern zu schaffen macht, ist ihre passiv-gelangweilte Konsumhaltung.»

- Jedes Kind lebt mit seinem Körper, erlebt seinen Körper. Es hat ein ungeheures Bedürfnis, seinen Körper zu betätigen. Es will rumtollen, springen, hüpfen, tanzen. Bis es in die Schule kommt. Dann ist Schluss. Von einem Tag auf den anderen heisst es: stillsitzen; jahrelang, jahrzehntelang stillsitzen. Der Körper lebt nicht mehr aus sich heraus. Er wird betätigt, genau nach Dosis. In den Pausen, in den Turnstunden, nach dem Unterricht, (aber auch dann heisst es beim Fussballspielen noch: «Warum geht Ihr nicht nach Hause? Ihr habt offenbar zu wenig Hausaufgaben»), auf der Schulreise, vielleicht sogar gelegentlich im Klassenlager. Körperliche Arbeit ist in der Schule ohnehin nichts wert. Sie zählt nicht, sie ist nicht relevant. Diese Art Arbeit soll ja auch für den Rest des Lebens minderwertig bleiben.

- Jedes Kind lebt ganzheitlich. Es lebt umfassend. Es will alles wissen, alles entdecken, alles machen können. Bis es in die Schule kommt. Dann ist Schluss. Schon sehr bald muss es wissen, was es will. Es muss sich entscheiden, sich spezialisieren, Rollen übernehmen und sich darauf fixieren lassen. Mit anderen Worten: Es muss sich abkapseln, es muss sich schliessen (Ganzheit ist Offenheit).

- Jedes Kind lebt solidarisch. Es will mit anderen Menschen zusammenleben. Es sucht Freunde, Freundinnen. Es bildet Gruppen, Banden, Gemeinschaften. Es will *mit* ihnen sein, es will mitmachen. Bis es in die Schule kommt. Dann ist Schluss – endgültig, fürs ganze Leben. Von einem Tag auf den anderen muss es *gegen* seine Freundin, *gegen* seinen Kameraden sein. Es wird nie mehr an sich selber gemessen, wie es sein Leben lebt, was es mit seinen Fähigkeiten und Begabungen macht. Ist es denn nicht schon eine Ungeheuerlichkeit, dass sich einzelne Menschen anmassen, andere Menschen zu beurteilen, zu messen. Das Kind wird schon

gar nicht danach beurteilt, wie es mit anderen Menschen zusammenleben kann, ob es gar für andere Menschen da sein kann. Es geht plötzlich nur noch darum, stärker, besser, schneller zu sein als andere Kinder. Von einem Tag auf den anderen muss ich schöner schreiben als das andere, schneller rechnen als das andere, besser lesen als das andere, heller singen als das andere, weiter springen als das andere – dann bin ich gut. Ich darf nur ein Ziel haben: das andere zu übertrumpfen, dann bin ich gut, dann habe ich etwas geleistet. Warum sieht man immer nur den Gewinner, den Sieger? Warum verdrängt man, dass dem Gewinner immer ein Verlierer, dem Sieger immer ein Besiegter gegenübersteht? Ich bin gut, wenn ich den anderen besiegen, ihn unterdrücken kann. Es ist das Karriere- und Konkurrenzprinzip, das mein ganzes Leben beherrschen soll.
«Aber Konkurrenz muss doch sein» – lautet das Gegenargument. Das Konkurrenzdenken liege doch im Menschen. Schon kleine Kinder rennen um die Wette und machen Spiele, um zu schauen, wer gewinnt und wer verliert. Und was ist mit all den Sportarten und den sonstigen Hobbies, in denen ich mich freiwillig mit den anderen und an anderen messe? Die Freiwilligkeit macht den Unterschied aus. Ich bestimme, ob und wann und wie und mit wem ich um die Wette rennen will oder nicht. Niemand ist gezwungen, sich meinem Wunsch zu unterwerfen. Und vor allem entscheidet der Ausgang der Wette nicht darüber, ob ich nun besser oder schlechter als der andere bin, ob ich in den Augen der ‹Oberen› ein guter oder schlechter Mensch bin. Die Wette entscheidet nicht über mein Leben. Die Wette bleibt ein Spiel. Der ‹Homo ludens›, der spielende, der spielerische Mensch bekämpft den anderen nicht.
Abgesehen davon: Neue Untersuchungen bestätigen eine altbekannte Tatsache. Das Konkurrenzprinzip wirkt sich in der Erziehung und beim Lernen negativ aus. Kooperation

führt zu besseren Ergebnissen. Konkurrenzsituationen lösen Ängste aus. Die Aussicht, verlieren zu können, erzeugt Angst.
Ist Angst vielleicht ein Lehrziel?

Was ist mit unserer Schule los? Dient die Schule einzig und allein dazu, dem Kind alle jene grossartigen Fähigkeiten abzugewöhnen, die ihm die Natur und eine jahrtausendlange Entwicklung in die Wiege gelegt haben? Hat die Schule denn keinen anderen Auftrag, als uns all das auszutreiben, was uns als Individuen ausmachen würde? Ist dann aber Schule etwas anderes als Gehirnwäsche, damit wir vergessen und verlernen, was wir uns durch eigene Erfahrung angeeignet haben? Hat sich die Schule verselbständigt und fehlentwickelt, dass es ihr nicht mehr darum geht, die Kinder aufgrund ihrer persönlichen Eigenschaften zu einem eigenständigen Leben in selbstgewählten und selbstbestimmten Gemeinschaften zu befähigen? Darf dies die Schule am Ende gar nicht?
Auf alle Fälle bestimmt jemand darüber, was und wie Schule zu sein hat.
Was und wie wir zu lernen haben.
Was und wie wir zu sein haben.
Wir werden vergewaltigt, entmündigt.
Und wer sich am konsequentesten und widerspruchslosesten vergewaltigen und entmündigen lässt, der schafft die Maturität, die Reifeprüfung, er ist reif fürs Leben. Dem steht die Welt offen. Die Prinzipien der Selektion und des Numerus clausus haben ihren Zweck erfüllt. Das Resultat ist die gewünschte Friedhofsruhe an unseren Hochschulen. Die heutige Studentenschaft ist in ihrer Angepasstheit und Lethargie, in ihrem Sich-nicht-engagieren-Wollen, in ihrer Fadheit, Blasiertheit und Überheblichkeit wohl kaum mehr zu übertreffen. Man studiert ja auch nicht mehr aus einer

Berufung heraus, sondern um später eine möglichst sichere und möglichst gut bezahlte Stelle zu haben.
Wenn man schon einmal auf die Strasse geht, dann wegen persönlicher materieller Vorteile.
Und das nennt sich dann Elite der Nation, Auslese der Gesellschaft. Der Ausdruck ist nicht schlecht. Man kann sich ja nicht selber auslesen; man ist ausgelesen worden. Von wem wohl? Nach welchen Kriterien? Warum verlangen Politiker und Manager eine stärkere Förderung und Berücksichtigung der ‹Eliten›? Warum fordert ein deutscher Bundesminister – der durchaus Demokrat sein will – gar die Schaffung eigentlicher Elite-Schulen?
Vor einigen Jahren wurde im Auftrag des Deutschen Industrie-Instituts bei 459 Führungskräften der Industrie eine Umfrage erhoben über die Aufgabe der Erziehung an der Oberstufe. Als Hauptaufgabe sahen die angesprochenen Personen die «Erziehung zum Arbeitsverhalten» und zu «allgemeinen Arbeitstugenden». Als solche Tugenden nannten sie:
– 333mal Fleiss, Lernwille, Zielstrebigkeit, Aufgeschlossenheit, Ehrgeiz
– 268mal Ordnungssinn;
– 139mal Genauigkeit, Gewissenhaftigkeit, Pünktlichkeit
– aber nur 27mal wurde gefordert «selbständiges Denken und Arbeiten»
– und nur 13mal «Urteils- und Kritikfähigkeit».
Man will kein selbständiges Denken, keine Urteils- und Kritikfähigkeit. Elite!
Es ist Ordnung im Sinne der Polizei (des Polizeistaates?), die verlangt wird.
Man will keinen mündigen Bürger, der bereit, fähig und objektiv in der Lage wäre, selber zu urteilen, selber zu entscheiden, selber zu handeln.
Um nochmals den berüchtigten Nestlé-Boss zu zitieren:

«Jedes Gesellschaftssystem, das nur auf den Glauben an den guten Kern in jeder Person aufbaut, ist zum Scheitern verurteilt.» – Selbstverständlich, nachdem man uns alles ausgetrieben hat, was ein friedliches Miteinander möglich gemacht hätte. Selbstverständlich, nachdem man uns jahrelang gezwungen hat, nach der Pfeife von sog. Autoritäten zu tanzen. Selbstverständlich, nachdem man uns in jahrelanger Dressur beigebracht hat, es gehe ohne Hierarchie und Macht und Zwang nicht.
«Zuverlässiger sind Systeme, die Angst einbauen.» Was Maucher sagt, ist weder neu noch originell. Er soll einer von Stalins Grundsätzen gewesen sein: Es sei ihm lieber, man unterstütze ihn aus Angst als aus Überzeugung. Die Überzeugung könne sich ändern. Noch selten hat seit Stalin ein Mächtiger derart unverblümt zugegeben, dass er, um an der Macht zu bleiben, die Angst des Menschen brauche. «Man muss den Menschen mit einer Mischung aus Ordnung, Normen, Kontrolle, Wettbewerb usw. motivieren.» Womit der Auftrag der Schule klar wäre.

«Der Mensch ist böse.» So lautete die richtige Antwort auf die Frage im Religionsunterricht, ob der Mensch gut oder böse sei. Sie war Anlass zu meiner ersten tiefgreifenden Rebellion. Ich befand mich mitten in einer unerhört positiven Aufbruchstimmung, trotz oder vielleicht gerade wegen der Pubertätsprobleme, die alles bisherige in Frage stellten. Das Kriegsende öffnete die Welt, Kameradschaften und Freundschaften schufen Beziehungen, die endlich die Elternbindungen zu lösen erlaubten, die fordernde Sexualität versprach bisher Unvorstellbares. Und nun die Ohrfeige von ‹höchster Instanz›, denn der Religionslehrer, der Pfarrer verkörperte doch, so war uns beigebracht worden, die höchste Autorität, das A und O unseres Lebens: «Du bist böse, deine Freunde und Freundinnen sind böse, deine

Mitmenschen sind böse!» Ich begann mich zum ersten Mal grundsätzlich zu verweigern. Vom Verstand her konnte ich es wohl noch kaum erfassen. Das Gefühl sagte mir: «Auf dieser Basis wirst du nie ein eigenes Leben gestalten können. Wenn diese Voraussetzung stimmt, ist es unmöglich, mit deinen Mitmenschen eine Gemeinschaft aufzubauen. Du wirst immer von der Autorität abhängig sein, die darüber befindet, wie du dich zu verhalten hast, um ‹gut› zu werden. Ein Leben in Angst, böse zu bleiben? Ein Leben unter dem Zwang, den Anforderungen der ‹Autorität› gerecht werden zu müssen? Ein Leben in Schuldgefühlen, zu wenig zu leisten, nicht zu genügen, immer wieder zu versagen? Angst und Schuld als Basis meines Lebens?»
Was ich intuitiv nicht erfassen konnte: Schuldgefühle und Angst sind in unserer Gesellschaft nötig. Ihre Prinzipien, Strukturen und Abhängigkeiten wären sonst nicht möglich. Angst ist nötig, um ‹freiwillig› zu gehorchen. Angst ist Voraussetzung der ‹freiwilligen› Unterordnung. Schuldgefühle bringen mir bei, dass Eltern und Lehrer mich erziehen müssen. Schuldgefühle lassen mich Strafe akzeptieren. Schuldgefühle machen mich abhängig von der ‹Autorität›. «Du willst nicht mehr böse sein? Komm, wir sagen dir, wie du dich zu verhalten hast!»
Was musste die Kirche nicht alles erfinden, um uns in ihre Abhängigkeit zu bringen! Einem Freidenker-Brief entnehme ich unter dem Titel «Wovon Jesus noch nichts wusste» einige Beispiele, was die Kirche sich hat einfallen lassen. Selbstverständlich beruft sie sich auf die Bibel und womöglich auf Jesus persönlich. Aber Jesus hatte keine Ahnung davon. Und vielleicht merkst du bei dieser Gelegenheit, weshalb es früher dem Laien verboten war, die Bibel zu lesen. «Wovon Jesus noch nichts wusste...
– Das Weihwasser kam erst im Jahre 120 in Gebrauch
– die Bussübungen wurden im Jahre 157 eingeführt

- die katholischen Mönche kamen im Jahr 348 auf
- die letzte Ölung im Jahre 550
- das Fegfeuer 593
- die Anrufung Mariae im Jahre 715
- der Fusskuss des Papstes im Jahre 809
- die Heilig- und Seligsprechung im Jahre 993
- die Glockentaufe im Jahre 1000
- die Ehelosigkeit des Priesters (Zölibat) im Jahre 1015
- die Ablässe im Jahre 1119
- das Sakrament der Ehe im Jahre 1139
- die Dispensation und Erhebung der Hostien im Jahre 1200
- die Inquisition im Jahre 1204
- die Ohrenbeichte im Jahre 1215
- die ‹unbefleckte› Empfängnis Mariae (Dogma) im Jahre 1854
- die Unfehlbarkeit des Papstes 1870
- die leibhaftige Himmelfahrt Mariae (Dogma) im Jahre 1950!»

Ob die Jahreszahlen im einzelnen stimmen oder nicht, spielt keine Rolle. Die Hauptsache ist: Es sind alles Erfindungen der Institution Kirche.

Wenn es dir Freude macht, an die Erfindungen zu glauben, dann bitte! Aber meine nicht, sie seien für deine «Gottgefälligkeit» nötig.

Sie sind nötig für die Herrschaftsansprüche der Kirche und sonst für nichts.

Sie sind nötig für deine Angst!

Angst ist das Prinzip Erziehung schlechthin.
Erziehung ist das Prinzip Macht schlechthin.
Erziehung ist Misstrauen.
Die Erwachsenen betonen zwar ständig das Gegenteil: «Ich

vertraue dir! Missbrauche mein Vertrauen nicht!»
Weshalb geht dann der Erwachsene davon aus, dass
– das Kind unfähig ist
– das Kind nichts kann
– das Kind nichts weiss?
Wenn man glaubt, dich erziehen zu müssen, setzt man voraus, du seiest an sich böse – wie die Kirche es sagt. Es sind Teufelskreise. Wenn man dich als böse behandelt, wie willst du dann ein Selbstbewusstsein entwickeln können? Musst du da nicht geradezu ‹böse› werden?
In der Nachbarschaft erlebt: Der 10jährige Junge sperrt sein Kaninchen tagelang ohne Futter und ohne Wasser in eine dunkle Kiste – weil es sich nicht so verhalten habe, wie er es wollte. Sein 5jähriges Schwesterchen schlägt den Wellensittich, weil er nicht gehorcht habe. Der berüchtigte Wiederholungszwang – wie ihn die Psychologen bezeichnen. Wenn die Wiederholung derart zwanghaft wäre, wie es oft behauptet wird, dann müssten wir resignieren. Nein, auch gegen diesen Zwang ist Rebellion möglich. Ich muss mich den Zwängen der Erziehung entziehen können. Im übrigen: Warum gilt die Theorie des Wiederholungszwanges immer nur für negative Eigenschaften? Wie käme ein Kind, das nie beherrscht, über das nie geherrscht worden ist, auf die Idee, selber über andere herrschen zu müssen?
«Weil wir Eltern die Kinder auf die Welt gebracht haben, sie ernährt, grossgezogen, erzogen haben, haben wir ein An-*Recht* auf sie.» Kann es denn so etwas wie einen Eigentums- oder doch Besitzanspruch auf andere Menschen geben?
Sklaverei des 20. Jahrhunderts in den ‹entwickelten› Ländern? Wenn man unsere Gesetze ansieht, ist der Gedanke naheliegend.
Jede Erziehung
– ist Zwang, Gewalt

– ist Vergewaltigung
– bricht Widerstand
– bringt Unfrieden.
Erziehung ist immer Macht des Stärkeren.
Was Erwachsenen gegenüber strafbar, kriminell ist, ist Kindern gegenüber eine Selbstverständlichkeit.
Als Beate Klarsfeld dem deutschen Bundeskanzler Kiesinger als altem Nazi eine mehr als berechtigte Ohrfeige runterhaute, wurde sie verurteilt. Bei Kindern sind Ohrfeigen ein durchaus angebrachtes Erziehungsmittel. «Ohrfeigen sind doch harmlos!»
Kinder werden
– gefoltert
– zu Tode geprügelt
– sexuell vergewaltigt
– gequält, bis sie sich das Leben nehmen
alles unter dem Zeichen ‹Erziehung›. Warum ist das alles strafbar unter Erwachsenen, nicht jedoch von Erwachsenen gegenüber Kindern?*
«Wer nicht hören will, muss fühlen.»
«Gelobt sei, was hart macht.»
«Ich muss Dich bestrafen. Es tut mir mehr weh als Dir. Aber es muss sein.»
Alles im Namen der Liebe.
Das Kind hofft, geliebt zu werden. Es wird geliebt, wenn es sich unterwirft.
Bestrafung durch Liebesentzug gibt es nicht. Liebe ist ein umfassendes, starkes, tiefes Gefühl zu einem anderen Menschen. Ich bin für den anderen Menschen da. Und das soll nun als Strafe entzogen werden können, einfach so? Dann

---

* Zu empfehlen ist in diesem Zusammenhang das Buch von Ekkehard von Braunmühl ‹Der heimliche Generationenvertrag – jenseits von Pädagogik und Antipädagogik›.

war es keine Liebe. Dann habe ich meine egoistischen Gefühle mit Altruismus verbrämt. Altruismus kann die höchste Form von Egoismus sein. Beim Liebesentzug verweigere ich eine gar nicht vorhandene Liebe. Ich weise die Liebe des anderen zurück. Das Kind will lieben. Ich verweigere mich der Liebe des Kindes – eine Strafe, die bis zur Verzweiflung gehen kann. Sie zwingt das Kind, seine Gefühle zu verleugnen, zu unterdrücken. Und dann nennen sie das Kind gefühllos. Die Schraube dreht sich, das Kind wird misstrauisch.

Erziehen ist Verbieten. Oder ist grundsätzlich alles verboten, was der Erzieher nicht ausdrücklich erlaubt?

Warum ist der Demagoge (Demos = Volk) ein gefährlicher Verführer, der Pädagoge (Pais = Kind) aber ein geachteter Führer? Verführt er das Kind nicht genauso wie der Demagoge das Volk?

«Sag mir, es tue Dir leid – dann ist alles wieder gut. Wenn Du Dich wenigstens entschuldigen würdest!» Wenn sich das Kind entschuldigen muss, erniedrigt man es – eine besonders hinterhältige Art der Unterwerfung. Man spielt den Grosszügigen, Verständnisvollen, verlangt jedoch eine demütigende Schuldanerkennung. Es ist nicht das eigene Schuldgefühl, von dem das Kind sich befreien, ent-schuldigen will – sondern es wird gezwungen, weil der andere einen als schuldig erklärt.

Auf meine Kritik am Prinzip Erziehung an einem deutschen Katholikentag entgegnete mir ein etwa 20jähriges Mädchen: «Ich bin meinen Eltern dankbar, dass sie mich zu dem erzogen haben, was ich heute bin.»

Was hätte ich antworten sollen?

Kann das Mädchen überhaupt merken,
- dass es nicht es selber ist, sondern dass es so ist, wie es seine Eltern haben wollten?
- dass Gehorsam, Unterwerfung unter den Willen des

Erziehers immer Selbstzerstörung ist? In dem Moment, da mir einer sagt, was ich zu tun habe, gebe ich mich selber auf.
– dass es zwar meinte, in seiner Dankbarkeit demütig zu sein, dass aber in dieser Überzeugung: «grossartig, was aus mir gemacht worden ist», ein scheusslicher Hochmut liegt?
– dass es besonders perfid ist, für seine Vergewaltigung noch dankbar sein zu müssen? Und wenn du nicht dankbar bist, kommen deine Schuldgefühle. «Musst du mir das antun?» «Du enttäuschst mich!» Jede Institution ist in sich sadistisch – am extremsten wohl die Institution Familie mit ihrem Erziehungsanspruch.
Aber ich geniesse womöglich noch meine masochistische Dankbarkeit bis ins hohe Alter der Eltern hinein. «Schau doch, wie hilflos ich bin.» «Sorge für mich, sonst machst du dich schuldig!» Hilflosigkeit der Eltern wird zu ihrem neuen Machtinstrument.
Frage angehende Eltern, weshalb sie Kinder haben wollen! Es geht nie um das Kind. Es geht immer um die Ansprüche und Erwartungen der Eltern. Wieviele Kinder hätten schon kaputte Ehen retten sollen! («Es wird schon besser, wenn einmal Kinder da sein werden.») Die Kinder müssen die Erwartungen der Eltern erfüllen.
Wehe, wenn Eltern ihren Kindern ermöglichen, ihr eigenes Leben zu leben! Wehe, wenn Eltern ihren Kindern ermöglichen, *nicht*-angepasst, *nicht*-untergeordnet, *nicht*-genormt, sondern selbständig und selbstbewusst zu sein! Den Eltern wird die ‹elterliche Gewalt› (ist der Ausdruck nicht bezeichnend?) entzogen. Die Kinder werden ins Heim gesperrt. Da ist der Super-Sozialstaat genauso totalitär wie der faschistische Staat. In der Schweiz nahm der Staat unter Mithilfe der Organisation, die sich Pro Juventute (Für die Jugend) nennt, jahrzehntelang den Fahrenden die Kinder weg, um

sie in ‹geordnete Verhältnisse› überzuführen und sie sesshaft zu machen. Die Eltern dieser Kinder hätten sich als zur Erziehung unfähig erwiesen. «Erst kommende Generationen werden darüber befinden können, ob die Massnahme richtig war oder nicht» – so vor kurzem ein prominenter erzreaktionärer Politiker, Nationalrat (MdB) und früherer Stadtpräsident (OB) von Zürich, der 1968 und nochmals 1980 den Einsatz der Armee gegen die rebellierende Jugend geplant hatte. Rechnet er mit dem endgültigen Sieg des Faschismus?
Während der Zürcher Jugendunruhen publizierte die bekannt-berüchtigte Genfer Soziologin Jeanne Hersch ein grauenvolles Pamphlet gegen die Jugendlichen. Es sollte eine Antwort auf den verständnisvollen Bericht der Eidg. Kommission für Jugendfragen sein. Sie wurde als grossartige Interpretin der Jugendunruhen gefeiert. Ihre Forderungen entsprachen der reaktionären Haltung der Meinungsmacher und widerspiegelten voll und ganz die Erziehungsmentalität unserer Gesellschaft: *Wir* staatserhaltenden Kreise, Entscheidungsträger und Meinungsmacher werden mit euch erst wieder reden, wenn ihr euch anständig benehmt, wenn ihr euch so benehmt, wie *wir* es von euch erwarten und verlangen.
Wenn ein ältliches Fräulein in Genf bestimmen will, welches die Bedürfnisse der heutigen Jugendlichen zu sein haben, kommt es mir vor, wie wenn ein ältliches Herrlein in Rom über die Sexualität des heutigen Menschen befinden will. Es ist die Situation Erzieher/Zögling.
Mut zur Erziehung – sagen die Politiker.
Mut zur Erziehung – dann werden sie wieder marschieren!
Mut zur Erziehung – auf zum nächsten Weltkrieg!
Es war *diese* Erziehung, die noch immer praktiziert wird,
– die einen Ersten Weltkrieg möglich gemacht hat – mit Begeisterung in den Tod für Kaiser und Vaterland.

- die einen Hitler möglich gemacht hat. «Führer befiehl, wir folgen Dir.»
- die die Konzentrationslager möglich gemacht hat. Andersartige, Nicht-Normale, Lebensunwerte müssen liquidiert werden.
- die uns heute an den Rand unzähliger Katastrophen geführt hat.

Was sind Psychotherapien anderes, als der Versuch, in einem jahrelangen Befreiungsprozess dorthin zurückzukommen, wo ich als Kind war, bevor mich Erziehung zerstört hat? Das Ziel der Psychoanalyse besteht darin, all die Lügen und Zwänge der Erziehung offenzulegen. Wenn mir das Ich-Sein durch Erziehung ausgetrieben worden ist, kann ich mich doch von der Unterdrückung schrittweise wieder befreien. Der Wiederholungszwang muss also nicht sein.

Die Hoffnung: «Werdet wieder wie die Kinder». Also ist doch das Kind *der* Mensch. Heisst das denn nicht, dass wir von den Kindern lernen sollten und nicht die Kinder von uns? Von den Kindern lernen, wie ein
- fantasievolles
- kreatives
- spontanes
- gemütvolles
- impulsives
- intensives

Leben sein könnte?

Wenn Jesus sagt: «Werdet wie die Kinder!» – warum sind denn die Vorstellungen des kaputten Menschen, des Erwachsenen, entscheidend dafür, wie das Kind gemacht werden muss?

Erziehung heisst immer, einen Menschen verändern wollen. Es geht den Erwachsenen nie darum, was die Kinder wollen. Es geht den Erwachsenen immer um ihre eigene Vor-

stellung, was Kinder nötig haben. Genau in diese Vorstellung sollen sie passen. Genau dahin sollen sie gezogen werden.
Worin besteht denn die Überlegenheit des Erwachsenen, des Erziehers, des Vaters, des Pädagogen, des Lehrers? Liegt nicht in diesem Anspruch, überlegen zu sein, eine ungeheuerliche Arroganz?
Eine altbekannte Tatsache:
– Wenn Ärzte streiken, gehen die Krankheiten und die Zahl der Todesfälle zurück. Die Leute sind sich bewusst, dass sie für sich selber sorgen müssen. Sie warten nicht darauf, dass ihnen jemand sagt, wie man leben soll.
– Wenn die Feuerwehr, z. B. wegen starken Schneefalls, nicht ausfahren kann, geht die Zahl der Brandfälle zurück. Die Leute passen selber auf.
Genauso das Verhalten der Kinder: Je höher die ‹Entwicklung› einer Zivilisation, desto mehr Kinder verunglücken. Je höher die ‹Entwicklung› einer Zivilisation, desto mehr wird das Kind gegängelt, desto weniger traut man ihm zu, desto unselbständiger wird der Mensch. Es ist ein Ziel der Erziehung, dir deine Selbständigkeit auszutreiben. Selbständige sind nicht zu gebrauchen. Wir brauchen Unselbständige: in der Arbeit, im Konsum, in der Politik, im Denken. Wie käme sonst jemand dazu, täglich stundenlang vor dem Fernseher zu hocken? Wie käme sonst jemand dazu, ‹Bild› oder ‹Blick› oder ein anderes dieser unsäglichen Verdummungsblätter zu lesen?
Je ‹primitiver› eine Gesellschaft, desto selbständiger die Menschen. Je ‹primitiver› eine Gesellschaft, desto ‹unerzogener› die Kinder, desto freier und glücklicher sind sie.
Nicht-Erziehung heisst nicht, das Kind dem Nichts auszuliefern, es auszusetzen. Im Gegenteil: Wenn ich dem Kind helfe, wenn ich es unterstütze, wenn ich es animiere, es selber zu sein, dann habe ich intensive Beziehungen zum

Kind. *Beziehung statt Erziehung* – darum geht es. Beziehung ist Gleichberechtigung, Anerkennung, Zuneigung, Partnerschaft.
Beziehung erzeugt keine Angst.

Aber haben wir denn nicht gesagt, dass Angst etwas ungeheuer wichtiges sei?
Ist Angst denn nicht das Warnsignal, das mich vor Bedrohungen schützt und ohne das ich gar nicht recht leben könnte?
Angst hat zwei völlig verschiedene Bedeutungen.
Es gibt Angst vor unmittelbaren, konkreten Bedrohungen. Es ist Angst, deren Ursache ich erkennen und beschreiben kann.
Angst vor einem Gewitter, vor einem Unfall, vor dem Strassenverkehr, vor der Bedrohung durch Atomkraft, vor dem Wahnsinn der Generäle, vor dem Stellmesser des Skinhead, vor dem Schläger in der Uniform eines Polizisten, vor dem Gebrüll des Tieffliegers, vor der Dummheit der Politiker, vor der Brutalität der Manager. Diese Angst ist unbedingt nötig. Sie bewahrt mich vor Einflüssen, die mich schwer beeinträchtigen, oder mich sogar zugrunderichten können und vor Handlungen, die für mich oder andere tödlich sein können.
Despoten kennen keine Angst. Wenn der Präsident des Grosskonzerns, in dem ich tätig war, immer wieder betonte, er wisse nicht, was Angst sei, gehört dies in das gleiche Kapitel, wie wenn Arno Gruen (‹Der Wahnsinn der Normalität›) darauf hinweist, dass Typen wie Hitler oder Reagan nie Angst hatten. Wenn Kinder keine Angst haben, sind sie psychisch schwer krank. Solange die Unfähigkeit, Angst zu haben, andauert, müssen sie pausenlos überwacht werden. Sie sind gefährlich und gefährdet.
Dem Top-Manager kann höchstens noch zugute gehalten

werden, dass er blufft, dass er seine Unwertgefühle mit Angeberei übertünchen muss. Welcher Karrieremensch dürfte in einer Erfolgsgesellschaft denn schon zugeben, dass er Angst hat!

Neben dieser wichtigen lebensnotwendigen Angst gibt es die unbestimmte, diffuse, latente Angst, deren Ursachen und Ursprünge ich gar nicht erkennen kann.

Es ist die ständige Angst, nicht zu genügen, zu enttäuschen, den Anforderungen nicht zu entsprechen, zu versagen, böse zu sein, einmal ‹nicht in den Himmel zu kommen›. Dieser Angst, nicht zu genügen, entspringt die Angst vor der Veränderung, vor allem Neuen, vor jeder Spontaneität, vor jeder Überraschung. «Lasst mich in Ruhe.» Diese Angst will Sicherheit und Schutz – es ist die Ruhe und Ordnung der sog. schweigenden, ängstlichen Mehrheit. Es ist die Angst vor der Autorität, vor dem Vater, vor dem Lehrer, vor dem Boss, vor dem Beamten, vor dem Polizisten, vor dem rächenden Gott oder vor wem auch immer.

Es ist die Angst, die von der Macht ausgeht. Es muss nicht konkret ausgeübte Macht sein. Schon die Möglichkeit, dass auf mich Macht ausgeübt werden könnte, genügt, um Angst vor den Folgen zu erzeugen. Die ‹Schere im Kopf› des Journalisten genügt, um nicht zur eigenen Meinung zu stehen. Die Angst vor der Entlassung genügt dem Arbeiter, sich nicht am Streik zu beteiligen. Ich fühle mich ganz generell ohnmächtig, ausgeliefert. Diese Angst ist die Grundlage der Hierarchie. Ohne diese Angst wäre Macht nicht möglich.

«Wer ein gutes Gewissen hat, braucht keine Angst zu haben.» Nur: Das Gewissen ist bereits das Ergebnis der Macht. Es ist nicht ein Gewissen, das deiner eigenen Überzeugung entspricht und deinem eigenen Verantwortungsbewusstsein. Ethik, Moral und Sitte werden von den Mächtigen festgelegt – für die Untergebenen. Und die Pflicht,

diese Grundsätze zu befolgen, nennen sie dann Gewissen.
Die konkrete Angst kann mich lähmen – das Kaninchen vor der Schlange. Ich erlebe die Wirkung. Die Wirkung kann mich wütend machen. Sie kann mich rebellisch machen. Ich werde mir der Ursache der Angst bewusst. Ich kann die Ursache bekämpfen, um mich von der Angst zu befreien. Ich beschäftige mich nicht mit der Angst – und zerfliesse dabei womöglich in Selbstmitleid –, sondern ich will beseitigen, was in mir Angst erzeugt.
Die diffuse Angst macht mich unsicher. Sie lässt mich resignieren. «Ich weiss eigentlich gar nicht, wovor ich Angst habe.» Man zieht sich zurück. Das Privatleben wird das wichtigste, auch wenn es die totale Leere ist. «Man erwehrt sich seiner Haut.» Wozu dann Solidarität? Vor allem verstärkt sie die Unterwürfigkeit. Ich kann nichts tun – ich überlasse es denen ‹oben›.
Es ist die Illusion all der naiven Umweltschützer und sog. Ökologen, Katastrophen erzeugten ein anderes Bewusstsein. Es brauche nur noch mehr und noch viel grössere Katastrophen, dann beginne das grosse Umdenken und Umschwenken. Und dann sind sie völlig perplex, wenn Tschernobyl längst vergessen ist. Die Sandoz-Katastrophe in Schweizerhalle – was war denn da eigentlich los? Der Rhein ist wieder sauber und die Umsätze und Gewinne der Sandoz sind so hoch wie noch nie. Bhopal? Die Opfer oder wenigstens die Hinterbliebenen werden doch jetzt entschädigt.
Die Katastrophen haben höchstens diejenigen bestätigt, die sich schon bisher im klaren waren, was los ist. Sie haben höchstens ihre Wut verstärkt. Bei allen übrigen haben sie die diffuse Angst verstärkt. Die Folge ist, dass man *noch* mehr verdrängt und sich *noch* mehr dem Glauben hingibt: Die Politiker und Experten haben alles im Griff. Wir dürfen das Gemüse wieder essen. Im Langensee darf wieder gean-

gelt werden. Die Kinder dürfen wieder im Sandkasten spielen. Im Rhein gedeihen die Fische wieder. Na also?
Es ist die Angst, die die Wirklichkeit nicht zur Kenntnis nehmen will.
Es ist die Angst, die verdrängt.
Es ist die Angst, die sie brauchen für ihre Macht.
Erziehung, Schule, Kirche – sie erzeugen diese diffuse Angst.
Schule hat Spiegelbild der Gesellschaft zu sein – was denn sonst?

Also zurück ins Analphabetentum? Den Kindern überlassen, ob sie sich die elementarsten Kenntnisse, ohne die man bei uns nun einfach nicht auskommt, aneignen wollen oder nicht? Ist denn das nicht die primäre und wichtigste Aufgabe der Schule, uns so einfache Dinge wie Lesen, Schreiben, Rechnen beizubringen?

Lesen? Wer liest denn noch, wenn er einmal aus der Schule ist? Bildchen anschauen, sich stundenlang vom Fernsehen belämmern lassen. Die Zeit vor dem Fernseher ist ohnehin schon länger als die Zeit in der Schule. Schon Untertitel bei fremdsprachigen Filmen machen Mühe – sie wechseln doch so rasch!
Neueste US-Untersuchungen bezeichnen die Hälfte der Highschool-Absolventen als Analphabeten. Sie seien nicht fähig, auch nur eine halbe Seite Text zu lesen und inhaltlich ungefähr korrekt wiederzugeben. Sind denn nicht auch ‹Bild›- oder ‹Blick›-Leser im Grunde genommen Analphabeten? Sie kennen zwar den Symbolgehalt irgendwelcher Buchstabenformen, aber sie merken gar nicht, dass sie beim Lesen nichts, aber auch gar nichts an Information aufneh-

men. Jeder echte Analphabet ist viel besser darüber im Bild, was um ihn herum geschieht. Er nimmt viel mehr Information auf, die für sein Leben wichtig ist. Es ist aber auch bekannt, dass an den heutigen Universitäten kaum mehr ein Student fähig ist, ein Buch wirklich durchzulesen, sich darüber eine eigene Meinung zu bilden und Inhalt des Buches und eigene Meinung präzise auszudrücken. Also ist die Schule nicht fähig, wirkliches Lesen beizubringen. Vor allem hat sie die Freude am Lesen kaputtgemacht. Sprechblasen und Bildlegenden sind noch das Grösste, was kapiert wird. Am beliebtesten sind bekanntlich einfache Fantasie-Wörter wie ‹quiitsch, peng, autsch› usw. Das gesprochene Wort würde für 90% aller Menschen völlig ausreichen. Aber auch beim Zuhören stossen wir auf die gleiche Erscheinung wie beim ‹Lesen›. Sätze mit mehr als 13 Wörtern können von den meisten nicht mehr aufgenommen werden. Je weniger Wörter, desto besser. Am ehesten verstanden werden ‹Sätze›, die aus einem einzigen Wort bestehen. Es ist der Befehl!

Schreiben? Wer schreibt denn noch, wenn er einmal aus der Schule ist? Gemeint sind nicht die üblichen Amts- und Geschäftsbriefe, die längst vom Computer besser formuliert und getippt werden. Nein, gemeint ist die Freude und Fähigkeit, Gefühle, Gedanken, Eindrücke, Meinungen in schriftlicher Form festzuhalten. Wer ist gar schon fähig, seine Gefühle und Gedanken zu zeichnen, zu malen, zu formen? Kreuzchen machen, aus vorgegebenen Antworten die richtige erraten und ankreuzen – Symbole der Unfähigkeit sich schriftlich auszudrücken. In der Schule nennt man das Kreuzchenmachen hochtrabend multiple-choice, später heisst es Lotto oder Toto.
Wie soll ich je noch Freude am Schreiben haben, wenn mich die Schule zwingt, Grammatik, Orthographie und Inter-

punktion wichtiger zu nehmen als den Inhalt dessen, was ich sagen will?

Rechnen? Wer rechnet denn heute noch, wenn er nicht mehr in der Schule ist? Knöpfchen drücken. Mehr brauche ich nicht mehr zu können. Oder will man mir mit dem Rechnen etwas ganz anderes beibringen, nämlich das eindimensionale Denken unserer Logik, das Denken in ‹Ursache und Wirkung›? Der arme Einstein, der den Kindern als genialer Wissenschafter vorgeführt, dessen haarscharfes Denken ihn zu den gewaltigen Erkenntnissen geführt haben soll! Nein, es war Einstein, der immer wieder betont hat, dass man zu den grundlegenden Erkenntnissen niemals über die Logik kommt – im Gegenteil – sie führt dich in die Irre –, sondern nur über die Intuition, die auf der eigenen Erfahrung beruht, also nur über das gelebte Leben. Die alten Griechen sagten: «Lernen ist sich erinnern.» Lernen heisst, offen und empfänglich sein für alles, was sich mir im Leben anbietet. Ich kann aber nicht auf Befehl offen und empfänglich sein. Für die Schule ist das Rechnen wichtiger.

Auch hier: Jedes Kind will lesen, schreiben, malen, zeichnen, rechnen – mit Freude, mit Begeisterung, freiwillig. Die Schule verhindert es.
«Aber ohne Schule geht es doch nicht. Sie haben ja selber eine Schule geleitet, wenn auch für Manager» – wird mir entgegnet.
Richtig, wir haben an unserer ‹Schule› sogar Noten gegeben. Aber niemals den ‹Schülern›. Als ‹Schule› hatten wir nur die eine Aufgabe: alles zu tun, um den Wünschen und Bedürfnissen der Schüler gerecht zu werden. Wir hatten ein schönes Gebäude, geeignete Räume, sinnvolle technische Einrichtungen, hervorragende Lehrmittel und – wenn gewünscht – ganze Lehrpläne zur Verfügung zu stellen. Vor

allem aber hatten wir die besten Lehrer, die wir finden konnten, für die Schüler bereitzuhalten. Es waren die Lehrer, die benotet wurden, aber nicht von «oben», sondern von denen, für die sie da waren. Jede Lektion wurde von den Schülern benotet und zwar einmal punkto Inhalt, dann aber auch hinsichtlich Präsentation, die für die Möglichkeit des Schülers, einen Stoff aufzunehmen, von entscheidender Bedeutung ist. Lehrer, die den Anforderungen der Schüler nicht genügten, wurden von der Schule gewiesen.

Was die Schüler aus Infrastruktur, Stoff und Lehrkörper machten, war ihre Sache. Wenn unsere Leistungen die Schüler nicht befriedigt hätten, wären sie ferngeblieben. Sie hätten eine andere Schule besucht – besuchen ist der richtige Ausdruck. Und wenn hierarchisch dressierte Manager zu einem solchen Lernen fähig sind, wie dann erst freie Kinder, deren Lernbegierde und spontane Begeisterung noch nicht kaputtgemacht worden sind!

Warum betont man immer die Notwendigkeit der Lehrfreiheit? Wäre nicht die Lernfreiheit viel wichtiger?

Warum führt man nicht wenigstens das Bonus-System ein – auch wenn sich dadurch an Schulzwang und an der staatlichen Vorgabe von Lernzielen nichts ändert? Das Bonus-System erlaubt einem Kind, der Staatsschule fernzubleiben. Für die eingesparten Steuergelder erhält es einen Bonus, den es in einer alternativen oder freien ‹Schule› an Zahlung geben kann.

Die Möglichkeit der freien Schulwahl ist an sich auch bei uns nichts Neues. Sie steht allerdings nur den Reichen offen. (In einem solchen Internat wurde ich aber von den Schülern darauf hingewiesen, dass es ihren Eltern keineswegs um die bessere Schule gehe. Internat plus Porsche oder Geländewagen hätten den einzigen Zweck, sich nicht um die Kinder kümmern zu müssen und dabei ein gutes Gewissen zu haben.)

Im Kanton Bern versuchte eine Gruppe von Lehrern und Eltern, mittels einer Volksinitiative das Bonus-System einzuführen. Noch selten ist ein Volksbegehren auf eine derartige Einheitsfront gestossen. Die ‹Linken› mit ihrem unerschütterlichen Glauben an die Segnungen des Staates wollten doch nicht ausgerechnet diesen Bereich entstaatlichen. Sie schwafelten von Chancengleichheit, wie wenn es eine solche Gleichheit in einer solchen Gesellschaft je geben könnte. Wie wenn sich die Schule nicht einer Sprache, einer Methodik und einer Informationsvermittlung bedienen würde, die den finanziell und sozial ohnehin privilegierten Schichten entspricht. Schule verstärkt die Chancenungleichheit. Denn schliesslich ist Schule Ergebnis des industriellen Zeitalters. Das Kapital braucht ‹geschulte› Arbeitskräfte und nicht chancengleiche Bürger. Die Parallele zur amerikanischen Indianerpolitik ist frappant. Statt weiterhin zu versuchen, die Indianer physisch auszurotten, schlugen die Generäle, Siedler usw. vor, die Indianerkinder in die Schule zu schicken, um aus ihnen ‹brauchbare› Land- und Hilfsarbeiter zu machen. Der Erfolg war durchschlagend: Die Indianerkinder wurden nach kurzer Zeit Karikaturen der Weissen. Sie hatten ihre Identität aufgegeben – dank Schule.

Noch bezeichnender war die Ablehnung des Bonus-Systems in den ‹rechten› Kreisen. Sprachrohr war vor allem die ‹Neue Zürcher Zeitung›, die sich zwar liberal nennt, aber immer dann, wenn es darum ginge, die gesellschaftlichen Verhältnisse für den Bürger liberaler zu gestalten, strikte die Interessen des Grosskapitals vertritt und dafür den Staat zu Hilfe ruft. Die Schule ist nun einmal die schärfste Indoktrinationswaffe. Nicht umsonst versucht jedes totalitäre System, deshalb auch unsere totalitäre Wirtschaft, sich so radikal wie möglich der Schule zu bemächtigen. Mit dem Bonus-System – an sich ein Musterbeispiel von Liberalität –

hätte man die Schule der herrschenden Ideologie vielleicht etwas entziehen können. Genau das durfte das Kapital unter keinen Umständen zulassen.

Schule ist Politik! Die private schweizerische Staatsschutz-Organisation SAD (früher ‹Schweizerischer Aufklärungsdienst›, heute umgetauft in ‹Schweizerische Arbeitsgemeinschaft für Demokratie›) gibt denn auch in einem Arbeitsheft in aller Offenheit zu: «Politische Bildung beginnt in der 1. Primarklasse... Es ist darauf hinzuweisen, dass es die neutral-objektive politische Bildung nicht gibt und nicht geben kann.» Die ‹Schweizerische Lehrerzeitung› hält denn auch zu recht fest: «Sämtliche Unterrichtsfächer haben auch eine gesellschaftlich-politische Dimension.»

Aber wehe, der Lehrer vertritt eine politische Meinung, die nicht derjenigen der Vorgesetzten entspricht, oder der Lehrer bringe die Schüler auch nur dazu, die herrschende politische Meinung kritisch zu beurteilen. «Schule darf *nicht* Politik sein», lautet das offizielle Motto. Wie wenn dies überhaupt möglich wäre. Es gibt keine menschliche Gemeinschaft ohne Politik. Politik ist Gestaltung unseres zwischenmenschlichen Zusammenlebens, unserer menschlichen Gemeinschaft. Wenn untersagt wird, sich mit Politik auseinanderzusetzen, heisst das eben nichts anderes, als zu verhindern, dass man sich mit den bestehenden politischen Verhältnissen auseinandersetzt. Politische Enthaltsamkeit heisst 100 %ige Anerkennung der bestehenden Machtverhältnisse und Zielvorstellungen. Ein Lehrer, der sich in der Schule politischer Aktivitäten enthält, ist in höchstem Grade politisch tätig. Wenn man gar von Weltanschauung spricht, und den Lehrern verbietet, weltanschaulich tätig zu sein, dann heisst auch dies nichts anderes, als die bestehende, die herrschende Ideologie restlos zu akzeptieren und zu verhindern, dass diese Ideologie in Frage gestellt wird. Aber dies müsste doch heute geschehen, und müsste in

einer offenen Gesellschaft laufend geschehen.
Wenn die Zürcher Regierung es dem Lehrer untersagt, «einer Gemeinschaft anzugehören, die es sich zum Ziele setzt, unseren Staat mit undemokratischen Mitteln umzugestalten», dann mag das einleuchtend sein. Der Trick besteht nun aber darin, dass der Herr ‹Erziehungsdirektor› für sich in Anspruch nimmt, bzw. ganz generell die an der Macht befindlichen Herren für sich in Anspruch nehmen, darüber zu befinden, was demokratisch ist und was nicht. Für mich sind Mentalität und Verhalten dieser Herren viel undemokratischer als alles, was jene Gemeinschaften bisher getan haben und anstreben. Mit solchen Verboten will man verhindern, dass man sich in der Schule über Begriffe wie Demokratie, Rechtsstaat, Freiheit auseinandersetzt. Wenn die Herren vor einer Verpolitisierung und Ver-Ideologisierung unserer Schule warnen, dann geht es darum, die eigene Politik und die eigene Ideologie nicht aufdecken zu müssen.

Weshalb regt sich derart wenig Widerstand gegen die Dressuranstalt Schule? Höchstens gelegentlich Opposition gegen einzelne Schulformen, gegen einzelne Auswüchse, oder gegen einzelne Lehrer? (Opposition bejaht grundsätzlich das System und will es – systemkonform – höchstens in einzelnen Punkten oder auch nur personell verändern, während Widerstand das System ablehnt.)
Warum rebellieren nicht einmal die Betroffenen?

Vor einigen Jahren hatte ich die erstaunliche Chance, beim ZDF an einem interessanten Experiment des ‹Schüler-Express› mitzuwirken. Unter dem Titel: «Wie könnte Schule anders sein?» sollten im Rahmen eines bundesweiten Wettbewerbs unter Lehrern, Schulklassen, Schülern die besten Ideen prämiert werden, wie Schule grundsätzlich anders gestaltet werden könnte. Basis des Wettbewerbs waren vier ausgezeichnete Kurzfilme des ZDF, die konkrete alltägliche Konfliktsituationen in den Schulen darstellten.

Im ersten Film fühlten sich die Schüler ungerecht behandelt, weil der Lehrer sich nicht an die Vorschriften punkto Hausaufgaben usw. hielt. Die Schüler hatten keine Möglichkeit, ihr formales Recht durchzusetzen. Unter den Schülern bildeten sich in der Folge verschiedene Fraktionen.

Als Ursache war eindeutig das Machtgefälle Lehrer-Schüler und die Unfähigkeit des Lehrers, mit Konflikten umzugehen, zu erkennen.

Die Folge waren Aggressionen unter den Schülern, Ablehnung der Schule ganz allgemein und Abwertung der Begriffe Demokratie und Rechtsstaat.

Im zweiten Fall standen sich der Idealismus der Schüler, vor allem ihr Gerechtigkeitssinn, und die Resignation der Eltern gegenüber. «Schule ist nicht zum Vergnügen da», «Ohne Noten kommst du nicht weiter», «Denk an später». Dies waren die Sprüche, mit denen die Eltern auf die Ansprüche der Kinder reagierten. Ursache war das Karriere- und Konkurrenzdenken der Eltern, das bei den Kindern Anpassung, Resignation und Strebertum bewirkte, und die Teufelskreise schuf, aus denen die «Versager» nicht mehr herausfinden konnten.

Der dritte Film hatte die Konflikte zwischen dem Lehrplan einerseits und den Interessen der Kinder andererseits, zwischen ‹Berufung› des Lehrers und politischer Realität andererseits, zwischen den Erwartungen strammer Eltern («Meine Kinder sollen es einmal besser haben») und dem freien Unterricht eines offenen Lehrers andererseits zum Inhalt. Die Konflikte führten zur Resignation des Lehrers oder zu seiner Entlassung oder zu seinem Aussteigen, mit der Folge, dass in solchen Fällen konservativere, harte,

disziplingestählte Lehrer an seine Stelle treten. (Warum hat ein Lehrer, der ‹zu böse› ist, kaum je Schwierigkeiten mit den Vorgesetzten und Eltern, während der Lehrer, der ‹zu lieb› ist, ständig auf Widerstand stösst?)
Beim vierten Film führten Anonymität der zentralisierten Grossschulen, Seelenlosigkeit der riesigen Betonburgen mit ihren eckigen, unmenschlichen Formen, den fensterlosen Räumen, dem brutalen Beton, Stupidität der Lehrpläne, Fantasielosigkeit der Methodik zu Aggressionen und Zerstörungswut bei den Schülern. Im Film war es gegen die Schule gerichtete äussere Aggression, d. h. blanke Zerstörung eines ganzen Labors. Solche Ausbrüche können durchaus befreiend wirken. Viel schlimmer sind die Aggressionen, die sich bei den Schülern nach innen, gegen sich selber richten. Eine Befragungen unter 4000 Jugendlichen im Alter von 13 bis 17 Jahren in einer Schweizer Stadt ergab, dass zwei Drittel aller Schüler regelmässig Medikamente zu sich nehmen. Der Konsum von Drogen und Alkohol steigt unter Schülern sprunghaft an: die ‹Konsumenten› werden immer jünger. Oder muss daran erinnert werden, dass sich in der BRD jährlich 14 000 Schüler das Leben nehmen wollen? Wenn Schule aufs Leben vorbereiten wollte, wie sie behauptet, müsste sie dann nicht zuerst Lust aufs Leben machen?
Die vier Filme habe ich mit sog. Betroffenen, also mit Schülern, Eltern, Lehrern diskutiert, und zwar das eine Mal in einem Dorf im bayrischen Wald, das zweite Mal in einer Grossstadt, das dritte Mal in einer norddeutschen Kleinstadt. Die Diskussionen wurden ebenfalls gefilmt und mit den Kurzfilmen zu einem Hauptfilm zusammengefügt, der dann vom ZDF ausgestrahlt wurde und Basis des Wettbewerbs hätte sein sollen. Das Ergebnis war sehr ernüchternd. Schon die Diskussionen hinterliessen den Eindruck, keiner der Betroffenen sei in der Lage, die Ursache der Konflikte

zu erkennen oder er sei gar fähig, sich echte Alternativen vorzustellen. Die Kompetenz der Schülersprecher müsse verstärkt werden – auf diesem Niveau bewegten sich die Vorschläge der Schüler. Und wenn einer schon vorschlug, die Noten abzuschaffen, dann war dies Anlass heftigster Auseinandersetzungen. Ähnlich deprimierend verlief der Wettbewerb selber. Die Beteiligung war entgegen allen Erwartungen minimal. Die Vorschläge und Ideen blieben auf dem tiefen Niveau der Diskussionen stehen.
Die Schüler waren völlig überfordert. Sie waren derart auf das Prinzip Schule fixiert, dass sie sich ein Leben ohne Schule überhaupt nicht vorstellen konnten. Wie hätten sie dann grundsätzlich neue Lösungen vorschlagen können? Und die paar wenigen Schüler, die sich bewusst geworden waren, was mit ihnen in der Schule abläuft, überlegten völlig richtig: Was will ich mich an einem Wettbewerb beteiligen, der wirkungslos bleiben wird? Soll ich dem ZDF das Alibi liefern, unglaublich progressiv zu sein? Das ZDF wird sich doch niemals für die Verwirklichung der Vorschläge einsetzen. Die Überlegung stimmte. Oder hat man je erlebt, dass sich eine Fernsehanstalt nach einem Film für eine Idee eingesetzt hätte? Geld sammeln in Katastrophenfällen ist schon viel und völlig ungefährlich. Niemand fragt nach den politischen Hintergründen und die Einschaltquoten steigen – das Sammeln ist unterhaltsam.
Bei den Eltern dürfte der ‹Wiederholungszwang› gewirkt haben. Die ‹Contrast›-Seminare meines Instituts hatten zum Ziele, Führungskräfte der Wirtschaft mit kritischen Geistern aus allen nur denkbaren Wissensgebieten zu konfrontieren. In diesem Sinne legten wir auch die Problematik Schule dar. Da steht ein Generaldirektor wutentbrannt auf: «Schliesslich bin auch *ich*, sind auch *wir* Spitzenkräfte der Wirtschaft alle durch diese Schule hindurchgegangen.» (Worauf ein Referent rief: «Man merkt's!»). Er realisierte

nicht, wie er genau das bestätigte, was wir aufzuzeigen versuchten: Dass Schule nichts anderes ist als Reproduktionsanstalt einer bestehenden Gesellschaft. Ist die Situation der Eltern nicht ganz ähnlich? Auch wir mussten doch...! Es hat schliesslich noch niemandem geschadet...! Völlig perplex war ich in den Diskussionen anfänglich, als die Eltern gegen alle neuen Schulversuche mit dem Argument opponierten, sie würden nie zulassen, dass ihre Kinder als Versuchskaninchen für irgend etwas neues verwendet würden. Wie wenn nicht *jedes* Experiment, das in der Schule vom alten wegführen könnte, für die Kinder nur positiv sein würde!

Völlig unbegreiflich ist, wie wenige Lehrer von ihrer eigenen Situation wirklich betroffen sind. Liegt der Grund darin,
- dass wohl kein anderer Beruf den einzelnen derart isoliert?
- dass der Lehrer selber das Gefühl hat, ständig als Respektsperson, Vorbild, Besserwisser, oft gar als Idol den Schülern sagen zu müssen, was recht und richtig ist und was nicht? (Die Parallele zur Situation des hohen Offiziers ist frappant. Im Zusammenhang mit der Spionage-Affäre, in die ein schweizerischer Einsterngeneral verwickelt war, stellte eine Schweizer Zeitung die Frage zur Diskussion, was mit den Herren geschehen solle, die in der Spitze der engen militärischen Karriere-Pyramide stecken bleiben. Die Chefin des militärischen Frauendienstes (damals noch Frauenhilfsdienst genannt) wies darauf hin, ein Berufsleben, das einzig und allein in Befehlen und Bestrafen bestehe, müsse zu derartigen charakterlichen Defekten führen, dass diese Herren ausserhalb des Militärs nicht mehr zu ‹gebrauchen› seien).
- dass er von der Wirklichkeit des Berufslebens eines

‹Durchschnittsbürgers› keine Ahnung hat?
- dass er all das, was er an menschlichen Qualitäten eigentlich fördern sollte, wie Gruppenbildung, Solidarität, Rücksichtnahme, Verantwortungsbewusstsein in seiner Ausbildung und in seinem Beruf selber nie erfahren hat?

Die Ausreden der Lehrer sind immer die gleichen:
- «Wir fressen nur aus, was im Elternhaus eingebrockt worden ist. Es sind die Eltern, die ihre Kinder auf Leistung trimmen.» Ja, es ist so! Schon als Baby bist du nur dann gut, wenn du früher ‹Mama› brüllen, früher auf deinen Beinchen rumtorkeln, früher allein auf den Topf gehen kannst als das Nachbarskind. Wer will es den Eltern übelnehmen, dass sie sich nach den Massstäben richten, die schon für ihr eigenes Leben entscheidend gewesen waren, und nach denen ihr Kind vom 7. Lebensjahr an unerbittlich beurteilt werden wird? Wer will es ihnen verübeln, dass sie mit Dankbarkeit nach den Rezeptbüchern greifen ‹Wie mache ich mehr aus meinem Kind?›, ‹Wie bereite ich mein Kind auf die Schule vor?›. Wer will es ihnen verüblen, dass sie mit Begeisterung nach den Flüstertüten greifen (Werdende Mütter sprechen über Flüstertüten auf dem Bauch mit ihrem Kinde. Gemäss dem Erfinder, einem Frauenarzt, «um dem Kind zu einer höheren Lernfähigkeit zu verhelfen»). Oder dass sie das Kind schon früh dem gefährlichen Unsinn des Super-learning aussetzen? (Wie hirnrissig, wenn Super-learning im herrschenden Schulsystem Pflicht würde. «Dann drohte der Befehl, noch mehr in noch kürzerer Zeit zu lernen» – warnte die kritische katholische Theologin Monika Gödecke in der hervorragenden Zeitung ‹Publik-Forum›.)
- «Ich darf meinen Unterricht nicht anders gestalten, ich darf nicht freier unterrichten, weil ich die Schüler sonst schweren Konflikten aussetzen würde. Denn zuhause

stossen sie auf völlig andere Erwartungen. Die Kinder sind überfordert, wenn sie solche Konflikte zwischen Schule und Elternhaus erkennen und austragen sollen.» Diese Argumentation ist schlicht und einfach falsch. Ich habe mir die Mühe genommen, eine grosse Zahl von Lehrerkonflikten durchzugehen. Ich bin ausnahmslos auf die Tatsache gestossen, dass überall dort, wo der Lehrer neue Wege beschritten hat, und neue Lösungen versucht hat, die Front nicht zwischen Lehrer einerseits und Eltern/Schulbehörden andererseits verlief, sondern dass sich die Eltern durchwegs hinter den Lehrer stellten. Die Front verläuft bei allen Versuchen, etwas neu zu machen, zwischen Lehrer und Eltern einerseits und Schulbehörden als Repräsentanten erstarrter, verkalkter Strukturen andererseits.

So sind mir Unterlagen zugekommen, denen ich durchs Band weg den gleichen Sachverhalt entnehme. Ich zitiere aus Briefen: «Als Beilage erhalten Sie eine Kopie unseres heutigen Schreibens an die Schulpflege. Wie Sie daraus ersehen, wurde der Protestbrief gegen Ihre Nichtwahl von 27 der 28 Eltern gerne unterzeichnet.» Ein anderer Brief: «Mit Erstaunen und Enttäuschung haben wir vernommen, dass Herr X, der Lehrer unserer Kinder, bereits zum zweiten Mal nicht gewählt worden ist. Als direktbetroffene Eltern ist dies unverständlich.» Der Brief ist von sämtlichen Eltern unterzeichnet. Ein anderer Brief: «Wir haben erfahren, dass Herr Y im nächsten Frühjahr nicht zur Lehrerwahl vorgeschlagen werden soll und möchten unserem Befremden darüber Ausdruck geben.» Es folgen 22 von 28 möglichen Unterschriften. Und dies sollte der Lehrerschaft, die der Zusammenarbeit mit den Eltern zum Teil noch immer skeptisch gegenüberstehen, doch zu denken geben. Oder ist es eben nicht einfach so, dass jene Lehrer, die sich einer Zusammenar-

beit widersetzen, nicht fähig sind, ihre Freiräume wahrzunehmen?
- «Mir sind die Hände gebunden, ich kann gar nicht anders. Ich bin den Lehrplänen und den Weisungen und Kontrollen der vorgesetzten Stellen ausgeliefert. Ich könnte höchstens meinen Beruf an den Nagel hängen. Ist damit für die Kinder etwas gewonnen?» Selbstverständlich kann sich der Lehrer dem System nicht generell entziehen, so wenig, wie nun *er* die Schule abschaffen könnte. Aber jeder Lehrer, der für sich die Schule grundsätzlich in Frage stellt, weiss, wieviele Freiräume er hat. Ein Lehrer beklagte sich bei mir über die Leistungen eines meiner Kinder. Als ich ihn darauf hinwies, dass mich schulische Leistungen nicht interessieren, sondern dass ich nur das eine Ziel habe, meine Kinder die Schulzeit psychisch möglichst unbeschadet überstehen zu lassen, war er wie ein umgedrehter Handschuh. Ist denn nicht schon viel gewonnen, den Kindern nicht beibringen zu wollen, Karriere machen, etwas werden zu müssen?

Aber wie soll sich denn ein Mensch das Wissen aneignen können, das er nun einfach für sein Leben braucht? Wie soll ein Mensch je autonom, selbstbestimmt sein können, wenn er letztlich vom Wissen der anderen abhängig ist? Ist es nicht so: Je mehr ich weiss, desto unabhängiger bin ich von den Professoren, den Gelehrten, den Experten, den Fachleuten? Wissen ist schliesslich Macht.
Ist denn nicht die Wissensvermittlung die allerwichtigste Aufgabe der Schule? Unser grosses Problem besteht doch darin, den überquellenden neuen Wissensstoff auch noch in die kurze Schulzeit hineinzupressen.
Wir sind so stolz auf das Wissen unserer Gesellschaft, unserer Zivilisation, unserer Kultur. Das Wissen hat sich in den letzten Jahrzehnten potenziert. Was hat's gebracht?

Hat die Vervielfachung des Wissens denn irgendwelche Probleme gelöst? Ist es denn mit dem Wissen nicht genauso wie mit dem wirtschaftlichen Wachstum? Welche Probleme hat die Vervielfachung des Wissens lösen können? Hat nicht die Vervielfachung des Wissens nur Probleme geschaffen?

Das Wissen der Physiker hat uns die ganze Problematik der Atomwissenschaft gebracht.

Das Wissen der Chemiker hat uns die Problematik der Umweltvergiftung gebracht.

Das Wissen der Biologen bringt uns die Problematik der Gen-Manipulation.

Welches Wissen denn eigentlich?

Das Wissen der Ingenieure? Noch mehr Naturüberwindung? Wozu?

Das Wissen der Philosophen? Die Philosophen wollen mit logischen Schritten, mit dem Kopf erfassen, was Leben ist. Sie werden nie verstehen. Philosophisch mag es eine Rolle spielen, ob etwas wahr, gültig oder richtig ist. Für mich ist einzig und allein entscheidend, was für *mich* gilt und worüber ich mich mit meinen Mitmenschen einigen kann. Philosophie ist l'art pour l'art; sie schadet wenigstens nicht immer.

Das Wissen der Architekten? Gehören sie nicht zu den grössten Verbrechern der letzten Jahrzehnte?

Das Wissen der Juristen? Die Rechtswissenschaft hat Recht derart undurchschaubar und unverständlich gemacht, dass es Heerscharen von Richtern und Advokaten für deren Auslegung braucht. Und auch dann ist es noch Glücksache, wer ‹recht› hat.

Das Wissen der Mediziner? Man weiss, dass bereits rund 50% aller Krankheiten sogenannte iatrogene Krankheiten sind, Krankheiten, die durch die Medizin selber geschaffen werden.

Oder gar das Wissen der Wirtschaftswissenschaftler? Nun, ich bin selber einer. Die dümmste Wissenschaft, die es überhaupt gibt. Und wer den Gipfel des Unsinns erreicht hat, wird Nobelpreisträger. Es hat noch nie eine Theorie der Wirtschaftswissenschaft gestimmt. Es hat noch nie eine Prognose der Wirtschaftswissenschaft gestimmt. Wirtschaftswissenschaft besteht darin, nachträglich zu bewiesen, warum das, was man prophezeit hat, nicht hat eintreten können.

Der einfache Mann aus der Dritten Welt hatte schon recht, als er sagte: «Ach, Ihr weissen Männer. Ihr seid verrückt geworden. Ihr wisst alles. Aber Ihr versteht nichts mehr, Ihr begreift nichts mehr.»
Wissen wir denn wenigstens alles?
Der Wissenschafter hat noch vor 30–40 Jahren von seiner Wissenschaft praktisch alles gewusst. Und heute weiss er nur noch einen kleinen Bruchteil. Also weiss er weniger als vor 30, 40 Jahren. Oder übertragen auf die ganze Wissenschaft: Mit jedem neuen sogenannten Erkenntnisschritt der Wissenschaft entdecken wir mindestens das Doppelte, was wir nicht wissen. Also: je mehr wir angeblich wissen, desto grösser wird das Nicht-Wissen. Die Wissenschaft kommt also dem, was zu erforschen sie vorgibt nicht näher, sondern entfernt sich davon. Die Wissenschaft behauptet zwar, die Wirklichkeit, die Wahrheit ergründen zu wollen. Da ihr das wegen der Unendlichkeit des Nicht-Wissens nie gelingen kann, bestimmt sie die Wirklichkeit, die Wahrheit. Sie verdrängt, dass alle grundlegenden Wahrheiten der Wissenschaften sich im Laufe der Zeit als Teil- oder Unwahrheiten erwiesen haben. Da aber der Inhalt der Wissenschaft von der bestehenden Macht abhängt, und die Wissenschaft die Wahrheit bestimmt, kann sich die Macht ständig auf die Wahrheit berufen. Die wissenschaftliche Realität entspricht

immer dem von der Macht gewünschten Zustand.
Es geht ums Verstehen, es geht ums Begreifen.
Aber ich muss doch wissen, damit ich verstehen kann!
Nein! Wissen und Verstehen sind geradezu Gegensätze.
- Wissen ist immer nur auf eine Disziplin bezogen. Verstehen kann ich nur über die Disziplinen hinweg. (Ist es erstaunlich, dass ein Vorstandsmitglied von Bayer Leverkusen das interdisziplinäre Denken verurteilt: «Interdisziplinäre Studiengänge führen zur Oberflächlichkeit?» – Man könnte ja zu verstehen beginnen!)
Das Verstehen über die Disziplinen hinweg ist nicht zu verwechseln mit der ‹Interdisziplinarität›, wie sie von den Wissenschaftern betrieben wird. Die Vertreter verschiedener Wissenschaften setzen sich an einen Tisch, jeder spricht im Kauderwelsch seiner Disziplin, keiner versteht den anderen, aber das Problem wird ‹interdisziplinär› behandelt. Sie könnten wenigstens versuchen, das Problem interdisziplinär zu erkennen. Aber schon dazu sind sie nicht fähig.
- Wissen ist immer punktuell, verstehen kann ich nur in Zusammenhängen.
- Wissen will auch die Zusammenhänge rational erfassen – Verstehen akzeptiert Zusammenhänge, und will sie nicht auch noch wissen.
- Wissen entspringt nicht dem eigenen Leben – Verstehen ist eigene Erfahrung.
- Wissen schränkt das Bewusstsein ein – Verstehen *ist* Bewusstsein.
- Wissen will beweisen und messen – Verstehen stellt fest und misstraut allem, was bewiesen und gemessen werden kann. Beweise und messe den ‹grünen Daumen› eines Menschen, den die Pflanzen lieben! Aber du stellst ihn fest. Reicht das nicht?
- Wissen ist verantwortungslos, entbindet von der Ent-

scheidung – Verstehen führt zum Engagement
- Der Computer weiss – aber er versteht nicht!
- Wissen ist immer isoliert – verstehen kann ich nur im Rahmen einer Gesellschaft, einer Umwelt, des Lebens
- Wissen ist elitär, der ‹Normalbürger› hat keinen Zugang. Er wird eingeschüchtert – Verstehen ist naiv (naiv heisst elementar, unverfälscht, echt)
- Wissen hat eine eigene Sprache, sie ist für den ‹gewöhnlichen› Menschen unverständlich – Verstehen ist verständlich; ich brauche nicht einmal Worte dazu
- Wissen ist rational, läuft über den Kopf – verstehen kann ich nur mit Herz, Hand und Kopf gemeinsam
- Wissen ist Analyse, Zerlegen in immer kleinere Bruchstücke – Verstehen ist das Ganze. Aus dem Zusammenfügen der Einzelteile, wie es die Wissenschaft macht, entsteht nie das Ganze.
- Wissen ist komplex, kompliziert – Verstehen ist klar, eindeutig, offensichtlich
- Wissen ist individualistisch. Ich kann wissen für mich allein – Verstehen setzt Gemeinschaft voraus
- Wissen kann wertfrei sein, wie die Wissenschaftler selber sagen – verstehen kann ich nur, wenn ich nach dem Sinn frage
- Wissen kann mir beigebracht werden, ist letztlich fremdbestimmt – verstehen kann ich nur aus mir heraus

Es sind Gegensätze. Lao Tse hat das wie folgt formuliert: «Die Weisen sind nie die Gelehrten, die Gelehrten sind nie die Weisen.» Die Wissenden sind nie diejenigen, die es verstehen, und umgekehrt. Es kann zwar gelegentlich durchaus angebracht sein, dass die Weisen die Gelehrten um Rat fragen. Das Wissen der Gelehrten darf jedoch nie entscheidend sein.

An einem Vortrag in Bayern hatte ich ein schönes Erlebnis. Da steht ein Mann auf und sagt: «Ich bin ein einfacher

Handwerker, aber ich verstehe, worum es geht. Da gibt es doch den berühmten Wissenschafter Weizsäcker, und der hat vor 20 Jahren erklärt, Atomenergie sei sicher und wir bräuchten sie. Und jetzt, nach 20 Jahren plötzlich, sagt er, nein, jetzt weiss ich, dass sie nicht tragbar ist. Wir dürfen uns das nicht erlauben. Aber als einfacher Handwerker habe ich doch vor 20 Jahren verstanden, worum es geht. Ich habe doch damals verstanden, aufgrund meiner Erfahrungen, dass Technik nie unfehlbar ist, dass ein Mensch nie unfehlbar ist. Und dass wir uns deshalb nie eine Technik leisten dürfen, die tödlich ist.»
Der Handwerker hat verstanden, Weizsäcker hat gemeint, er wisse es.
Aber Wissen ist doch Macht! Natürlich ist Wissen Macht, aber eben wieder nicht in dem Sinne, wie man es uns beigebracht hat. ‹Wissen ist Macht› heisst nicht: Je mehr du weisst, desto mächtiger wirst du; dein Wissen bestimmt deine Macht, sondern wie immer, umgekehrt. Wer an der Macht ist, bestimmt, was zu wissen ist. Die Macht verfügt über das Wissen. Die Macht verfügt über die Wissenschaft. Die Macht verfügt darüber, was uns in Schule und Studium an Wissen beizubringen ist. Und dieses Wissen ist nachher die Grundlage der Macht der Mächtigen, weil es uns abhängig macht.
Ich kann mich dieser Macht, diesem Wissen nur dadurch entziehen, dass ich verstehe, dass ich begreife. Und erst, wenn ich all das vergessen habe, was man mir an Wissen, bzw. als Wissen eingetrichtert hat, kann ich beginnen, zu begreifen.

Wenn ich doch schon die Dominanz des Wissens und der Wissenschaft derart ablehne, warum ich dann nicht die heutige *Esoterik-* und *New-Age-*Welle mit Begeisterung begrüsse, sondern ihr mit grosser Skepsis begegne, werde ich gefragt. Bei Esoterik und New-Age gehe es doch ausgerechnet darum, das Nicht-Rationale anzuerkennen und auf mich wirken zu lassen.

In der Tat:

Wenn der Herr Studienrat über glühende Kohlen tanzt, und es macht ihm Spass, warum soll er denn eigentlich nicht?

Und wenn es der Frau Abgeordneten gelingt, mit einer bestimmten Atemtechnik ihr Geburtserlebnis zu wiederholen und sie sich nachher unheimlich befreit fühlt, warum soll sie denn eigentlich nicht?

Wenn der Herr Doktor in Lanzarote an seinem Gegenüber rumfummelt und Sympathieplätzchen verteilt und dieses Getue dann mit einem exotischen Namen versieht, dann kann ich ja nur viel Vergnügen wünschen, wenn er mit seinem Geld nichts Besseres anzufangen weiss.

Und wenn der Herr Generaldirektor gern in einer Schwitzhütte Indianer spielt und nachher mit noch mehr Elan in sein Unternehmen reinsteigt und das Unternehmen noch besser schmeisst, soll er doch. Ja, soll er wirklich?

Eine Kindergärtnerin erzählte mir ein schönes Erlebnis. Sie ging mit den Kindern in den Wald und sagte: Jetzt gehen wir zu den Zwergen. Und dann haben sie in die Bäume, haben sie unter die Wurzeln geschaut, haben in der Erde herumgewühlt, haben sich vorgestellt, was da so lebt, was da so passiert. Am nächsten Tag kommt ein Mädchen in den Kindergarten und sagt. «Es gibt keine Zwerge, hat die Mama gesagt.» Am Nachmittag wollte man wieder in den Wald gehen, und dann ist das kleine Mädchen davongerannt, die Kindergärtnerin hinterher und fragt: «Was ist los?» «Die Mama hat mir verboten, in den Wald zu gehen

und hat gesagt, wer an die Zwerge glaube, der glaube nicht an Gott.»
Ist das wirklich so? Ist es denn nicht genau umgekehrt? Ist es denn nicht so: Nur wer spürt, was da im Boden, in den Wurzeln, im Baum drin überall geschieht, also nur, wer die Zwerge spürt, kann Gott spüren, nur wer Zwerge erfährt, sinnlich erfährt, kann Gott erfahren. Oder wem der Begriff Gott nicht passt: Nur wer die Zwerge spürt, kann spüren, dass es da im Baum etwas Unerklärliches gibt, dass es in den Wurzeln etwas Unerklärliches gibt, im Boden etwas Unerklärliches gibt. Und nur, wer Zwerge erfährt, kann erfahren, dass es im Boden etwas gibt, das wir nicht wissen können. Die gute Mutter hat sich natürlich unter den Zwergen etwas ganz anderes vorgestellt als das Leben, das Wirken in der Erde, in den Wurzeln. Die Zwerge sind für die Mutter die kleinen roten Männchen mit Zipfelmütze, mit Schubkarre und einer Tabakspfeife. Es ist genau so mit den Elfen und Feen, mit den Gnomen und Waldschrats:
Es ist vorbei, sobald wir meinen, wissen zu müssen, was es ist. Sobald wir meinen, wissen zu müssen, wie es ist und wie sie aussehen. Sobald wir meinen, wir müssen uns von dem, was an Unerklärlichem geschieht, ein Bild machen können. Denn dann wird aus Gott, aus dem Herr-Gott oder der Frau-Gott eben auch der zornige alte Mann da droben mit seinem wallenden Haar und dem langen Bart und dem drohenden Zeigefinger. Nein, du sollst dir eben kein Bild machen, aber nicht weil es tabu ist, sondern weil er oder sie oder es eben kein Ding ist. Gott ist nicht, es ist alles nur Spekulation, aber Gott wirkt – oder wie wir dem sagen wollen, was ich jetzt Gott nenne. Es wirkt, es ist Wirklichkeit. Und das erfährst du, es ist nicht irreal, es ist wirklich. Aber du kannst es nicht wissen.

Was ist das eigentlich, dieses Verstehen, dieses Begreifen,

dieses Spüren, was los ist? Wie sagen wir dem jetzt? Ist es der Glaube? Erfahren, erleben, spüren ist doch viel mehr als glauben.
Ist es das Irrationale? Nein! Irrational ist blosse Verneinung, ist nur Ablehnung, hat keinen eigenen Inhalt.
Ist es das Übersinnliche? Aber wenn ich das Unerklärliche, das Esoterische, das Göttliche erfahren will, kann ich das nur über meine fünf Sinne. Wie will ich denn etwas erfahren, etwas spüren, wenn es jenseits meiner Sinne, über meinen Sinnen ist?
Ist nicht gerade diese Sinnlichkeit das Entscheidende? Stellt nicht die Sinnlichkeit die Verbindung her zu all dem, was wir Schöpfung nennen, aber auch zu noch viel mehr, als dem, was wir konkret als Schöpfung betrachten?
C. G. Jung nennt folgende vier Hilfsmittel, die uns erlauben, uns in der Wirklichkeit zu orientieren:
1. Die Sinneswahrnehmung, die Empfindung sagt, dass etwas existiert.
2. Das Denken sagt, was es ist.
3. Das Gefühl sagt, ob es angenehm oder unangenehm ist.
4. Die Intuition sagt, woher es kommt und wohin es geht.
Ohne die eigene Sinneswahrnehmung kann es also kein eigenes Bewusstsein geben.
Das Denken kann durch Gehirnwäsche, durch das Eintrichtern von Wissen manipuliert werden.
Das Gefühl wird pausenlos manipuliert.
Die Intuition wird ersetzt durch die Logik.
Was bleibt, ist die eigene Wahrnehmung. Wobei es völlig nebensächlich ist, ob wir nur die beschränkten fünf Sinne haben sollen, wie es die Wissenschaft im Moment behauptet, oder ob es noch andere Sinne gibt, die ich rational nicht erfassen kann. Gerade das Denken sollte mich erkennen lassen, dass es Einflüsse auf mich gibt, die ich nicht erklären, nicht wissen kann. Aber sie sind konkret; sie wirken

auf mich ein; ich spüre sie, ich erlebe sie.
Wenn wir vom Begriff der Sinnlichkeit ausgehen, von dem Selber-Fähigsein zu spüren, also: Ich kann nur verstehen, begreifen, erfahren durch meine eigene Sinnlichkeit, dann ergeben sich eindeutige klare Folgerungen.
Eine erste Konsequenz: Es wird klar, warum so wenige Menschen akzeptieren, dass es Unerklärliches gibt. Warum spüren es denn nur wenige Menschen, dass etwas anderes da ist als das, was uns über den Kopf eingetrichtert wird? Wie soll ich noch sinnlich sein können in der heutigen Kunstwelt?
- im Kunstlicht, wo ich nicht einmal mehr weiss, ob es regnet oder ob die Sonne scheint;
- in klimatisierten Räumen, in denen ich nicht mehr weiss, ob es Winter oder Sommer ist;
- erschlagen von Beton. Beton tötet jedes Gefühl. Beton lässt keine Ausstrahlung zu.
- umgeben von Kunststoff, der mir vorgaukelt, das ist Holz, das ist Fliese, das ist Stein; von Kunststoff, den ich nicht mehr anfassen, den ich nicht mehr riechen kann;
- mit Musik, die mich nicht mehr anregt, sondern als Musak einlullt;
- vor dem Fernsehen, das mir die Wirklichkeit vorgaukelt;
- in einer Welt, in der Natur keinen Wert hat, sondern pflegeleicht imitiert wird, vom künstlichen Weihnachtsbaum über künstliche Blumen bis zu chemischem oder gar künstlichem Rasen;
- in einer Gesellschaft, wo ich meine Muskeln nicht mehr brauchen kann, wo ich ins Fitness-Center gehen muss, um überhaupt noch körperlich tätig sein zu können;
- in einer Gesellschaft, wo ich den Mitmenschen nicht mehr riechen darf, wo ich mit Deodorant den eigenen Körpergeruch abtöte, um ihn nachher durch einen künstlichen Geruch zu ersetzen. Die ganze Menschheit riecht

dann das eine Mal nach Zitrone, dann nach Green Apple, dann nach Fichte.
- in einer Gesellschaft, wo mir der Mensch nur noch in Form einer Blechkiste entgegenkommt, der mich mit zwei bösen Augen tödlich bedroht, dem ich ausweichen muss, statt dass ich ihm begegnen kann;
- in einer Gesellschaft, wo der Politiker mir nicht mehr Red' und Antwort stehen muss, sondern wo er mir seine sinnlosen Sprüche unwidersprochen direkt ins Wohnzimmer liefern darf;
- in einer Gesellschaft, wo in der Wohnstube die Stühle nicht mehr im Kreis angeordnet sind, damit wir einander sehen und miteinander sprechen können, sondern im Halbkreis, alle in der gleichen Richtung;
- in einer Gesellschaft, in der menschliche Unstimmigkeiten nicht mehr zulässig sind, in der alles auf Perfektion getrimmt sein muss: Musik wird bis zur Unmenschlichkeit retouchiert, Vorträge werden für Radio und Fernsehen x-mal wiederholt, bis sie ‹sitzen›, der Fernsehsprecher oder der Politiker täuscht rhetorische Perfektion vor, liest jedoch alles bei der Kamera vorne ab.

Aber auch, wenn ich noch fähig wäre, Gefühle haben zu können und die Möglichkeit hätte, den Gefühlen Ausdruck zu geben: Was nützt es mir, wenn all das zerstört worden ist, was Kommunikation objektiv erst möglich gemacht hat? Parkplätze statt Dorfplätze, Autobahnen statt Flanierstrassen, McDonalds-Abfütterungsmaschinen statt Kneipen, Shopping-Centers statt Nachbarschaftsläden?

Eine zweite Konsequenz: Wenn ich von der Fähigkeit ausgehe, selber wahrzunehmen, selber zu erleben, also von der eigenen Sinnlichkeit ausgehe, kann ich mich abgrenzen von der blossen Gefühlswelt. Denn das, was ich als Gefühl empfinde, muss noch lange nicht mir selbst entsprechen. Es

kann mich sogar völlig fertigmachen, es kann mich unterdrücken. Gibt es ein besseres Beispiel als den Nationalsozialismus, den Faschismus? Ich weiss nicht, ob es je eine Ideologie, eine Gesellschaftsform gegeben hat, die derart den Mythos eingesetzt hat, die derart mit den Gefühlen des Menschen hat umspringen und spielen können bis zu dem «Wollt Ihr den totalen Krieg?» «Ja!» Blut- und Boden-Ideologie des Faschismus als Naturverbundenheit. Hitler zog los gegen alle Technologie, gegen die Ansprüche der Wirtschaft, gegen alles künstlich Geschaffene – bis er an der Macht war. Und warum dann plötzlich die Germanen mit ihrem Kult? Erinnert es uns nicht an gewisse Erscheinungen heute? Oder wie gelingt es dem Militär, Emotionen bei den jungen Menschen wach zu rufen, bis sie herummarschieren und singen: «Es ist so schön, Soldat zu sein!» Es ist so schön, Menschen umzubringen, es ist so schön, in einem Dreckloch zu verrecken!
Es sind nur zwei Extrembeispiele. Es zieht sich durch unser ganzes Leben hindurch. Bis zu dem Dämmerzustand in den Kaufhäusern, wo ich durch Musik eingelullt werde. Es ist so verdammt schön, ich fühl mich so geborgen, damit ich besser kaufen kann. Oder die Liturgie in der Kirche. Alle möglichen Mittel bis zur Droge Weihrauch werden eingesetzt, um mich empfänglich zu machen für das, was man mir beibringen will.
(Apropos Liturgie: Kürzlich habe ich ein herrliches Beispiel gehört: Ein Afrikaner war im Vatikan und hat geschildert, wie in der katholischen Kirche bei ihm in Afrika die Liturgie aussieht. Er brachte sogar einen Film mit, in dem halbnackte katholische Eingeborene um einen Wurzelstock herumtanzen und sagen: Das ist jetzt unsere Liturgie, und dieser Wurzelstock ist unser Altar. Ein europäischer Kardinal wurde wütend: Das ist keine katholische Liturgie, das ist Blasphemie! Worauf der Afrikaner sagt: «Es ist keine römi-

sche Liturgie; es ist die Liturgie, wie wir sie leben.» Und dann fügte er noch etwas Wunderbares bei: «Wenn die Evangelisation nicht von Rom, sondern von Afrika ausgegangen wäre, dann müsstet ihr eurer Logik nach nun alle nackt um einen Baumstamm herumtanzen.» (Das nur als Nebenbemerkung.)

Wer mich manipulieren will, kann es mit den heutigen Methoden. Wer mich manipulieren will, kann es, wenn er über die entsprechenden Mittel verfügt. Er kann es, wenn ich nicht in der Lage bin, meine eigenen Gefühle zu überprüfen.
Die Emotionen müssen meiner eigenen Sinnlichkeit, meiner eigenen Wahrnehmung entsprechen. Dann können sie nicht manipuliert werden. Dann darf und soll ich mich zu meinen Gefühlen bekennen und sie auch zeigen.
Es ist unsinnig und gefährlich, aus der Tatsache, dass ein Hitler die Gefühle der Menschen derart schüren und missbrauchen konnte, zu folgern, nur die Rationalität verhindere Diktatoren.
Im Gegenteil! Ich kann dem Menschen doch seine Gefühlswelt nicht verbieten. Ein Leben ohne Gefühle? Der Verführer hat nur deshalb eine Chance, weil er nicht-gelebte emotionale Bedürfnisse ausnützt. Wenn ich in meinem Alltagsleben nicht emotional sein darf, kann ich künstlich emotionalisiert werden.
Befreiung komme aus dem Kopf. Es gehe um den Sieg der Vernunft. Alle Theologie müsse bekämpft werden, weil jede Theologie in ihrem Kern irrational sei. Die Irrationalität sei gefährlich, weil sie nicht kalkulierbar sei. Auf dem Boden des Mythos könne keine rationale Politik und damit keine wahre Befreiung des Menschen geschehen.
Wer würde nicht alle diese Sprüche aus der marxistischen Ecke kennen! Welch erbärmliches Leben, dieses gefühllose

Kopfleben! Und das soll die Befreiung des Menschen sein? Die Linke hat mit ihrer Superrationalität der Rechten mit ihrem Missbrauch der Gefühle immer direkt in die Hände gearbeitet.

Religion, Theologie, Esoterik müssen den Menschen nicht unterwerfen; sie können ihn befreien. Man kann die Bibel auch völlig anders lesen, als dies die dogmatischen Marxisten tun. So wie für Leonhard Ragaz Christentum und Sozialismus zusammengehörten, und so wie sich Fidel Castro und viele Vertreter der Befreiungstheologie in wichtigen Belangen einig sind, so war auch für Erich Fromm sogar das Alte Testament ein durch und durch revolutionäres, befreiendes Buch. «Das Alte Testament ist ein revolutionäres Buch. Sein Thema ist die Befreiung des Menschen von den inzestuösen Bindungen an Blut und Boden, von der Unterwerfung unter Götzen, von der Sklaverei unter mächtigen Herren zur Freiheit des Individuums, der Nation und der ganzen Menschheit.» (‹Ihr werdet sein wie Gott›, S. 9) Wenn ich in der Lage bin, meine eigenen Gefühle zu überprüfen, und zwar eben nicht über den Kopf, nicht dadurch, dass ich wieder rational werde, nicht dadurch, dass ich wieder von der Erlebniswelt abstrahiere, sondern dadurch, dass ich selber erleben kann, dass meine Gefühle meiner eigenen Sinnlichkeit entsprechen und mir eben nicht von aussen beigebracht werden können, dann laufe ich auch nicht Gefahr, irgendeinem Propheten, Guru oder Führer nachzurennen, der mir die Erleuchtung, die Erlösung, das Heil verspricht; dann bin ich eben auch nicht anfällig für all die Kurse, in denen man mir die Techniken beibringen will, wie ich zu meinen Gefühlen komme. Absurder geht es ja gar nicht mehr. Denn das sind keine echten Gefühle, das sind Gefühlsdemonstrationen, es ist Seelen-Striptease, was man mir dort beibringt. Gefühlsdemonstrationen von der früheren Kreuz- und Quer-Vögelei bei Bhagwan bis zum

heutigen Urschrei. Das sind keine echten Gefühle, das ist reiner Narzissmus, der mir gepredigt wird. Echte Sinnlichkeit ist nie narzisstisch, echte Sinnlichkeit ist nie egozentrisch. Aber die Gefühlsdemonstrationen, das ist Narzissmus: Ach, wie gut fühle ich mich heute. Ach, wie schlecht geht es mir heute. Ach, warum muss es mir jetzt so mies gehen. Geradezu irr wird es, wenn ich dann für diese sogenannten Gefühle ständig einen Schuldigen suchen muss. Natürlich kann es einmal wichtig sein, herauszufinden, weshalb ich in einer bestimmten Situation so und nicht anders reagiere. Aber ich kann nicht ein Leben lang einen ekligen Vater oder eine dominante Mutter, einen lieben Onkel oder ein obskures Geburtserlebnis für meine Situation verantwortlich machen. Einmal werde ich hoffentlich für mein eigenes Leben verantwortlich sein.
Gefühlstechniken, Gefühlsexhibitionismus kann man mir beibringen. Aber ich kann zum Spirituellen in mir, zum Esoterischen in mir, ich kann zum Göttlichen in mir nicht kommen wie man Englisch, Töpfern oder Tennisspielen lernt.
Die Pseudoemotionalität, wie sie in den Kursen gepredigt wird, ist immer nur ein Rauslassen. Ich lasse immer nur raus, aber Rauslassen hat keinen Inhalt. Wenn ich aber sinnlich bin, dann kann ich zwar träumen oder staunen; aber ich bin auch fähig, meine Sinnlichkeit über meinen Kopf umzusetzen in Handeln. Der Gebrauch der Sinne reicht nicht, wenn ich sie nicht denkerisch umsetzen kann. Die Sinnlichkeit muss zur Erkenntnis, zum Bewusstwerden, zur Betroffenheit, zur Entschlossenheit, zum Engagement führen. Sonst bleibt sie eine narzisstische Unverbindlichkeit.

Das ist die entscheidende Frage: Was mache ich mit meinem Erleben, mit meinem Erfahren, mit dem Spüren, dass

es etwas gibt, das ich nicht wissen kann. Da gibt es eben wieder diese beiden Möglichkeiten.
Die erste Möglichkeit: Ich bestimme nicht über mein Leben. Etwas anderes bestimmt über mich. Ich lasse mir von aussen, von oben mein Leben bestimmen. Ich unterziehe mich in Demut der kosmischen Vorbestimmung.
Oder die zweite Möglichkeit: Ich anerkenne, dass es Einflüsse gibt, deren Wirkung ich spüre und die ich über den Kopf nicht erfassen kann. Aber es bleibt nach wie vor *meine* Sache, was ich daraus für mein Leben mache.
Einer der bedeutendsten Astrologen, Fritz Gehre, wurde gefragt: «Glaubst Du an die Astrologie?» Seine Antwort war grossartig: «Nein! Wenn ich an die Astrologie glaube, glaube ich an ein Mittel zum Zweck. Die Astrologie macht aber vieles durchsichtiger. An was ich glaube, ist der Mensch... Der Mensch wird durch sein Horoskop tatsächlich festgelegt, weil er in den grossen Kosmos gehört, aber er bleibt frei, weil er sich entscheiden kann und muss, was er mit diesen Anlagen tun kann. Wenn das nicht wäre, wäre er kein Mensch.»
Wir kennen die gleiche Problematik in unseren Kirchen, im christlichen Glauben.
Die eine Möglichkeit: Gott ist allmächtig. Ich unterziehe mich in Demut der Allmacht Gottes. Ich unterziehe mich in Demut der Unfehlbarkeit seines Stellvertreters und den Weisungen der Kardinäle und Bischöfe und Priester und Kirchenräte und Pfarrherren.
Soeben höre ich im Rundfunk einen weinerlichen Priester, der in seinem ‹Wort zum neuen Tag› zu alternativem Leben aufruft. Alternatives Leben heisse, auf Selbstbestimmung zu verzichten, um sich voll und ganz dem Willen Gottes unterwerfen zu können.
Wie nahe sich da New-Age-Bewegung und christliche Kirche sind, zeigt Findhorn, das als ‹Zentrum des Lichts› als

eines der wichtigsten Zentren für Spiritualität, Esoterik und New-Age gilt. «Findhorn bewegt sich allmählich auf das Führungsmodell theokratischer Demokratie zu» – verheisst die Findhorn-Prophetin Eileen Caddy. Theokratische Demokratie verbinde «inneres Einstimmen in den göttlichen Willen mit einem Prozess eines auf den verschiedenen hierarchischen Ebenen erfolgenden Teilens und Kommunizierens.» Demokratie bedeute nicht Wille der Mehrheit, sondern der Wille der Gesamtheit; der Wille Gottes. Selbstverständlich ist es ein *Führungs*prinzip (Führer befiehl . . .!) Zu welch abstrusen Folgen dieses Prinzip ‹führen› muss, schreibt Eileen Caddy selber. Sie wohnt mit anderen Leuten in einem Wohnwagen. Es ist sehr eng. Es ist kaum Platz zum Meditieren. Sie fragt Gott: «Was soll ich tun in dieser Situation?» Gott sagt: «Geh aufs öffentliche Klo – dort hast Du Ruhe.» «Ich war ganz entsetzt, aber war es so sehr gewohnt, der göttlichen Stimme zu gehorchen, dass ich hinging. Und von da an ging ich jede Woche 3 Stunden aufs öffentliche Klo.»

(Kürzlich habe ich eine Findhorn-Schülerin getroffen und sie gefragt, ob sie zum Meditieren immer noch aufs öffentliche Klo gingen. «Oh nein, da wo das Klo stand, steht jetzt eine riesige Meditationshalle», gab sie zur Antwort.)

Die ‹Esoterik› von Findhorn führt zur Unterwürfigkeit und Entmündigung. Diese Meditation ist ein Warten auf die Weisung von oben.

Es gibt das andere Meditieren oder Beten: Ich mobilisiere, ich aktiviere das Göttliche in mir. Nur ich selber kann erkennen und tun!

Mit der Allmacht Gottes, der mir einfach befiehlt, was ich zu tun habe, ist in unserer Industriegesellschaft etwas Interessantes geschehen: Ausgerechnet diejenigen Leute, die die Allmacht Gottes predigen, sind diejenigen, die die Allmacht des Menschen praktizieren. Es sind die Kreise, die

über die Macht in unserer Gesellschaft verfügen. Man muss gar nicht an Reagan oder den Papst oder andere solche Leute denken. In der Schweiz gibt es eine Vereinigung, die heisst ‹Kirche wohin?›. Da sind Wirtschaftskreise der Schweiz vereinigt. Die Mitglieder dieser ‹Kirche wohin?› sind vor allem Generaldirektoren, Bankpräsidenten, Präsidenten von Aufsichtsräten usw., also Repräsentanten dieses Systems. Ihr einziges Anliegen ist: Die Kirche darf nicht politisch sein. Zurück in die Innerlichkeit, beten, sich vom Herrgott vorschreiben lassen, was zu tun ist. Alle diese Leute sind ausgerechnet Repräsentanten eines Systems, das für sich in Anspruch nimmt, über die Schöpfung zu verfügen. Es sind Repräsentanten des Systems, das die Natur ausbeutet, die Schöpfung zerstört; es sind Menschen, die den Krieg der Sterne proklamieren, die aufrüsten bis zum Untergang, die Gewalt als Prinzip akzeptieren, die vom Machtmonopol des Staates sprechen usw. Es sind genau die Leute, von denen Horst Eberhard Richter sagt, sie hätten einen Gotteskomplex. Sie seien der Meinung, es sei alles machbar, alles sei Technik, alles sei Naturüberwindung. Und genau diese Leute predigen die Allmacht Gottes.
Es geht den Leuten nicht um die Allmacht Gottes, sondern Gott dient diesen Leuten, um ihre eigene Macht und ihren Profit zu erhalten. Im dem Moment, wo ich einen solchen Gott akzeptiere, wo ich von einer höheren Macht ausgehe, die mir befiehlt, wo ich davon ausgehe, dass immer etwas über mir ist, dann akzeptiere ich Hierarchie, und zwar für mein ganzes Leben. Immer ist jemand über mir, der mir sagt, was ich zu tun habe.
Der Mensch ist sowieso böse und muss erlöst werden. Und wir sagen dir, wie du dich zu verhalten hast, damit du erlöst wirst. Eine solche Kirche rationalisiert den Glauben. Aus dem Glauben werden Verhaltensnormen. Dieser Glaube führt zur Macht.

Hat das Gott gewollt? Wir sagen dir, wie du dich zu verhalten hast? Wenn Gott allmächtig ist, warum hat er dann den Sündenfall zugelassen? Warum hat er all das andere Böse zugelassen? Ist Gott denn auch böse?
Nein, Gott hat es uns übergeben. Wie Erich Fromm sagt: Der Sündenfall war der erste Schritt zur Selbständigkeit des Menschen. Der Sündenfall war der erste Schritt zur Emanzipation des Menschen. Und den ersten Schritt hat die Frau getan.
Das ist die zweite Möglichkeit: Gott ist eben nicht der Allmächtige, dem ich die Schuld zuschieben kann, wenn's schiefläuft.
Gott ist nicht derjenige, der es wohl richtet, damit ich nichts zu tun brauche.
Gott ist nicht derjenige, der mir sagt, was ich zu tun habe, damit ich mein eigenes Denken abschalten kann. Er ist nicht derjenige, der sagt ‹du musst›, damit du brav gehorchen kannst, wie man es dir beigebracht hat.
Nein, Gott sagt eben: Ich habe dir das Leben gegeben, also verfüg darüber! Los, mach etwas daraus!
Oder umgekehrt formuliert: Du bist das einzige Lebewesen, das ich befähigt habe, einen eigenen Willen zu haben. Das einzige Lebewesen, das fähig ist, sein Leben selber zu gestalten. Das einzige Lebewesen, das fähig ist, sein Miteinander mit dem Mitmenschen selber zu gestalten.
Wenn ich dich dazu befähigt habe, dann wäre es doch völlig unsinnig, wenn ich jetzt käme und sagen würde: «Du bist zwar fähig, ich habe dich zwar befähigt, aber ich sage dir trotzdem, was zu tun ist.» Das müsste ein komischer Kerl von Gott sein: schafft den Menschen als Krone der Schöpfung – als sein Ebenbild – und entmündigt ihn gleich wieder.
Wenn ich mir Gott nicht habe vorschreiben lassen, wenn für mich das Göttliche, das Unfassbare das ist, was ich spüre, was ich als Wirklichkeit erlebe, was ich empfinde, dann ist

das Göttliche in mir drin. Wenn das Göttliche, das Esoterische in mir drin ist, dann weiss ich, dass ich mein Leben nicht nur selber gestalten kann, sondern selber gestalten *muss*.
Das sind die zwei Seiten der Esoterik. Kommt es von aussen, kann ich darauf warten, kann ich es lernen, kann ich es einnehmen, kann ich es konsumieren? Dann muss ich gar nichts tun, dann muss ich nichts verändern. Dann kommt's, dann geschieht's einfach, dann ist es vorbestimmt. Was soll ich mich da engagieren?
Oder die andere Seite: Ist es in mir drin? Bin ich es? Dann muss ich mich tagtäglich damit auseinandersetzen. Dann habe ich eine Verantwortung, daraus etwas zu machen.

Dies ist meine Kritik an der ganzen New-Age-Bewegung: ‹Es kommt von selbst. Es ist die kosmische Konstellation. Wir verändern unser Bewusstsein; aber ganz von selbst. Wir brauchen eigentlich nichts zu tun.›
Aber was ändert sich denn bei New-Age im Vergleich zu heute?
An der *Wirtschaft* ändert New-Age nichts, im Gegenteil: Mit New-Age soll die Wirtschaft noch mehr angekurbelt und noch mehr Profit gemacht werden. Bestes Beispiel dafür ist die Direktorin einer der grössten Werbeagenturen in der BRD: «New-Age fordert uns heraus zum ‹emotional advertising›. Wenn Werte, die von innen kommen, immer wichtiger werden, dann müssen Marken lernen, neue Inhalte zu vermitteln.» Der Einsatz von New-Age nimmt zum Teil geradezu groteske Formen an. So haben Auskunfts-Fräuleins bei US-Telefongesellschaften Bewusstseins-Seminare zu besuchen, um besser auf den Anrufer eingehen, ihn besser erfassen zu können. Das Ziel ist die Einsparung von einer Sekunde pro Gespräch, was einen Mehrgewinn von 5 Milllionen Dollars pro Jahr erbringt.

Oder in Fairfield in Iowa gehen 3000 Anhänger des Maharishi Yogi an der ‹Maharishi International University› zur transzendentalen Meditation. Das Thema der Predigt: «Wie man neue Firmen gründet». Ein Teilnehmer, Chef einer Firma für Bodenbeläge: «Seit ich nach den Lehren des Gurus meditiere, verdiene ich einfach viel mehr Geld».
Oder weshalb sind wohl die New-Age-Management-Kurse ein solches Geschäft? Wozu wollen die Manager der Rüstungs- oder der Automobilindustrie wohl erleuchtet werden? Für mehr Menschlichkeit?
An der *Technik-Gläubigkeit* wird nichts geändert, im Gegenteil: Man will Fernseh-Sender einsetzen, die Computer werden voll für das neue Bewusstsein genutzt; man spricht bereits von der neuen Kreativität, vom neuen Träumen dank Computer, man spricht sogar von einer neuen Sinnlichkeit über den Computer. Nicht umsonst wirbt eine Computer-Firma bereits mit dem Slogan: «Der Personal-Computer mit Herz.» Und: «Der ‹Decision Rate V› hat ein Herz für den Benutzer.»
An der *Konsumhaltung* wird nichts geändert, im Gegenteil: Man will ja das Esoterische zu sich nehmen wie ein Lutschbonbon. Und wer kennt nicht den Spruch aus den Kursen: Hat's dir was gebracht? Input – Output, was habe ich denn aufgewendet an Geld und Zeit, und was ist dabei herausgekommen? Mir hat's nichts gebracht. Das nächste Mal mache ich's dann mit Rolfing. Oder noch viel extremer Hofmann, der Erfinder von LSD, der von New-Age-Kongress zu New-Age-Kongress reist und LSD anpreist als Mittel zur Bewusstseinserweiterung. Worin besteht der Unterschied zwischen LSD und Hyperventilation?
Auch am *Glauben an die Machbarkeit* wird nichts geändert, im Gegenteil: Bisher war die Machbarkeit wenigstens auf die Technik beschränkt, heute umfasst sie auch noch das Bewusstsein. Man spricht vom gesteuerten Bewusstsein. Ist

nicht der Begriff der Bewusstseinstechnologie ein Wahnsinn? Kommt denn nicht darin dieser ganze Machbarkeitswahn bis zum Exzess zum Ausdruck?
Auch an der *Wissenschaftsgläubigkeit* wird nichts geändert. Es ist Unsinn
- aus den Naturwissenschaften nun Geisteswissenschaften machen zu wollen oder Naturwissenschaften und Geisteswissenschaften zusammenzufügen. Am Prinzip Wissen ändert sich nichts;
- der Wissenschaft einfach sogenannt andere Paradigmen geben zu wollen – an der Dominanz der Wissenschaft ändert sich nichts;
- zu sagen, unser Wissen war bisher von der linken Gehirnhälfte bestimmt, nimm doch etwas rechte Gehirnhälfte dazu, dann stimmt's wieder.

Aber genauso läuft's doch in der heutigen Gesellschaft – und zwar ausgerechnet bei vielen Menschen, die von sich behaupten, sie wüssten, was los ist.
- Das Wissen der linken Gehirnhälfte hat uns zwar in allen Bereichen in die Sackgasse geführt – also bitte, jetzt noch etwas rechte Hälfte.
- Das männliche Prinzip der Überwindung, der Gewalt, des Herrschens, der Hierarchie, hat uns an den Abgrund geführt – also bitte, jetzt noch etwas weibliches Prinzip.
- Ich kann nicht 50% Wissen nehmen und 50% Verstehen/Begreifen, und das ist dann die Lösung.

50% männliches und 50% weibliches Prinzip?
50% Macht und 50% Liebe?
50% Krieg und 50% Frieden?
50% strafender, rächender Gott, aber er lässt sich umstimmen, und dann wird er auch noch ein gnädiger Gott. Also 50% böser Gott und 50% lieber Gott?

Es gibt in den entscheidenden Fragen kein sowohl als auch, sondern nur ein entweder oder.

Vor allem hat New Age auch an der *Konstruktion Vergangenheit, Gegenwart, Zukunft* nichts geändert. Man hält fest an der unsinnigen Vorstellung einer linearen Entwicklung. Wir werden uns in grossen Sprüngen weiterentwickeln, sagt Ferguson. Nur die Zukunft kann uns retten, sagt Gerken. Ja, wieso denn? Man schildert ja ständig die alten Kulturen, die man übernehmen muss; man schildert das ungeheure Potential früherer Kulturen, bis zurück in die Steinzeit. Also war es doch da, also braucht es nicht eine neue Konstellation, sondern wir müssen nur die Frage stellen: Warum haben wir es denn zerstört; warum haben wir es denn kaputtgemacht? Oder: Die neuen Paradigmen sind in uns angelegt, sie sind im Kind drin. Ja, dann braucht es doch keine neue Konstellation, sondern nur die eine einzige Frage: Wer macht es denn kaputt im Kind? Und wenn es Sache der kosmischen Konstellation ist, warum denn all die Seminare, die Kongresse, die Zeitschriften, die Läden, die Taschenbücher? Warum der ganze Schnickschnack mit transzendenter Musik, mit Parfüm nach Sternzeichen, mit Planetenöl, mit Räucherstäbchen und mit interplanetarem Schmuck?
Nein, der heutige Zustand ist nicht die Folge eines falschen Bewusstseins, nicht die Folge eines falschen Denkens. Daran sollen nun der arme Descartes und der arme Newton schuld sein. Nein, der heutige Zustand ist so gewollt. Es ist die Zivilisation des weissen Mannes, und die ist so gewollt. Und an dieser Zivilisation des weissen Mannes verändern New Age und die ganze Esoterik, wie sie heute gepredigt werden, nichts, aber auch gar nichts.
Es wird nichts geändert an den Machtstrukturen.
Es wird nichts geändert an den Hierarchien.
Es wird nichts geändert am Patriarchat.
Es wird nichts geändert an den Abhängigkeiten.
Im Gegenteil: Es geht darum, alle diese Strukturen über die

Runden zu bringen. Sei zufrieden mit deiner Situation, du bist vom Schicksal dahingestellt worden, wo du bist, sei doch zufrieden. Jede Arbeit ist sinnvoll, du musst nur deine innere Berufung spüren. In jeder menschlichen Art Tätigkeit kann ein Sinn gefunden werden. Ja, am Fliessband, an der Supermarktkasse, vor dem Bildschirm.
Als bezeichnendes Beispiel zitiere ich wörtlich einen Top-Manager aus der Schweiz, gleichzeitig hoher Offizier und grosser Politiker: «Wir sind nichts anderes als Schachfiguren des lieben Gottes. Jeder wird an seinen Platz gestellt und hat sich dort zu bewähren. Nichts Ungerechteres als der liebe Gott. Er hat eigene Gesichtspunkte, wen er erwählt. Wenn irgendwo ein Mensch gebraucht wird, dann stellt Gott eben einen an den leeren Platz. Es ist nicht so wichtig, ob ich an den lieben Gott glaube, wichtig ist nur, ob der liebe Gott an mich glaubt.»
Die Aussage des Top-Managers entspricht fast wörtlich der Antwort des Diktators und Mörders Pinochet in einem Interview: «Ich sehe die Sache von oben, weil Gott mich hierhin gesetzt hat.»
Die schlimmste Konsequenz von New Age und der ganzen Esoterik ist die Individualisierung der Probleme.
Was, du hast Krebs? Du hast doch nicht Krebs, weil du tagtäglich von der Chemie vergiftet wirst. Nein, du bewältigst deine Probleme nicht, versuch's mal mit Rolfing.
Was, du hast Depressionen? Aber du hast nicht Depressionen, weil dich der Stumpfsinn der Arbeit und dein Ausgeliefertsein, deine Ohnmacht fertigmachen. Du, da kommt ein Kindheitstrauma hoch, wie wäre es denn mit Rebirthing?
Was, du hast Migräne? Aber du hast nicht Migräne, weil das Immer-mehr dieser Gesellschaft dich keine Ruhe finden lässt. Du, das sind bestimmt pränatale Erlebnisse. Wie wär's denn mit dem Urschrei?

Und wenn ein Kind kranke Bronchien hat? Eine Mutter sagt: «Mein Kind hat kranke Bronchien, aber das ist nicht die dreckige Luft. Das Nachbarskind hat ja keine kranken Bronchien. Sondern es ist das Karma meines Kindes.» Also hilf ihm aus der Sünde zum Wohl des nächsten Lebens.
Dein Lungenkrebs, deine Staublunge, dein Magengeschwür, deine verkrüppelten Hände, dein kaputtes Gehör, dein Rheumarücken. Nein, das ist doch nicht das Ergebnis der Bedingungen, unter denen du jahrzehntelang arbeiten musstest. Nein, weisst du denn nicht, dass «dein Ich sterben muss, damit du in dir selbst wiedergeboren werden kannst»? Geh zu Dethlefsen!
Soll nun der Herr Studienrat über glühende Kohlen tanzen? Wenn er es nur zum Spass macht, dann ja. Aber er macht es ja nicht zum Spass, sondern er glaubt, sich mit kosmischen Energien aufzuladen und damit die Welt zu verändern. Dann aber: Feuerlaufen, nein, danke!
Soll nun die Frau Abgeordnete ihr Rebirthing betreiben? Wenn es sie befreit, ja, selbstverständlich. Aber man will ihr beibringen, dass sie ihr Bewusstsein verändert und damit – wie innen, so aussen, heisst es doch so herrlich – Einfluss auf die gesellschaftliche Entwicklung nehme. Dann aber: Rebirthing, nein danke!
Und genauso der Herr Doktor mit seiner Fummelei und genauso der Herr Generaldirektor mit seiner Schwitzhütte.

Sind wir nicht von der Aufgabe der Schule ausgegangen?
Dann ist doch das alles theoretisches Geschwätz!
Schliesslich muss die Schule auf das Leben vorbereiten. Je länger die Schulzeit, je höher die Bildung, desto grösser die Chancen für Beruf und Arbeit, desto besser die Chancen für das Leben.

Ach ja, was wäre denn ein junger Mensch ohne *Beruf?* Je besser die Schulausbildung, desto besser der Beruf. Wie droht man den ‹Faulen› und ‹Dummen›? «Du wirst es in deinem Leben zu nichts bringen!» Wobei sie mit ‹nichts› jene Berufe meinen, die man gerne geringschätzig als Hilfsberufe bezeichnet, ohne die wir jedoch völlig aufgeschmissen, tatsächlich hilf-los wären.
Wir können jederzeit auf den Designer verzichten, nicht aber auf den Handlanger. Wir können jederzeit auf den Computer-Fachmann verzichten, nicht aber auf den Mann der Müllabfuhr. Wir können jederzeit auf den Chefarzt verzichten, nicht aber auf die Krankenpflegerin. Schau jedoch zu, dass du Designer, Computer-Spezialist oder Chefarzt werden kannst! Schliesslich geht es um die Arbeit, die du einmal ein Leben lang zu leisten haben wirst.
Oder willst du arbeitslos werden?
Beruf komme von Berufung, heisst es noch immer.
Die Sekretärin, die tagelang vor dem Bildschirm sitzt
Der Druckereifachmann, der einmal Setzer hiess, der tagelang vor dem Bildschirm sitzt
Der Gestalter, der dank CAD (computer-aided-design) tagelang vor dem Bildschirm sitzt
Der Bibliothekar, der Dokumentalist, der Lagerist, die Journalistin, der Beamte, die alle tagelang vor dem Bildschirm sitzen.
Worin besteht denn da die Berufung?
Was ist der Beruf von Gunther Sachs? Industrieller sei er,

heisst es. Hat er je einen Industriebetrieb von innen gesehen? Oder besteht sein Beruf darin, dass er hie und da eine nackte Frau fotografiert und die Fotografie publiziert? Und die Caroline von Monaco, was arbeitet denn die eigentlich? Ist Prinzessin ein Beruf? Sie bezeichnet sich als Journalistin, aber glaubt denn jemand, dass das ihr Beruf sei? Oder Prinz Charles? Was tut ein angehender König? Ist er nun plötzlich Bio-Bauer und Ökologe geworden? Es scheint seine Berufung zu sein, aber ist es sein Beruf? Was arbeiten denn die Leute? Die arbeiten doch nichts, schlechthin nichts. Und sie sind alle stolz darauf, dass sie nicht arbeiten müssen. In Berlin gab es einen, der hatte im Telefonregister jahrelang ‹Anthropophag› als Berufsbezeichnung eingetragen. Das war akzeptiert – sein Beruf war Menschenfresser. Was hat er getan als Menschenfresser? Gewisse Veranstalter meiner Vorträge tun sich jeweilen schwer, meinen Beruf in die Voranzeigen aufzunehmen, wenn ich mich als Agitator (allerdings als autonomer Agitator) bezeichne. Was tut ein Agitator? Ist er nicht gefährlich? Was macht der Manager? Der Manager managt. Können Sie sich etwas vorstellen unter Manager? Mir kommt dabei der herrliche Ausspruch eines deutschen Kabarettisten in den Sinn: «Der Arbeiter arbeitet, der Student studiert, der Manager managt, der Chef scheffelt».
Berufsbezeichnungen sagen nichts mehr aus über die Tätigkeit, die man ausübt. Und das sollte doch das Entscheidende sein: Nicht irgendwelche Bezeichnung eines sog. Berufs, sondern was tue ich denn eigentlich?
Aber auch die Umkehrung stimmt nicht. Die Tätigkeit allein ergibt noch keinen Beruf. Meine Kinder sind heute über 20. Keines hat eine Ahnung, was es von Beruf einmal sein könnte. Eines war ein halbes Jahr Serviererin, aber das war doch nicht ihr Beruf. Ihre Kollegin aber, die genau dasselbe getan hat, war von Beruf Serviererin, weil sie das

die ganze Zeit getan hat. Der Junge war Verkäufer in einem Warenhaus und hat Gemüse verkauft. Er hat also einen Job gemacht und Geld verdient. Die Kollegin nebenan, deren Beruf war Verkäuferin. Eine Tochter machte eine Ausbildung als Postbotin. Sie wäre aber nie auf die Idee gekommen, nachher zu sagen, das sei ihr Beruf. Sie sagte, sie wolle ihre Existenz sichern. Sie mache jetzt mal die Ausbildung, sie werde ganz gut bezahlt, es dauere nur ein Jahr. Nachher habe sie genug Geld für 2 Jahre.
Worum geht es eigentlich beim Beruf? Ich höre meine Kritiker schon wieder sagen: «Genau das ist so ein Trick. Der nimmt ein paar Extremfälle, verallgemeinert und sagt, die ganze Berufswelt habe keine Inhalte mehr. Es gibt doch noch Berufe, wo man weiss, woran man ist. Ein Schreiner ist ein Schreiner. Ein Bäcker ist ein Bäcker und ein Schlosser ist ein Schlosser.»
Mein Junge wollte Schreiner werden. Bei uns gibt es die sogenannten ‹Schnupperlehren›. Da darf man ein paar Wochen eine Probelehre machen und mal ‹schnuppern›, wie es in diesem Beruf aussieht. Er kam zu einem Schreiner. Was hat er gemacht? Den ganzen Tag Särge hergestellt. Was hat der Schreiner mit den Särgen gemacht? Er hat verstorbene Gastarbeiter in den Särgen nach Jugoslawien überführt. Er hat sein Geld gemacht als Transportunternehmer. Die Särge hat er nur hergestellt, damit er die Aufträge bekommt. War das ein Schreiner?
Dann hat mein Junge eine zweite ‹Schnupperlehre› bei einem anderen Schreiner gemacht. Das war eine Grossschreinerei. Da hat der eine Schreiner wochenlang den ganzen Tag nur Spanplatten zugeschnitten für ganz bestimmte Normschränke, die irgendwo in Normküchen eingebaut werden mussten. Ein anderer hat wieder nur die und die Leisten zugeschnitten. Auch dies waren Schreiner. Tatsächlich waren es aber Fliessbandarbeiter, wie irgend

ein Fliessbandarbeiter in einer Fabrik.
Wissen Sie, welchen Beruf die Abteilungsleiter in Grossbäckereien haben? Mechaniker! Sind sie nun Bäcker oder Maschinenschlosser? Es gibt Arbeiterinnen in der Bäckerei, die flechten sog. Zöpfe (ein in der Schweiz sehr beliebtes Gebäck in Form eines Zopfes). Die machen den ganzen Tag genau die gleiche Bewegung, die sich kaum unterscheidet von der Bewegung einer Frau, die Hemden faltet. Die eine ist Bäckereiarbeiterin, die andere Textilarbeiterin. Gibt es den Beruf der Bäckerin denn überhaupt noch?
Oder der Waldarbeiter mit seinem herrlichen Leben im würzigen Wald draussen, geruhsam, naturverbunden. Erstens einmal ist Waldarbeiter der unfallträchtigste Beruf, den es überhaupt gibt. Zweitens können diese Arbeiter nur noch mit Schallschutzklappen auf den Ohren arbeiten, weil es den ganzen Tag dröhnt, und drittens sind sie am ärgsten gefährdet durch die Abgase ihrer Maschinen.
Der Bauer auf freier Scholle, was macht er? Er produziert genau das, was ihm der Staat vorschreibt oder die EG. Er führt das aus, was ihm die chemische Industrie mit den Gebrauchsanweisungen auf den Düngerpaketen und den Spritzmitteln vorschreibt. In Kürze wird er Zulieferer der Gen-Industrie sein. Er muss seine Existenz danach richten, welche Bedingungen ihm die Bank stellt und das Schlimmste: Wenn er eine grossartige Ernte gehabt hat, wird sie als Überschuss vernichtet. Das ist dann der freie Bauer auf freier Scholle.
Was sollen da noch alle diese Berufsbezeichnungen?
– Der Lehrer, der nicht mehr Menschen bilden kann, sondern nur noch ausführendes Organ der Wirtschaft ist. Er muss der Wirtschaft das passende ‹Menschenmaterial› zur Verfügung stellen.
– Der Wissenschaftler, der sich derart spezialisieren muss, dass er unweigerlich zum Berufsidioten wird, weil er

unfähig ist, ganzheitlich und in Zusammenhängen zu denken, zu verstehen.
- Der Pfarrer, der sich aufs Jenseits beschränken soll. Wehe, wenn er sich seiner Berufung gemäss mit dem Christentum im Alltag befasst!
- Der Arzt, dem es doch um die Menschen gehen sollte, der jedoch geradezu fliessbandartig irgendein Organ zu flicken versucht. Durchschnittliche Behandlungsdauer: 3 Min. pro Mensch.

Ist das Beruf als Berufung? Ist das der Lebensinhalt, wozu ich mich berufen fühle? Was machen Sie mit dem Jungen, der eigentlich Automechaniker werden wollte, aber Verkäufer werden muss, weil es keine Lehrstelle gibt? Oder das junge Mädchen, das Damenschneiderin werden will, aber Serviererin werden muss? Oder der Jurastudent, der dann Taxifahrer wird? Was machen die mit ihrer ‹Berufung›? Merken wir denn nicht, dass es schon längst nicht mehr um einen Beruf geht, um eine Berufung, sondern um den Job, um die blosse Existenzsicherung: Ich muss genügend Geld haben, um leben zu können?

Der Job, das Malochen, das Geldverdienen, die *Arbeit* als Ziel und Inhalt meines Lebens?
Auf alle Fälle bringen wir es den Kindern noch bei: Du musst lernen zu arbeiten, um einmal leben zu können. Dies scheint gar der primäre Auftrag der Erziehung in der Schule und zuhause zu sein. Wir kennen die Sprüche, die uns darauf fixieren wollen: «Müssiggang ist aller Laster Anfang.» «Arbeit kommt vor dem Vergnügen» und «Arbeit adelt» (wie adlig am Fliessband!) bis zu «Arbeit macht frei» – dieser Spruch hing bezeichnenderweise über dem Eingang eines deutschen Konzentrationslagers.

Ohne Arbeit bist du nichts wert. Du bist ein Nichtsnutz und Drückeberger. Wer keine Arbeit findet, ist aus der Gesellschaft auszuschliessen, befand schon Zwingli in seiner ‹Menschenfreundlichkeit›. Arbeitslosigkeit bedeutet Ausgeschlossensein, Ausgestossensein. Arbeitslose rebellieren nicht; sie kuschen, sie sind schliesslich selber schuld.
«Jemand, der keine Arbeit hat, leidet darunter. Die wenigen, die von ererbtem Vermögen leben, sind nicht zu beneiden, denn die Leistungsgesellschaft stuft in zunehmendem Masse die Menschen nach persönlich erbrachten Leistungen ein» – so die ‹Schweizerische Lehrerzeitung›. Die armen, armen Reichen, die nicht arbeiten dürfen!
Dein Leben sei Arbeit!
Was übrigbleibt, ist deine freie Zeit; dann kannst du über dich selbst verfügen.
Urlaub machen, dein wirkliches Leben leben, darfst du erst, wenn du gut gearbeitet hast.
Urlaub ist Belohnung für geleistete Arbeit.
Aber Achtung: Da die Arbeit das Primäre ist, musst du dir bewusst sein, dass Urlaub dazu dient, dich wieder fit für die Arbeit zu machen. Du wirst schliesslich nur ‹beurlaubt›. In der Tat hiess es denn auch in den Anstellungsbedingungen des Konzerns, in dem ich tätig war: «Die Ferien haben der Erholung zu dienen.» Und wenn du in den Ferien etwas gemacht hast, was mit den Interessen des Betriebes angeblich nicht zu vereinbaren war, wurde dir der Lohn gestrichen.

Leben um zu arbeiten?
Ist es denn nicht schon längst umgekehrt?
Wir müssen doch längst unser Leben so einrichten, dass alle genügend arbeiten können. Wir müssen verschwenden, verbrauchen, fortwerfen, stets neue Bedürfnisse schaffen, damit alle genügend Arbeit haben. Wir dürfen kaum mehr

über Atomkraftwerke, Autobahnen usw. diskutieren, weil es heisst, es seien Arbeitsplätze gefährdet.
Die Gewerkschaften weigerten sich sogar jahrelang, über Asbestherstellung zu diskutieren, obwohl man wusste, dass durch die Asbestherstellung das Leben der Arbeiter gefährdet ist. Das Leben der Arbeiter ist weniger wichtig als der Arbeitsplatz.
Oder jetzt die Mikroprozessoren. Sie sind sicherlich eine grossartige technische Erfindung. Ein alter Menschheitstraum könnte in Erfüllung gehen: Dass nämlich die Roboter einen Teil der menschlichen Idiotenarbeit übernehmen. Aber statt dass wir darüber glücklich wären, dass die Roboter die Idiotenarbeit übernehmen, gibt es für alle Politiker, Manager und Gewerkschaftsführer nur ein Problem: Jetzt haben wir nicht mehr genügend Idiotenarbeit. Und für alle gibt es nur ein Ziel, die Wirtschaft wieder derart anzukurbeln, dass jeder wieder 40 oder noch mehr Stunden malochen kann, wozu, ist gleichgültig.
Oder ich denke an die Situation in den siebziger Jahren. Ende der siebziger Jahre hatte die Schweiz einen viel höheren Wohlstand als zu Beginn der Rezession 1973. Das Produktionsvolumen war höher. Das höhere Produktionsvolumen, also der höhere Wohlstand, stellten wir allerdings mit 400 000 Arbeitsplätzen weniger her. Wir hätten in der Schweiz damals 14% Arbeitslose gehabt. Aber statt zu sagen, wir müssen die Arbeit anders verteilen, hat man 300 000 Ausländer heimgeschickt, 100 000 Frauen wieder in die Küche verbannt und alle Angehörigen von Randgruppen in ihre Ghettos zurückgeschickt. Und dies nur deshalb, damit der Schweizer Mann soviel arbeiten konnte wie vorher, oder möglichst noch mehr.
Abgesehen von diesem Unsinn: Dass es sich bei dieser Drohung mit dem Arbeitsplatzverlust meist um reinen Bluff gehandelt hat oder handelt, zeigen folgende Überlegungen:

- Berechnungen haben ergeben, dass mit einer Milliarde Dollar, die in die Rüstungsindustrie gepumpt wird, 45 000 Arbeitsplätze geschaffen werden können. Der gleiche finanzielle Einsatz im Sozialdienst würde 100 000 Arbeitsplätze schaffen. Trotzdem wird in allen Staaten mit dem Hinweis auf den Arbeitsmarkt in die Rüstung investiert. Hat schon jemand einen Politiker oder Manager oder Gewerkschaftsführer gehört, der gefordert hätte, aus Gründen der Arbeitsplatzbeschaffung die Sozialdienste auszubauen?
- Die gigantischen Unternehmensfusionen und -konzentrationen erfolgen alle unter Hinweis auf notwendige Rationalisierungen, d. h. Erhöhung des Produktionsvolumens pro Arbeitskraft. Dekonzentrationen, Entflechtungen, Dezentralisationen hätten also den gegenteiligen Effekt: Sie würden Arbeitsplätze schaffen. Haben Sie schon jemals erlebt, dass Bankkredite in erster Linie an Klein- und Mittelbetriebe fliessen würden und staatliche Investitionskredite und Forschungsgelder der Dezentralisation statt der Grosstechnologie dienen würden?
- Man hat sogar beim Kohlekraftwerk Buschhaus mit der Schaffung von Arbeitsplätzen argumentiert, als die ‹Dreckschleuder der Nation› mit katastrophalen Auswirkungen auf die Umwelt Energie zu produzieren begann, die niemand benötigte. Man investierte 1,1 Millionen DM pro Arbeitsplatz. Jedem Arbeitnehmer hätte man allein an Zinsen jährlich mindestens 60 000 DM auszahlen können, wenn das Werk *nicht* gebaut worden wäre.

Unser Verhältnis zur Arbeit ist völlig pervers geworden. Mein Ziel kann doch niemals darin bestehen, möglichst viel arbeiten zu können, und danach mein Leben zu richten. Mein Ziel muss doch darin bestehen, möglichst wenig arbeiten zu müssen, um sinnvoll tätig sein, d. h. mein Leben

meinen Bedürfnissen anpassen zu können. Wobei ‹Tätig-Sein› nicht mit dem sogenannten ‹Aktiv-Sein› verwechselt werden darf. Gibt es eine schönere Tätigkeit, als im Sommer an einem Waldrand zu liegen und durch die Bäume in den blauen Himmel zu schauen?
‹Otium› war das Primäre, das Positive, das Nichtstun, die Musse, das Dasein.
‹Negotium› als Ausdruck für Geschäft und Arbeit war die Verneinung des Lebens.
‹Scholé› – das griechische Wort, dem der Ausdruck Schule entstammt, war der Ort der Musse.
Der Begriff Arbeit stammt aus dem Altgermanischen und heisst Tätigkeit des Knechtes. Und heute, da wir millionenfach mechanische und elektronische Knechte hätten, sind wir unglücklich, wenn wir keine Knechte mehr sein dürfen, wenn wir die Chance hätten, nicht mehr geknechtet zu sein. Arbeit im heutigen Sinn ist ein Begriff der Industriegesellschaft. Die protestantische Arbeitsethik hat den Begriff veredelt. Heute ist Arbeit genauso zerstörerisch, wie die ganze Industriegesellschaft. Je mehr wir arbeiten, desto mehr zerstören wir.
Unsere kuriose Einstellung zur Arbeit geht aber noch viel weiter.
- Wenn der Arbeiter in der chemischen Industrie 40 Stunden lang Gift produziert, leistet er geschätzte Arbeit. Seine Arbeit im Garten, wo er am Abend und am Wochenende nochmals 30 Stunden lang Gemüse zieht, ist nichts wert.
- Wenn der Arbeiter 40 Stunden lang Waffen herstellt, trägt er zum Wohlstand unserer Gesellschaft bei. Die Arbeit seiner Frau – Kindererziehung, Haushalt, Betreuung usw. – ist nichts wert.
- Wenn ein Spekulant Häuser zerstört und Millionen verschiebt, erhöht er das Bruttosozialprodukt. Die grossar-

tige schöpferische Leistung eines Künstlers ist nichts wert.
- Die Arbeit im Garten wird erst etwas wert, wenn das Gemüse auf dem Markt in Geld umgewandelt wird. Die Arbeit der Hausfrau und Mutter ist nur dann etwas wert, wenn sie nicht die Dummheit macht, zu heiraten, sondern sich als Dienstmädchen bezahlen lässt (Vorsicht: Heiraten senkt das Bruttosozialprodukt!). Und die Arbeit des Künstlers wird plötzlich vielleicht sehr viel wert, wenn er vom Kunsthandel entdeckt wird und das Ergebnis seiner Arbeit verkauft werden kann.
- Arbeit ist nur dann etwas wert, wenn sie in Geld gemessen werden kann. Nicht das Leisten von Arbeit ist wichtig, sondern das Verkaufen von Arbeit.
- Eigenarbeit, Selbstversorgung, Hauswirtschaft, kooperative Gruppenarbeit, freiwillige Mitarbeit in Alternativprojekten, Nachbarschaftshilfe – alle diese Arbeiten haben nur dann einen Wert, wenn sie kommerzialisiert werden können.

Warum ist die Kopfarbeit mehr wert als Handarbeit? Warum ist die Leistung des Fabrikarbeiters mehr wert als diejenige des Strassenarbeiters? Warum ist der Lehrer auf der Oberstufe mehr wert als sein Kollege auf der Unterstufe? Und der Lehrer am Gymnasium? Und warum ist ausgerechnet der Hochschullehrer, der weder von der Problematik der Pädagogik noch von Methodik die geringste Ahnung hat, am meisten wert? Und warum ist ausgerechnet die Arbeit, ohne die wir unserem idiotischen Ordnungs- und Reinlichkeitswahn gar nicht frönen könnten, die Arbeit der Putzfrau, am wenigsten wert?

Was soll eigentlich die Hierarchisierung der Berufe und Tätigkeiten?

Wenn doch Arbeit an sich das Wertvolle sein und Arbeit das Leben ausmachen sollte, warum ist dann nicht jede

Arbeit gleichviel wert? Der Generaldirektor, der dem Arbeiter jovial auf die Schulter klopft: Ich habe von der Pike auf gedient; der Arrivierte, der hervorhebt, er habe ganz unten angefangen; der Präsident, der betont, auch er habe einmal Handarbeit geleistet. Dies heisst nie: «Ich weiss, was Ihr da unten leistet.» Es heisst: «Ich habe es trotz der minderwertigen Arbeit, die Ihr leistet, zu etwas gebracht!» Der Höhere ist stolz darauf, eine wertvollere, eine sinnvollere Arbeit zu leisten, als der Untere. Er rechtfertigt damit sogar seinen mehrfachen Lohn. Wenn seine Arbeit an sich schon sinnvoller ist und wenn die Arbeit an sich schon eine grössere Befriedigung verschafft, warum wird sie dann auch noch besser bezahlt? Sollte es nicht genau umgekehrt sein? Sollte nicht derjenige, der die ‹sinnlosere› Arbeit macht, ohne die jedoch unsere Gesellschaft gar nicht funktionieren könnte, wenigstens besser bezahlt werden? Sollte nicht wenigstens die unangenehme Arbeit gewaltig aufgewertet werden, statt dass sie auf die Schwächsten abgeschoben wird – und dann heisst es, die Schwächsten seien zu nichts besserem zu gebrauchen?
Die Hierarchisierung geht noch weiter. Sie wird immer perfider. Die bekannteste Hierarchisierungstheorie liefert den Oberen die Legitimation für ihre Arroganz. Es geht um die Hierarchisierung der Bedürfnisse. Keine Management-Schulung ohne die Maslow'sche Bedürfnis-Pyramide. Sie ist derart hinterhältig, dass sie bekanntgemacht werden müsste. Sie sieht folgendermassen aus und leuchtet auf den ersten Blick auch ein:
- Die primären Bedürfnisse des Menschen sind die physiologischen Bedürfnisse wie Essen, Trinken, Fortpflanzung (nicht etwa Liebe!), usw.
- Wenn diese befriedigt sind, strebt der Mensch nach Sicherheit. Die Bedürfnisse sind nun Daseinssicherung, Schutz, Zukunftsvorsorge

- Auf der nächsthöheren Stufe stehen die sozialen Bedürfnisse wie Kontakt, Zugehörigkeit, Liebe (endlich!)
- Gleich unter dem Gipfel finden sich die Anerkennungsbedürfnisse Ansehen, Prestige, Status
- Einsame Pyramidenspitze ist das Bedürfnis nach Selbstverwirklichung

Die entscheidende Aussage der Theorie besteht darin, dass die höheren Bedürfnisse erst dann bewusst werden und befriedigt werden wollen, wenn die unteren Stufen ‹ausgefüllt› sind.

Allerdings müssen wir denen da unten beibringen, dass ihre elementaren Bedürfnisse nicht befriedigt werden können, ohne dass wir die nächste Stufe sicherstellen. Wir brauchen diese Stufe, denn hier siedeln wir Polizei, Militär, Überwachung an. Nun haben wir Oberen die Möglichkeit und die Ruhe und die Ordnung, um die Stufen wie Liebe, Prestige und Selbstverwirklichung zu erreichen.

Wie sehr dieses Pyramidendenken in die Köpfe eingedrungen ist, zeigt der Bericht einer ‹Experten›-Kommission an die Schweizer Regierung zum Thema ‹Qualitatives Wachstum›, die ihren hahnebüchenen Unsinn mit der Maslow'schen Theorie untermauert, die Bedürfnisse nach sozialen Beziehungen usw. erhielten im Zuge der Zunahme des materiellen Wohlstandes einen höheren Stellenwert.

Sie will damit sagen, dass die wirtschaftlichen Aspekte des Lebens absolute Priorität geniessen müssten. Mit dem materiellen Wohlstand werde der Spielraum für die Verwirklichung höherrangiger Bedürfnisse vergrössert. Mit anderen Worten: «Was wollt Ihr mit Euren Umweltsproblemen, was sollen Fragen nach Gemeinschaft, Partnerschaft, Solidarität, Rücksichtnahme? Passt nur auf, dass Ihr Euren Wohlstand nicht gefährdet!» Statt zu fragen: «Wie war es denn möglich, wegen angeblicher physiologischer Bedürfnisse – die wir mit der Werbung bis zur Grenzenlosigkeit

aufgebläht haben – alles zu vernachlässigen, was für das wirkliche Leben ebenso wichtig wäre? Sollten wir nicht den sog. materiellen Wohlstand in Frage stellen, um Werten wie Liebe, sozialer Rahmen, Sich-selber-sein-Können, das entscheidendere Gewicht zu geben?»
Auf der individuellen Ebene der Manager, der Oberen, heisst es: Ach, die da unten, die sind doch zufrieden, wenn sie genügend zu essen und zu trinken und ein Dach über dem Kopf haben – und sei es eine Baracke. Wir sorgen dafür. Fortpflanzung ersetzen wir durch die Peep-show und Porno-Video-Kabinen mit Kleenex.
Hauptsache ist, dass du arbeiten kannst. Sonst kannst du deine physiologischen Bedürfnisse nicht mehr decken.
Spielt es eine Rolle,
- dass das Kapital darüber entscheidet, ob du arbeiten darfst oder musst und wo und wie lange und zu welchen Bedingungen?
- ob du dich den Maschinen anpassen musst?
- ob du, ob deiner stupiden Arbeit, nicht schliesslich selbst verblödest?
- ob du in der gleichen Situation bist wie ein Sklave oder ein Leibeigener, wenn du einer bestimmten Arbeit oder Arbeitssituation nicht ausweichen kannst?
- dass du dich pausenlos weiterbilden solltest, um den Anforderungen des Kapitals zu genügen? (Im Ausbildungskonzept eines Chemie-Unternehmens heisst es ganz ehrlich: «Die Ausbildung bezweckt im Rahmen der Konzernpolitik, die Rendite des investierten Kapitals zu verbessern.») Sie sagen dir zwar, es sei zu deinem Besten. Sie bezeichnen es als grossartige Chance und nennen es ‹lebenslanges Lernen›, ‹permanent education› usw.
Sie sagen, Arbeit sei sinnvoll.
Ist es dann gleichgültig,
- ob deine Arbeit darin besteht, stunden-, tage-, wochen-

lang die gleiche Bewegung zu machen, oder ob sie deinen Fähigkeiten und Interessen gerecht wird?
- ob das Ergebnis der Arbeit des Bauern der menschlichen Ernährung dient oder vernichtet wird?
- ob das Metallstück, das du herstellst, dazu beiträgt, in einem Rollstuhl einem Behinderten das Leben zu erleichtern oder als Teil eines Maschinengewehrs Menschen zu töten?
- ob du weisst, für wen du etwas herstellst, oder ob deine Arbeit in der Anonymität des Marktes untergeht?
- ob deine Arbeit die Umwelt zerstört oder nicht?
- ob deine Arbeit bewirkt, dass Tausende von Kindern in der Dritten Welt verhungern?
- ob...
- ob...
- ob...

Warum ist Schwarzarbeit derart beliebt?
«Die sparen doch Steuern und Sozialabgaben ein! Die untergraben geradezu unseren Sozialstaat!»
Auch hier trifft wieder das Gegenteil zu:
Erstens ist der Nachlass, den sie zu gewähren haben, mindestens gleichgross wie die Einsparung an Steuern und Sozialabgaben.
Zweitens gefährdet der Grossbetrieb, der die raffiniertesten Experten einsetzt, um sich der Steuerpflicht entziehen zu können, die staatlichen Einnahmen weit stärker als Tausende von Schwarzarbeitern.
Drittens wird der Sozialstaat mit jeder Rationalisierungsmassnahme, mit der Aufhebung eines Arbeitsplatzes weit mehr beeinträchtigt als durch Schwarzarbeit. Warum gibt es keine Sozialabgaben auf Maschinen, die Arbeitsplätze ersetzen?
Viertens machen die Arbeiter nichts anderes, als was alle Arbeitgeber seit jeher für sich in Anspruch nehmen: Sie

berufen sich auf die Prinzipien der Marktwirtschaft, und genügen offensichtlich einer Nachfrage, die sie mit ihrem ‹Schwarz›-Angebot befriedigen können.
Genau dies ist das Entscheidende an der Schwarzarbeit. Das Arbeitsleben, die Produktion läuft nicht mehr in der Seelenlosigkeit des anonymen Marktes der Grossbetriebe ab, sondern Nachfrager und Anbieter sind konkret miteinander bekannte Menschen. Sie bestimmen gemeinsam darüber,
– was zu machen ist,
– für wen etwas zu machen ist,
– mit wem etwas zu machen ist,
– wann etwas zu machen ist,
– wieviel zu machen ist,
– zu welchen Bedingungen etwas zu machen ist.
Und wo wird denn intensiver gearbeitet, mehr ‹geleistet›, als in der Schatten- und Schwarzarbeit? Spricht das gegen die Schwarzarbeiter oder gegen die herkömmliche Wirtschaft?
Es ist ohnehin eines der lächerlichsten Argumente, wenn Manager behaupten, bei all jenen Menschen, die sich den etablierten Wirtschaftsstrukturen zu entziehen suchen, handle es sich um Faulpelze, Drückeberger, Leistungsunwillige.
Wo werden denn im Leben die grössten Leistungen erbracht?
In der Freizeit, im Hobby, in der Eigenarbeit, im Einsatz für die Familie! Also überall da, wo der Mensch nicht durch eine Hierarchie entmündigt wird.
Spricht das gegen den Menschen oder gegen die Hierarchie?
Aber eben, auch Leistung wird bei uns – wie Arbeit – nur daran gemessen, wieviel Geld sie bringt. Wie wäre sonst ein Argument zu erklären, dass derjenige, der sich anstrenge,

hinterher durch hohe Steuern und Soziallasten bestraft werde?
Fragen über Fragen zum Thema Arbeit.
Du kannst sie für dich allein mit Leichtigkeit beantworten.
Frage einen Manager, einen Politiker, einen Gewerkschaftsführer!
Dann weisst du, dass nur *du* sie beantworten kannst.

In den letzten Jahren als Manager habe ich nur noch selten erlebt, dass junge Leute gekommen sind und gefragt haben: «Wieviel verdiene ich bei Euch?» Sie sind von ganz anderen Überlegungen ausgegangen. «Was will ich eigentlich? Was will ich mit meinem Leben? Wie will ich leben?»
Dies waren die primären Fragen. Die schwierigsten Fragen. Besonders, nachdem man ihnen 20 Jahre lang vorgekaut hatte, was man wollen müsse.
Aus dieser grundlegenden Einstellung zum Leben heraus ergaben sich die individuellen Bedürfnisse. Und den immateriellen Bedürfnissen entsprach ein bestimmter materieller Bedarf.
Dann lautete die Frage eben nicht mehr: «Wieviel verdiene ich?» Sondern: «Wie lange muss ich arbeiten, damit ich das kriege, was ich unbedingt brauche? Und wie lässt sich dies nun organisieren, dass es mir passt, aber auch euch passt?»
Immer mehr Menschen leben nach diesem Prinzip. Es ist das Prinzip der individuellen Arbeitszeit. Es tönt einfach. Es *ist* einfach. Doch die Konsequenzen sind grossartig.
Die Aufgabe besteht nicht mehr darin, ein möglichst grosses Arbeitsvolumen in einer Volkswirtschaft bereitzustellen, damit möglichst alle Leute arbeiten können, sondern man geht von der notwendigen Arbeit aus, die in einer Volkswirtschaft geleistet werden muss. Und die verteilt

man dann von unten nach oben, von den individuellen Bedürfnisen aus, und nicht von oben nach unten.
Noch viel wichtiger ist die Konsequenz für den einzelnen Menschen. Das Ziel besteht eben nicht mehr darin, so rasch wie möglich Karriere machen zu müssen, so rasch wie möglich ‹etwas werden› zu müssen. Das Ziel besteht nicht mehr darin, das Einkommen zu maximieren, und das maximale Einkommen erlaubt dir nachher die Lebensgestaltung, sondern umgekehrt: Wie will ich leben und was brauche ich dazu, um dieses Leben führen zu können. Arbeit ist nicht mehr Selbstzweck. Wirtschaft wird wieder Mittel zum Zweck.
Zeit ist nicht mehr Geld, sondern das Geld, das ich brauche, ist Zeitverschwendung. Also möglichst wenig verschwenden. Das einzige, was unwiederbringlich ist, ist Zeit. Möglichst wenig Zeit totschlagen in einer stumpfsinnigen Arbeit. Möglichst wenig Zeit opfern. Was ist so wichtig, dass ich Zeit dafür opfern, ein Opfer dafür erbringen müsste? Zeit ist Voraussetzung für alles andere, vor allem für das Wichtigste: die Liebe.
Ich höre den Einwand: Selbstbestimmung in der Arbeit ist ja recht und gut für die Jungen. Aber sag das einmal dem Fabrikarbeiter mit seiner Familie oder der Büroangestellten mit all ihren Verpflichtungen.
Selbstverständlich ist es so: Wenn man einmal richtig in den Strukturen drinsteckt, ist es schwierig, wieder herauszukommen. Und wenn du gar Fix-Kosten hast, bist du weitgehend ausgeliefert.
Dies war meine grosse Chance, als man mich im Konzern vor die Alternative stellte: «Entweder hören Sie auf, in der Öffentlichkeit Ihre Meinung zu sagen. Dann können Sie bleiben. Wenn Sie weiterreden, müssen Sie gehen.» Ich konnte gehen. Ich hatte keine Fix-Kosten: kein Haus, kein teures Auto, keine Zweitwohnung, keine Yacht, keine

materiell anspruchsvolle Frau, keine Karrierekinder. Mit Fix-Kosten hätte ich kuschen müssen.

Aber auch wenn man mitten im System drinsteckt, kann man sich überlegen, ob man sein Leben nicht anders gestalten kann.

Ein kleines Beispiel: Der Arbeiter arbeitet heute mindestens 3 Monate für sein Auto, nur damit er ein Auto haben kann. Was macht er mit diesem Auto? Er überwindet Distanzen Wohnort/Arbeitsort, Wohnort/Einkaufsort, Wohnort/Erholungsgebiet, also Distanzen, die erst dadurch entstanden sind, dass jeder meinte, er müsse ein Auto haben. Dafür arbeitet er dann 3–4 Monate. Sollte er sich nicht überlegen, ob er nicht sein Leben so gestalten könnte, dass er kein Auto braucht? Er hätte schlankweg 3–4 Monate frei! Oder doch 2 Monate, wenn er das Auto mit einem Kollegen teilen würde.

Und schon kommt der Gewerkschaftsführer daher und sagt: «Auch er hat ein Recht, im Sommer mit seinem Wagen nach Rimini zu fahren». Er könnte in diesen 3 Monaten zu Fuss nach Rimini gehen!

Wofür wird denn all das Geld ausgegeben, das verdient wird?

– Jeder Erwerbstätige in der BRD arbeitet heute 11 Wochen für die auf ihn entfallenden Schuldenzinsen
– Wir arbeiten einen ganzen Monat allein für Werbung und Verpackung
– Wir arbeiten mindestens einen Monat für nichts! – für fortgeworfenes Essen, für nicht gebrauchte Medikamente (50% der Medikamente werden fortgeworfen, was in der Schweiz etwa 500 Mio. Franken pro Jahr ausmachen dürfte), für zuviel gekaufte Ware, weil mir die Multipack-Methode vorgegaukelt hat, 3 für 2 seien billiger, auch wenn ich nur 1 gebraucht hätte, für Reparaturen, die nicht richtig ausgeführt wurden, für sinnlose Überversi-

cherungen (horrend!). (Man schätzte in den USA schon vor Jahren die Konsumentenausgaben ohne Gegenleistung auf rund 200 Mia. $ jährlich.)
– Wir arbeiten für einen Staatsapparat, der von Jahr zu Jahr mehr verschlingt. Je komplizierter ein Gebilde wie unsere Gesellschaft, desto mehr müssen wir arbeiten, nur um das Gebilde in Gang zu halten.
– Wir arbeiten für eine unsinnige Rüstung – wer weiss, wieviel?

Wenn man sich einmal solche Überlegungen macht, sieht man ein, dass man schon in den 20er Jahren errechnet hat, 20 Stunden Arbeit pro Woche würden völlig ausreichen.

Heute wären es keine zwei Stunden pro Tag – bei viel höherem ‹Wohlstand› als damals und ohne dass sich an unserem ‹Wohlbefinden› das Geringste im negativen Sinn verändern würde – im Gegenteil.

Ich war anfänglich völlig fasziniert, als ich vor einigen Jahren feststellen konnte, wie die Idee der individuellen Arbeitszeit bei den deutschen Arbeitgebern auf Interessse stiess. Ich hatte sogar Gelegenheit, das Prinzip der individuellen Arbeitszeit auf einer Vortragstournee in den deutschen Grossstädten vor vielen hundert Managern zu vertreten.

Das Prinzip hätte denn auch betriebswirtschaftlich für den Arbeitgeber nur Vorteile gebracht. Wenn einer damit Schwierigkeiten hat, dann ist sein Computer falsch programmiert oder der Organisationschef nichts wert. Denn die freie Arbeitszeit bringt dem Manager eine ungeheure Flexibilität, und zwar nicht nur zeitlich, sondern auch örtlich und fachlich. Die Arbeitsleistung sinkt keineswegs, sie steigt. Aber nicht, weil es befohlen ist, sondern weil der Arbeitnehmer mit einer ganz anderen Einstellung an die Arbeit herangehen kann, wenn er über deren Umfang und

Gestaltung selber befinden darf. Was brauche ich mich vor etwas zu drücken, dem ich mich ohnehin entziehen kann?
Am extremsten ist die Situation beim Kopfarbeiter: In dem (z. B.) einen Viertel einer Normalarbeitszeit, in der er arbeitet, liefert er nicht nur 25% seiner intellektuellen Leistung, sondern 100%. Wenn sich 4 Arbeitnehmer in die Kopfarbeitsstelle teilen, vervierfacht sich der intellektuelle Beitrag an das Unternehmen.
Aber bald musste ich merken, dass es den Managern einzig und allein um diese Vorteile für das Unternehmen und seine Rendite ging. Es ging nie um eine andere Einstellung dem Menschen und seiner Arbeit gegenüber. Vor allem ging es ihnen darum, die Forderungen der Gewerkschaften in Zusammenhang mit der steigenden Arbeitslosigkeit zu unterlaufen. Deshalb ist das Misstrauen auch verständlich, das dem Wohlwollen der Arbeitgeber in bezug auf die individuelle Arbeitszeit entgegengebracht wurde und auch heute noch wird.
Wenn die flexible Arbeitszeit lediglich eine Gegenmassnahme gegen die Gewerkschaftsforderungen einer 35-Stunden-Woche sein soll, dann verstehe ich das Misstrauen. Dann geht es eben nur um eine Kampfmassnahme, eine Anti-Forderung, und nicht um eine positive Neugestaltung der Arbeitswelt.
Wenn immer nur die wirtschaftlichen Vorteile der individuellen Arbeitszeit aufgezeigt werden, dann verstehe ich das Misstrauen. Dann geht es eben nur darum, aus der menschlichen Arbeitskraft eine noch beliebiger verfügbare Manövriermasse zu machen, statt dass der Mensch mit seiner Arbeitsleistung einen andern Stellenwert in der Wirtschaft erhalten würde.
Wenn man betont, mit der flexiblen Arbeitszeit die Marktwirtschaft nun endlich auch im Arbeitsbereich realisieren zu wollen, dann verstehe ich das Misstrauen. Dann tut man so,

als ob das freie Spiel von Angebot und Nachfrage optimale Verhältnisse hervorbringen würde. Man verdrängt auch hier die Machtfrage. Vor allem landet man bei der zynischsten aller Argumentationen: die menschliche Arbeitskraft sei zu teuer geworden. Sie müsse billiger werden, um mit den Robotern konkurrieren zu können. Soll der Wert eines menschlichen Arbeitslebens, die materielle Basis der Familien Ergebnis des Konkurrenzkampfes zwischen Mensch und Roboter sein? Soll die Marktwirtschaft sich derart pervertieren?

Die Arbeitgeber können das Misstrauen nur überwinden, wenn sie den Nachweis erbringen, dass es bei der flexiblen Arbeitszeit nicht darum geht, rein instrumentell das Problem der Arbeitslosigkeit entschärfen zu wollen, dass es ihnen nicht darum geht, einfach den gleichen Trick anzuwenden, wie im Konsumgütermarkt: «Es hängt alles vom Verbraucher ab. Wir Wirtschaft sind exekutiv. Wir erfüllen die Verbraucherwünsche.» Genauso kann man mit der flexiblen Arbeitszeit argumentieren. «Wir können nichts für die Arbeitslosigkeit. Wir sind auch hier nur Ausführende. Der einzelne muss sich eben mit seiner Arbeit bescheiden. Er muss Rücksicht nehmen auf die Kollegen. Vom einzelnen hängt es ab, ob jeder genügend Arbeit hat.» Die Arbeitgeber könnten das Misstrauen nur überwinden, wenn sie den Nachweis erbringen würden, dass es ihnen ernst ist mit einer grundlegend neuen Einstellung zum Begriff Arbeit und damit zum Menschen in dieser Wirtschaft.

Sie könnten das Misstrauen nur überwinden, wenn ihr Wohlwollen einherginge mit ganz konkreten Vorschlägen:
– Wie die Gesetze verändert werden müssten, damit der Arbeitnehmer nicht zur blossen Manövriermasse der Arbeitgeber verkommt, sondern dass der Arbeitnehmer mit flexibler Arbeitszeit die gleichen sozialen Sicherheiten hätte.

- Wie die Menschen- und Freiheitsrechte des Bürgers auch der Wirtschaft gegenüber sichergestellt werden könnten.
- Wie soziale Sicherheit und Arbeitsleistung getrennt werden könnten. Ohne Abkoppelung des Bereichs Sozialwesen vom Bereich Arbeit gibt es keine Lösung!
- Wie Diskriminierungen zwischen jung/alt, Frau/Mann, Ausländer/Inländer behoben werden könnten.
- Wie das Problem der materiellen Existenzsicherung des Menschen gelöst werden könnte. Jeder Kanarienvogel hat ein Recht auf das Leben, einfach weil es ihn gibt. Genauso jeder Goldfisch. Nur der Mensch nicht. Wäre ein garantiertes Minimaleinkommen für jeden Menschen nicht eine Selbstverständlichkeit in einer sich christlich nennenden Gesellschaft?
- Wie das ganze Lohnwesen neu strukturiert werden müsste, um die Wohlstandsverteilung vom Volumen der verfügbaren Arbeit zu trennen.
- Wie endlich die Hierarchisierung der Berufe überwunden werden könnte.
- Wie die Strukturen im Unternehmen beschaffen sein müssten, um die Arbeit selbstbestimmt zu gestalten.

Es wären eigentlich alles Vorschläge und Anträge, die von Gewerkschaftsseite zu erwarten gewesen wären. Aber nachdem sich die Gewerkschaften seit Jahrzehnten vor den Karren der Arbeitgeber haben spannen lassen, war hier ohnehin kaum etwas zu erhoffen. Arbeiterkampf war ursprünglich ein Kampf um Menschenwürde. Die materielle Existenzsicherung war ein Teil dieser Menschenwürde. Aber eben nur ein Teil. Es ging um viel mehr. Welche Chancen hätten für die Gewerkschaften darin bestanden, dem Begriff Arbeit einen anderen Inhalt zu geben! Es war eine Illusion. Auch die Gewerkschaftsführer sind das Ergebnis des Systems und seiner Massstäbe. Sie können sich nicht entziehen. Deshalb ist es auch völlig illusorisch, von den Arbeitnehmern eine andere Einstellung erwarten zu wollen.

Die individuelle Arbeitszeit, die vom einzelnen Menschen ausgeht, ist mit dem kapitalistischen Wirtschaftssystem nicht zu vereinbaren. Wenn der Mensch von seinen Bedürfnissen ausgeht, ist der Kapitalismus am Ende. Die heutigen Machtstrukturen funktionieren nur dann, wenn der Mensch unzufrieden ist, d. h., wenn er das Gefühl hat, noch mehr haben zu müssen. Es ist – in Anlehnung an Sartre – die Herrschaft des künstlichen Mangels.

Worum es geht, hat ein Mann in aller Deutlichkeit ausgedrückt, der nie in Verdacht käme, ideologisch nicht ‹zuverlässig› zu sein:

– Der Mensch ist auf Selbstverwirklichung ausgerichtet. Als Person ist der Mensch daher Subjekt der Arbeit.
– Die Arbeit ist für den Menschen da und nicht der Mensch für die Arbeit.
– Massstab für jede Arbeit ist die Würde des Menschen, der sie verrichtet.
– Man muss vor allem ein Prinzip in Erinnerung rufen: Das Prinzip des Vorranges der Arbeit gegenüber dem Kapital.
– Richtig kann eine Arbeitsordnung nur dann sein, wenn sie schon in ihren Grundlagen den Gegensatz zwischen Arbeit und Kapital überwindet. Mit anderen Worten: Der Kapitalismus muss überwunden werden. Die Selbstverwaltung ist in allen Bereichen, wo Arbeit geleistet wird, die einzige Möglichkeit.

Wer das gesagt habe? Der Papst, der heutige Papst in seiner Enzyklika zum Thema Arbeit!

Verständlich, dass diese Enzyklika totgeschwiegen wurde. Der Papst darf doch keine eigene Meinung haben. Seine Meinung gilt nur, wenn sie den wirklich Mächtigen passt.

Ein Jahr später: Ich habe die Chance, einen ganzen Tag mit

50 Priestern in einem Seminar über die gesellschaftliche und wirtschaftliche Problematik der heutigen Zeit diskutieren zu können. Ich bin froh, als Nicht-Katholik diese Enzyklika zitieren zu können.
Die Reaktion war für mich sensationell: Ein grosser Protest seitens der Priester. Nicht gegen mich, sondern gegen den Papst. «Solange der Papst in seinem eigenen Bereich das Gegenteil macht, ist er unglaubwürdig, wenn er Selbstverwaltung fordert.» Lügt der Papst? Oder kann er nicht anders, weil er selbst das Ergebnis hierarchischer Strukturen ist, oder weil die katholische Kirche als Institution nichts anderes zulässt?
Wieder ein Jahr später: Inquisition – ein Vertreter der südamerikanischen Befreiungstheologie muss in Rom antreten und Rechenschaft über sein Engagement für die Armen ablegen. Anschliessend ein Presse-Interview mit dem Theologen: Die katholische Kirche in Europa wird untergehen. Sie kann mit den heutigen Strukturen nicht überleben. Rom wird vielleicht noch Verwaltungszentrum bleiben. Aber die katholische Kirche wird weiterexistieren. Sie wird leben. Nicht als Institution. Aber wir, wir werden katholische Kirche, christlichen Glauben leben, einfach leben, hier in Südamerika, wo es um das Leben an sich geht.

Und du, gibt es für dich etwas anderes, als dich dem System zu entziehen? Dann bleibt dir nichts anderes übrig, als dich dem System bedingungslos zu unterwerfen – mit allen Konsequenzen, bis zum bitteren Ende.

Das bittere Ende ist die *totale Entmündigung.*
Du bist krank! Bilde dir ja nicht ein, du könntest einfach so leben. Bilde dir ja nicht ein, du könntest gesund leben, einfach so – du bist krank!
Es beginnt schon im Kindergarten. Das tägliche Tablettchen Fluor-Gift bringt dir doch bei: Du bist krank. Deine Zähne sind krank. Nimm die Tablette.
Es beginnt nicht erst im Kindergarten. «Es ist nie zu früh, dem Baby das Mineralwasser X zu geben. Ihr Blut nährt das Kind, lässt es leben.» Also schon das Ungeborene kommt ohne diese Hilfe nicht mehr aus. Es ist doch nicht anzunehmen, dass du ohne äussere Hilfe dich wohlfühlen könntest.
Du hast morgen Prüfung? Nimm doch ein Beruhigungsmittel. Deine Noten werden besser sein. Oder fühlst du dich schlaff vor der Prüfung? Dann nimm doch ein Aufputschmittel.
Und so geht es weiter: Verdauungsmittel, Schmerzmittel, Schlafmittel, Anregungsmittel – setz die Liste beliebig weiter fort. Du wirst realisieren, wie total medikalisiert unsere Gesellschaft ist. So geht es weiter bis zu all den Check-ups, Reihenuntersuchungen, Frühdiagnosen, die zwar nach den neuesten Untersuchungen nicht den geringsten Einfluss auf die Lebenserwartung haben, geschweige denn auf das Wohlbefinden. Aber sie züchten Hypochonder. Gesundheitsvorsorge ist in. Was hat denn dieses ganze Geschäft mit Gesundheitsvorsorge zu tun? Der Fitness-Unsinn geht ebenfalls davon aus: Dein normales Leben macht dich krank. Also musst du etwas machen, das dein krankes Leben kompensiert. Sind denn unsere Krankenkassen nicht typisch für die Situation? Man muss krank sein, damit die Kassen aktiv werden. Zwingen Krankenkassen dazu, krank werden zu müssen?
Unser ‹Gesundheitswesen› basiert auf der Krankheit. Unser Gesundheitswesen ist ein Krankenwesen. Das heu-

tige Gesundheitswesen ist ein Reparaturdienst. Ist es nicht paradox, dass wir die Güte eines Gesundheitswesens an der Zahl der Krankenbetten, der Ärzte usw. messen? Je mehr Krankenbetten und -häuser, je mehr ärztliche Eingriffe, je intensiver die Abfütterung der Bevölkerung mit Medikamenten, je mehr Psychopharmaka, desto besser das Gesundheitswesen eines Volkes.
Wenn man nicht von der Gesundheit ausgeht, sondern von der Krankheit, dann ist der einzelne, der krank ist, eine Selbstverständlichkeit. Damit geht man aber auch nicht mehr vom Menschen aus, der krank ist, sondern von der Krankheit. Die Krankheit an sich wird zum Wesentlichen, nicht der kranke Mensch. Der Kranke wird Objekt der Maschinerie Medizin – genau die gleiche Erscheinung, wie in allen anderen technologisch verwalteten Sektoren.
Eine weitere Konsequenz: In dem Moment, wo man davon ausgeht, dass die Krankheit die Selbstverständlichkeit ist, und nicht die Gesundheit, frägt man auch nicht nach der Ursache der Krankheit, weil Krankheit der Normalzustand ist. Medizin wird damit von vornherein zur Symptombekämpfung.
Ein simples Beispiel: Wenn wir die Millionen und Milliarden, die wir für die Erforschung des Krebses investiert haben, in den Kampf gegen die Verantwortungslosigkeit der Chemie-Manager investiert hätten, wären wir mit Bestimmtheit erfolgreicher gewesen.

Die Gesundheit bzw. Krankheit ist nur ein Beispiel von vielen. Es gilt ganz generell für die Einstellung der Wirtschaft dem Menschen gegenüber.
Du weisst doch nicht, was du mit deiner Freizeit anfangen sollst. Komm, wir zeigen dir, was sinnvolle Freizeitbeschäftigung ist.
Bist du sicher, dass du die sauberste Wäsche hast?

Weisst du, was ein sinnvolles Spielzeug ist?
Pass auf die Hygiene im Haushalt auf.
Du bist doch nicht fähig, selber zu leben.
Du kannst doch nicht einfach gesund sein.
Du kannst doch nicht einfach zufrieden sein.
Du kannst doch nicht einfach eine natürliche, selbstverständliche Beziehung zu deinen Kindern haben.
Du kannst doch nicht den Kindern überlassen, womit sie spielen wollen.
Du glaubst doch nicht, dass Tannzapfen und einige Holzstücke genügen!

Der zweite Schritt ist naheliegend:
Du bist krank – aber es macht nichts! Der ‹Grosse Bruder› ist da. Die grossartigen Fortschritte der Medizin und der Pharmaindustrie sorgen dafür, dass es dir gut geht.
Kau doch diese Tablette!
Schluck doch diese Pille!
Trink doch diese Tropfen!
Kau doch, schluck doch, trink doch, stich doch! Dann geht es dir wieder gut.
Wohlbefinden, Gesundheit, Glück werden zu einer Sache, die von aussen eingenommen werden kann. Glück wird materialisiert. Glück wird eine Sache des Konsums.
Gesundheit ist nicht mehr eine Angelegenheit des einzelnen, sondern der Wirtschaft und der Werbung. Wir werden in unserem Wohlbefinden gemanagt wie in allen übrigen Lebensbereichen auch.

Du bist krank! Du verstehst doch nichts von deiner Krankheit! Überlass es also uns, dafür zu sorgen, dass du nicht mehr krank bist.
Hör doch auf mit all deinen Problemen! Wir haben alles im Griff. Überlass es nur uns!

Es stimmt zwar, dass die Zuckerindustrie mit ihrer Werbung und Methode unsere Zähne kaputtgemacht hat. Na und? Dafür verkaufen wir dir Fluor.
Es stimmt zwar, dass die neurotischen Erkrankungen sprunghaft ansteigen. Na und? Dafür verkaufen wir dir Psychopharmaka.
Es stimmt zwar, dass die Lebensräume kaputtgemacht und zergliedert wurden. Na und? Dafür verkaufen wir dir ein Auto.
Es stimmt zwar, dass die Arbeit immer eintöniger wurde. Na und? Dafür verkaufen wir dir einen Fernseher.
Es stimmt zwar, dass du nicht mehr in der Nachbarschaft einkaufen kannst. Na und? Dafür verkaufen wir dir einen Tiefkühler.
Es stimmt zwar, dass die Umwelt brutal zerstört wird. Na und? Wir verkaufen dir eine Flugreise nach Kenya oder auf die Bahamas (are you big enough?).
Und was deine Kinder betrifft, so liefern wir dir gleich bei der Geburt eine Riesenschachtel mit lauter Gebrauchsanweisungen, was du zu tun, was du zu kaufen hast. Oder noch besser: wir machen es gleich für dich.

Das nennen wir dann *Dienstleistungsgesellschaft,* die fortschrittliche, moderne, nachindustrielle Gesellschaft. Du brauchst nichts mehr zu tun, wir tun alles für dich. Scheffle Geld, in irgendeinem Scheiss-Job, den Rest besorgen wir für dich, für dein Geld.
Selber tun – wozu denn auch?
Es käme darauf an, im eigenen Leben möglichst viel selber zu tun. Selbst-Tun ist einerseits die einzige natürliche Erfahrung, um in eine innere Beziehung zur Natur, zu den Tieren, den Pflanzen, den Bäumen, dem Wetter, dem Wasser, dem Material, der Luft, der Sonne, dem Regen zu kommen. Andererseits ist das Selbst-Tun Voraussetzung

des Selbstbewusstseins und des Selbstvertrauens, die mich für das Leben offen machen.
Dienstleistungsgesellschaft heisst, auch noch den letzten Rest an eigenem Tun an andere, an die Experten, die Fachleute zu übertragen.
«Die Brustdrüse (der Frau) ist... überflüssig geworden und wir könnten sie zur Vorbeugung gegen Brustkrebs schon vorsorglich beim Mädchen entfernen», wie ein Prof. Dr. med. et Dr. phil. in seinem noch heute anerkannten Lehrbuch über ‹Anatomie› vorschlägt. Nestlé liefert die Milch.
In der Ciba-Revue, der Hauszeitung des Ciba-Geigy-Konzerns, waren folgende Ziele der medizinischen Forschung aufgelistet:
– pharmazeutische Erzeugung von Furchtgefühlen: ab dem Jahr 2000 oder früher
– mit den gleichen Zeitangaben: Erzeugung von Halluzinationen, Hinauszögern des Erwachsenwerdens/Verlängerung der Kindheit
– Erzeugung oder Unterdrückung mütterlicher Verhaltensweisen
– Sichere, rasch wirkende Giftstoffe
Schon im nächsten Jahrzehnt rechnet man mit der «Dauerstimulation der Intelligenz».
Die totale Dienstleistungsgesellschaft ist dann erreicht, wenn du überhaupt nicht mehr aufzustehen brauchst. Alle nur denkbaren und undenkbaren Erlebnisse und Tätigkeiten werden durch Pharmazeutika und durch direkte Stimulation der entsprechenden Hirnzellen – unter völliger Ausschaltung aller Sinne – erzeugt. Du brauchst nur noch auszuwählen.

Hirngespinste? Nein. Wir sind auf dem Weg dazu. Schau dir doch die Fernseh-Zombies in ihren Fernseh-Sesseln an, wie sie auf ihren Fernbedienungsknöpfchen rumdrücken. Sie

sind geworden, was man aus ihnen machen wollte.
Denn der Anspruch der Herren, dir beibringen zu müssen, wie du dich zu verhalten hast, geht noch viel weiter: Wir sagen dir auch, wie du zu sein hast.
Die Werbung tritt wieder in Aktion.
Ich habe eine einzige Illustrierte durchgeblättert. Folgende Leitbilder beherrschen die gesamte Werbung: jung, hübsch, dynamisch, sportlich, gesellig, modern, gut gelaunt – Abenteuer, Frische, Männerfreiheit, Dynamik, Leistung.
Wenn jemand *nicht* so ist, so muss er sich krank fühlen. Man verstärkt damit beim einzelnen das Gefühl, krank zu sein, und gibt ihm gleichzeitig das Ziel vor, das er selbst ohnehin nicht erreichen kann, da dieses Ziel unmenschlich ist. Der Mensch ist nun einmal nicht ständig 70 oder 80 Jahre lang jung, dynamisch, modern und gut gelaunt. Der ‹Superman› ist typisch für unsere heutige Situation. Das ‹Super› würde zwar darauf hinweisen, dass es nicht dem Menschen entsprechen würde, sondern dass dieses Bild unmenschlich ist. Es wird dem Jungen aber als Idealbild vorgegeben. Damit verdrängen wir automatisch auch unsere Hinfälligkeit. Leiden und Krankheit müssen verdrängt werden, weil sie nicht den Anforderungen der Leistungsgesellschaft entsprechen. Die Festlegung darauf, wie man zu sein hat, geschieht ja nicht nach einem Menschenbild, sondern einzig und allein danach, wo das grösste Geschäft zu machen ist. Das Idealbild muss dem entsprechen, was normalerweise *nicht* ist.
Die Zigarettenwerbung ist dafür typisch. Sie basiert immer auf Situationen, die der Realität selten oder gar nie entsprechen, vielen Menschen aber als Wunschtraum vorschweben.
Die Werbung spielt
– nie am Arbeitsplatz, sondern immer in der Freizeit
– nie im Mehrfamilienhaus, im Betonblock, im Hochhaus,

sondern immer in der Villa, im Bungalow, oder gar in der Wildnis
- nie in der Stadt, sondern immer auf dem Land, in intakter Natur
- nie im üblichen Autoverkehr, im Stau, sondern immer im Zusammenhang mit Sportwagen und Luxus
- nie in einer Freizeit, in der man erschöpft und passiv vor dem Fernseher sitzt oder als Zuschauer auf der Tribüne ‹Sport treibt›, sondern immer in Situationen voller Aktivität, Abenteuer, Dynamik
- nie im Alltagstrott des Ehelebens oder einer eingefahrenen Freundschaft, sondern immer umgeben von strahlenden, attraktiven jungen Frauen

Die Assoziation Rauchen/Traumwelt ist naheliegend.

Völlig unerträglich ist, dass die Werbung den *normalen Bürger,* den *normalen Menschen* schafft.
Denn erst dadurch, dass festgelegt wird, was normal ist, ergeben sich die Nicht-Normalen, Ab-Normalen, Anders-Artigen, Ab-Artigen, Ent-Arteten.
Wie klein der Schritt zur Forderung ist, das Ent-Artete zu beseitigen, wissen wir aus jüngster Erfahrung.
Erst mit dem Begriff des ‹Normalen› schaffen wir die Randgruppen unserer Gesellschaft, während eine gesunde Gesellschaft sie gar nicht kennen würde, weil jeder einzelne Mensch als Individuum in der Gemeinschaft akzeptiert und integriert wäre.
Wie kurios der Begriff des ‹Normalen› ist, wurde mir wieder bewusst, als in der Presse eine grosse Reportage über die Schweizer Normalfamilie publiziert wurde. Den Kriterien der Normalfamilie entsprach aber nur ein Drittel aller Haushalte. Hätte man daraus nicht die Konsequenz ziehen müssen, dass zwei Drittel der Haushalte eben die Normalen sind, das heisst jene überwiegende Mehrzahl von Haushal-

ten, die sich nicht in ein Schema pressen lassen?
Der Begriff des ‹Normalen› ist ein anderer Ausdruck für die Quantifizierung, Materialisierung des Begriffs Glück.
Wer hat sein Normalgewicht? Also Körpergrösse in Zentimeter minus 100 minus 10% = erwünschte Kilos? Oder neuerdings noch unter Berücksichtigung der Ellbogenweite? Ist es dir wohl dabei? Vielleicht, aber ist das nun tatsächlich dein Idealgewicht? Wäre das Idealgewicht nicht dasjenige, bei dem es dir am wohlsten ist? Übertragen auf die Gesundheit ganz allgemein: Ich bin doch nicht dann gesund, wenn andere mir sagen, ich sei gesund. Oder wenn die ärztlichen Instrumente jene Werte anzeigen, die dem Normalen entsprechen.
Normales kann höchstens Durchschnitt sein. Wahrscheinlich kennst du den Spruch: Halte den einen Fuss in eiskaltes Wasser von 1°C, den anderen in Wasser von 70°C, dann hast Du einen herrlichen Durchschnitt von 35°C. Ist es dir wohl dabei?
Ich bin doch gesund, wenn ich mich gesund *fühle*. Gesundsein ist eine Sache der persönlichen Empfindung. Sich gesund fühlen würde also heissen, dass die Wirklichkeit mit meinen körperlichen und seelischen Bedingungen übereinstimmt. Gesundheit ist damit nicht nur eine Frage des individuellen Zustandes, sondern eine Folge sozialer Gegebenheiten wie Umwelt, sinnvolle Arbeit, Geborgenheit, Gemeinschaft.
Eine *Durchschnittszahl* sagt überhaupt nichts aus. Durchschnitt ist meist eine gigantische Lüge. Er dient der Verschleierung der Realität.
Was soll
- eine Durchschnittszahl von 50% kranken Bäumen, wenn die für das unmittelbare Überleben von Tausenden von Menschen entscheidenden Bannwälder zu 100% kaputt sind?

- eine durchschnittliche Luftbelastung innerhalb der Toleranzgrenzen, wenn Kleinkinder, ältere Leute und Asthmatiker kaum mehr atmen können?
- eine durchschnittlich notwendige Kalorienzahl, wenn ich kein Standard-Mann bin, also: «gesund, etwa 70 kg, ungefähr 30 Jahre alt, mit geringer körperlicher Aktivität»?
- ein durchschnittliches Vermögen pro Einwohner, das beachtlich ist, wenn weniger als 2% der Bevölkerung zusammen gleichviel Vermögen haben wie die restlichen über 98%?

Worum es beim Begriff des Normalen wirklich geht, lässt sich leicht am Beispiel des Intelligenzquotienten aufzeigen. Da kam irgendeinmal ein Herr E in London (oder vielleicht war es zuerst ein Herr X in Berlin) auf die Idee, auch die Intelligenz des Menschen messen zu müssen. Nun entwickelte der Herr X oder E eine frei erfundene Skala. Wer in dieser Skala einen Quotienten (IQ) 100 hat, ist normal. Alle über 100 sind besonders intelligent bis genial, alle unter 100 sind nicht besonders intelligent, gar dumm bis abnormal.

Naheliegend war, dass die Skala die Intelligenz des Erfinders in besonders rosigem Licht erscheinen liess – er wollte schliesslich nicht als Dummkopf gelten.

Es geht selbstverständlich nicht um die Person des Herrn E oder X oder wessen auch immer, sondern um die Intelligenz des weissen Mannes. Mit dieser Art zu denken, massten wir weissen Männer uns an, die ganze Menschheit messen zu können.

Und schon hat man festgestellt, die Frauen hätten einen IQ von weit unter 100 – sie seien also nachgewiesenermassen dem Mann unterlegen. Vom IQ der Farbigen zu sprechen, war fast schon peinlich. Und die wollen Gleichberechtigung mit dem weissen Mann?

Zum Glück haben die Frauen und die Farbigen eine andere

Intelligenz als der weisse Mann! Eine Intelligenz, in der Vorstellungsvermögen, Intuition, Fantasie eine wichtigere Rolle spielen als die Computer-Rationalität des weissen Mannes. Aber der IQ bestimmte die Normalität, bestimmte die Norm, die entscheiden sollte. Nur darum geht es: dass jemand die Normen festlegt, an denen wir gemessen werden. Und die Normen kann nur festlegen, wer über die Macht und die Mittel verfügt, um die Normen auch durchsetzen zu können. Damit ist jede Norm in sich schon strukturelle Gewalt.
Willst du wirklich normal sein, den Normen entsprechen, die andere bestimmt haben? Willst du nicht abnormal sein?

Der Begriff des ‹Normalen› hat im Zusammenhang mit künstlicher Befruchtung und pränataler Diagnostik bereits ungeheuerliche Ausmasse angenommen. Männer mit Hakennasen kommen als Samenspender nicht in Frage. Sie sehen nicht ‹normal› aus. Die Maturität ist Ausweis einer intellektuellen ‹Normalität›. Sie ist Voraussetzung, um seinen Samen verkaufen zu können. Was die Erziehung nur psychisch geschafft hat – den Menschen zu normieren –, bringen die heutigen Formen der Eugenik auch beim Körper zustande. Ist es nicht bezeichnend, dass sich der berüchtigte Zürcher ‹Erziehungsdirektor› vehement für die pränatale Diagnostik zur Verhütung von ‹erbkranken Kindern› einsetzt? Wann ist der Fötus nicht ‹normal›? Mongoloid? Wasserkopf? Blind? Gehörlos? Hasenscharte? Erziehung und Eugenik – sie gehen Hand in Hand. Warum nicht gleich wieder die Lebensborn-Ordensburgen der Nazis, wo der Mensch konsequent dem Zuchtvieh gleichgestellt worden war?

Es ist unheimlich schwierig, sich dem Zwang der Werbung

zu entziehen. Schliesslich sind es beste Psychologen, die sich im Werbebordell verkaufen.

Nicht umsonst setzt die Werbewirtschaft beim Kind an. Es gilt, den Menschen so früh wie möglich auf das Prinzip ‹Leben ist Konsum› zu trimmen.

In den siebziger Jahren beschloss der Dachverband der Deutschen Werbewirtschaft, direkten Einfluss auf die Schulen zu nehmen. «Die Entscheidung über die Zukunft von Werbung und Marketing im letzten Viertel dieses Jahrhunderts fällt im Klassenzimmer... Eigene Materialien (der Werbewirtschaft) müssen den labilen Zustand in den Schulen überbrücken helfen.»

Vor kurzem konnte die Werbewirtschaft mit Genugtuung feststellen, ihre Aktivitäten seien erfolgreich gewesen. Die kritische Haltung sei fast durchwegs einer positiven Haltung gewichen. Und die Lehrer merken es nicht einmal.

Ich bin für einige Tage bei einer Lehrergruppe in der Pfalz eingeladen. Sie hätten am Samstag keine Zeit, sagten sie, bekanntlich finde dann der Welt-Spar-Tag statt. Auf meine erstaunte Frage, was das denn sei, hiess es, an diesem Tag veranstalten doch die Sparkassen alle möglichen Anlässe für die Schüler. Überall fänden Schülerfeste statt. Da seien sie als Lehrer natürlich voll dabei. Ich erfahre, dass jeder Schüler in der Schule eine Sparkasse hat, geliefert von der Bank. Jedes Jahr kommt ein Vertreter von der Bank, öffnet die Kassen, um den Inhalt auf ein Konto zu übertragen. Dabei wird der Gewinner gefeiert. Gefeiert wird, wer am meisten Geld hat.

In welcher Welt leben solche Lehrer, die von der simplen Vorstellung ausgehen: sparen an sich ist sinnvoll. Also machen wir mit. Merken die denn nicht, dass es in erster Linie ums Geldverdienen und Geldhaben geht? Dass du in deinem Leben so viel Geld wie möglich verdienen musst, statt so wenig wie nötig? Dass möglichst viel Geld zu haben

bedeutet, Gewinner zu sein? Dass man ein Bankkonto haben muss? Dass die Bank dein Freund und Helfer ist? – nicht eine der hinterhältigsten Institutionen, die man sich hat ausdenken können!
Ob in der Schule Fluor-Zahnpasta abgegeben wird, ob die Zürcher Schulen einen Wettbewerb veranstalten «Das Auto – nützlich und nötig», ob Stundenpläne, Lehrmaterialien, Waldlehrpfade, Planetenwege oder was auch immer von der Werbung missbraucht werden, um den Schülern ein bestimmtes Konsumverhalten beizubringen: Merken die Lehrer wirklich nicht, wozu sie sich hergeben? Sind sie selber derart verkonsumiert?
Wen erstaunt es, dass es der Werbewirtschaft mit solchen Methoden gelingt, die Kinder voll auf Konsum einzutrimmen?
Nicht umsonst hat der Kinderkonsum unfassbare Ausmasse erreicht. Einige Zahlen, die allerdings schon mehrere Jahre zurückliegen:
- 150 Millionen Franken in der Schweiz durch Kinder ausgegeben
- 62 Milliarden DM in der BRD von Erwachsenen für Kinder ausgegeben
- 200 Millionen Franken in der Schweiz für Spielsachen ausgegeben, bei 20 000 verschiedenen Spielzeugartikeln.

Die unmittelbare Beziehung zwischen Kind und Konsum hat die vielfältigsten Formen angenommen:
- Kinder sind aktuelle, direkte Konsumenten.
  Für die Werbestrategen offenbar eine ziemlich schwierige Zielgruppe. «Mehr als 1 Milliarde DM locker sitzendes und frei verfügbares Taschengeld wandert jährlich, meist für Süssigkeiten und Erfrischungsgetränke, aus kindlichen Händen über die Verkaufstheken. Die Milliarden freilich müssen von Handel und Herstellern hart erkämpft werden. Die kindliche Kundschaft ist wankel-

mütig und wechselwütig, dass es die Langfrist-Strategen in den Marketing-Etagen graust.» So eine Marketing-Zeitschrift in der BRD.
- Kinder sind künftige Konsumenten. «Kinder sind die erwachsenen Konsumenten von morgen. Wie man sie heute behandelt, so werden sie in Zukunft reagieren.»
- Das Kind ist indirekter Konsument, indem es nicht selber kauft, sondern andere für das Kind kaufen. Die Werbung richtet sich jedoch weitgehend an das Kind.
Sie hämmert dem Kind ein, seine Mutter müsse ihm unbedingt das Produkt X kaufen, damit es richtig ernährt sei. Nur das Waschmittel Y garantiere ihm die sauberste Wäsche. Das Spielzeug Z sei unentbehrlich, wenn es sich richtig entwickeln solle. Saubere Zähne seien ohne die Marke U nicht möglich. Richtig gesund könne man sowieso erst sein, wenn das Getränk V regelmässig eingenommen werde usw. Und wenn die Mutter alle diese Produkte *nicht* kauft? Wenn der Vater wütend wird, wenn das Kind all das auch noch haben will? Weshalb kaufen mir die Eltern nicht, was ich doch haben *muss*?
Die ‹gute› Werbung, die dem Kind schmeichelt; die ‹bösen› Eltern, die dagegen sind.
- Das Kind wird benützt, um den Konsum der Erwachsenen in eine bestimmte Richtung zu lenken. Zugaben sind für Kinder bestimmt. Sie verlangen, dass der Erwachsene das betreffende Produkt kauft. Der Sammeltrieb des Kindes wird ausgenützt, wobei Punktesammeln für irgend ein Bilderbuch wohl noch relativ harmlos ist.
- Das Kind wird als wandelnde Werbesäule missbraucht. Lediglich ein Beispiel: Vor einigen Jahren wurde bekannt, dass
  - die Schweiz. Bankgesellschaft 250 000 T-Shirts
  - die Schweiz. Kreditanstalt 150 000 Ski- und 150 000 Velo-Mützen

- und der Schweiz. Bankverein 30000 Windjacken an Kinder abgegeben hatten.
  Wobei es die Werbung heute sogar ganz allgemein zustande gebracht hat, dass die Werbesäulen für die Plakate bezahlen.
- Das Kind dient in Inseraten, auf Plakaten, in TV-Spots als Träger einer Werbebotschaft, was längst schon wieder zu einem eigenen Geschäft geworden ist.
  «Unsere Agentur verfügt über eine sehr grosse Anzahl von zuverlässigen Statisten und Kleindarstellern aller Art – vom Baby bis hin zur Oma, Hunden, Katzen und Kanarienvögeln inklusive.» In der Preisliste wird unterschieden zwischen «Kleindarstellern normal» zu festen Ansätzen und «Kleindarstellern aussergewöhnlich» – nach Vereinbarung.

Bei allen Formen der Beziehung Kind und Konsum geht es darum, das Kind auf die Grundprinzipien der heutigen Wirtschaft einzustimmen. Eine Management-Zeitschrift fordert denn auch generell eine bessere Wirtschafts-Erziehung in den Schulen. «Manche Länder sind uns da erheblich voraus. Vor allem in Japan und in den USA beginnt die ökonomische Erziehung schon im Kindergarten und begleitet die Bürger durchs ganze Leben. In den USA ist Wirtschaft sogar wesentlicher Teil des Freizeitvergnügens.» Da gibt es schliesslich ein Money-Center als Dauerausstellung mit Flipperkasten zur frühzeitigen ‹Selbsterfahrung› von Geld. Da stellt sich schliesslich ein Enterprise-Square als Disneyland für Wirtschaftsbürger vor.
- Im Konkurrenzsystem ist der als Konsum ausgewiesene materielle Wohlstand Beweis dafür, Gewinner zu sein. Für den Versager ist Konsum Kompensation seines angeblichen Unterlegenseins.
- Das Prinzip des Eigennutzes, ohne das die Konkurrenz-

wirtschaft nicht funktionieren würde, verlangt nach möglichst viel Konsum, ohne danach zu fragen, ob der Konsum nicht zu Lasten von etwas oder jemand anderem geht.
- Das Markt-System verhindert das Selber-Tun. Füreinander, miteinander hat keinen Marktwert. Möglichst viel von anderen machen lassen, erhöht das Bruttosozialprodukt. Auch hier wieder die Wechselwirkung: Die Konsum-Mentalität des Marktprinzips führt zur Entfremdung. Die Entfremdung bewirkt Passivität – Voraussetzung des Immer-mehr-konsumieren-müssens.
- Die Massenproduktion erfordert den standardisierten Geschmack, die Nachfrage des Normal-Konsumenten. Dem Normal-Sein-Wollen entspricht die Konformität. «Auch ich will einen Wagen, auch ich fahre in den Urlaub, auch ich habe eine teure Stereo-Anlage, auch ich trage den letzten Schrei. Ich gehöre dazu, ich bin ‹in›.»
- Unser ganzes Gesellschaftssystem ist ohne Streben nach Besitz, ohne das Prinzip des Privateigentums, nicht denkbar. Das Leben ist Haben, das Leben ist käuflich.

Aber man kann immer nur die Schale kaufen, nie den Inhalt:
- Du kannst ein Bett kaufen, aber niemals Schlaf
- Du kannst ein Haus, ein Grundstück kaufen, aber niemals Heimat
- Du kannst ein Wohnzimmer kaufen, aber niemals Geborgenheit und Geselligkeit
- Du kannst ein Auto kaufen, aber niemals Unabhängigkeit
- Du kannst eine Frau – oder einen Mann – kaufen, aber niemals Liebe.

Man wird dir suggerieren, du müsstest nur die Schale besitzen, dann hättest du auch den Inhalt. Dies ist wahrscheinlich die schlimmste Wirkung der Werbung: Schon dem Kind wird suggeriert, seine gesamte Gefühlswelt sei eine Frage des Konsums.

Die Werbung verkauft keine Ware, sie verkauft immer Gefühle. Man bietet nicht eine Seife an, sondern «Wilde Frische», nicht Zigaretten, sondern «Weite Welt», nicht Jeans, sondern «Freiheit», nicht Alkohol, sondern «Liebe», nicht ein Waschmittel, sondern «Zärtlichkeit» (Schmusewolle!). Und sogar unsere liebe Post will dem Jungen plausibel machen, er brauche lediglich ein Postcheck-Konto, und schon könne er sich erwachsen fühlen.

Man suggeriert ununterbrochen, man müsse nur alle möglichen Produkte und Dienstleistungen kaufen, um sich bestimmte Gefühle oder bestimmte Zustände zu verschaffen. Gefühle und Zustände werden zu einer Sache des Konsums, man kann Gefühle kaufen, man kann sie einnehmen.

Man kehrt Ursache und Wirkung um. Selbstverständlich kann ein bestimmter Konsum oder der Kauf eines bestimmten Produkts ein Gefühl verstärken oder einer momentanen Situation entsprechen. Es ist klar, dass ich in den Ferien oder in der Freizeit keinen Smoking tragen will. Dann entsprechen Jeans meiner Situation. Oder wenn ich Sport treibe, will ich mich nicht mit einer schweren spanischen Seife waschen, oder wenn ich erwachsen bin, ist meist ein Postcheck-Konto etwas Sinnvolles. Aber man macht mit der Werbung vor, es sei genau umgekehrt: Die Ware mache das Gefühl, die Situation aus.

Ein Universitätsinstitut (Saarbrücken), das sich auf Konsumenten-Beeinflussung spezialisiert hat, fordert von der Wirtschaft ‹erlebnisbetonte Marketing-Strategien›, um ‹in gesättigten Märkten› die Umsätze steigern zu können. In der Fachsprache tönt das so: «Wir haben uns bei den Gütern des täglichen Bedarfs wie Seife oder Bier daran gewöhnt, dass die emotionalen Konsumerlebnisse die Kon-

sumentenpräferenzen stärker bestimmen als die objektiven Produktmerkmale... Eine solche erlebnisbezogene Präferenzbildung ist auch auf den gesättigten Märkten für Gebrauchsgüter, vom Toaster zum Auto, zu erwarten... Die Produkte entwickeln sich in zunehmendem Masse zu Medien für die emotionale Stimulierung und für die emotionale Ersatzbefriedigung des Konsumenten.»
Wenigstens auch hier ehrlich: es geht um eine blosse Ersatzbefriedigung!

Aber jetzt schwärmen sie von der kommenden *Kommunikationsgesellschaft*, vom Weg in die *Informationsgesellschaft*, sprechen gar von *ökologischem Zeitalter,* oder – als Höhepunkt – von der kommenden *Kulturgesellschaft.*
Es war kurz nach der Einweihung des ICC, des Internationalen Kongresszentrums Berlin. Ich habe an einer Podiumsdiskussion teilzunehmen. Ich kämpfe mich durch einen grauenvollen Verkehrslärm und -gestank zu einem Gebäude vor. Das Gebäude wirkt in seiner Eiseskälte – lauter Stahl und Beton – wie ein gigantisches Schlachtschiff, derart unnahbar ist es. In der Eingangshalle habe ich mich zuerst an einen Informationsschalter zu wenden, um zu erfahren, welches der für mich zuständige Informationsschalter ist. An der Garderobe erhalte ich eine vierstellige Garderobennummer. Mit irgendwelchen elektronischen Hinweisen und über unzählige Rolltreppen werde ich schliesslich zu einem Saal geführt. Das Gebäude nennt sich das modernste *Kommunikationszentrum* Europas. Ebenso gigantisch wirkt der Saal. Die Teilnehmer kleben wie an Felswänden, damit jeder freie Sicht aufs Podium hat. Die Distanzen werden dadurch so weit, dass es unmöglich ist, vom Podium aus noch einzelne Gesichter zu erkennen. Dafür ist jeder Sitzplatz mit modernster *Kommunikationstechnik* ausgestattet. Da man unsere Gesichter wegen der Distanz auf dem Podium auch nicht sehen kann, werden wir auf eine riesige Leinwand übertragen. Meine Gesprächspartner sind neben den üblichen Politikern wie Glotz und Leisler Kiep, die als *Kommunikationspäpste* gefeierten Mohn und Burda sowie der unvermeidliche Johannes Gross. Das Thema lautet *Kommunikation als Mittel gesellschaftlicher Steuerung.* Die Teilnehmer im Saal sind Vertreter von Werbefirmen, die sich *Kommunikationsberater* oder gar *Kommunikatoren* nennen. Und das ganze segelt unter dem Titel: Erster Deutscher *Kommunikationstag.*

Was ist denn eigentlich Kommunikation? Es liegt bereits im Wort drin. Ohne Kommunikation gibt es den Menschen nicht. Ich kann nicht in der Isolation ich sein, ich kann nicht für mich allein Mensch sein. Ich kann nur Mensch sein im Miteinander mit anderen Menschen. Es ist die Gegenseitigkeit, die Gemeinsamkeit, die mich zum Menschen macht. Dieses Gegenseitige, dieses Gemeinsame ist Kommunikation. So wie sich mein Wille nur an einem anderen Willen formen kann, kann sich meine Persönlichkeit nur an einem anderen Menschen formen. Kommunikation ist Voraussetzung des Menschseins. Jeder menschliche Kontakt ist Kommunikation. Kommunizieren heisst austauschen, heisst, meinen Mitmenschen fühlen zu können, heisst Kontakt haben mit meinem Mitmenschen. Mit meinem Mitmenschen austauschen kann ich jedoch nur über meine fünf Sinne. Voraussetzung jeder Kommunikation ist meine Fähigkeit, meine fünf Sinne gebrauchen zu können. Ich muss aber auch in der Lage sein, meinen Empfindungen Ausdruck geben zu können, meine Sinnlichkeit weitergeben zu können. Und als drittes muss ich objektiv in der Lage sein, mit meinem Mitmenschen austauschen, mit meinem Mitmenschen zusammen meine Sinne gebrauchen zu können. Es sind die gleichen Voraussetzungen wie für das Verstehen, das Begreifen.

Vergleichen wir echte Kommunikation mit dem ICC. Allein schon das Gebäude: ein solches Zentrum als Stätte der Kommunikation bezeichnen zu wollen, ist Unsinn. Je grossräumiger, technischer, organisierter, perfekter die sogenannte Kommunikation, desto mehr schliesst sie sich selber aus. Technische Installationen wie Lautsprecher, Eidophor-Anlagen, Kopfhörer, Mikrophone, Computer als Kommunikationsmittel zu bezeichnen, ist ein noch grösserer Unsinn. Je mehr Technik zwischen mich und meinen Mitmenschen zwischengeschaltet ist, desto weniger ist Kommunikation möglich. Kommunikation als Mittel gesellschaftlicher Steuerung bezeichnen zu wollen, ist nun ein noch viel grösserer Unsinn. Entweder will ich kommunizieren, oder steuern. Wenn ich mit meinem Mitmenschen kommunizieren will, dann darf ich ihn nicht steuern wollen. Wenn ich ihn steuern will, will ich ihn manipulieren. Und das dann als Kommunikation bezeichnen zu wollen, ist ein Hohn. Der gleiche Hohn ist es, nun einzelne Menschen als Experten auf dem Gebiet der Kommunikation bezeichnen zu wollen. Wenn ich an Experten glaube, wenn ich mich nach dem Urteil von Fachleuten richte, dann kommuniziere ich nicht. Genauso wenig lässt sich Kommunikation organisieren. Aber dieser Möglichkeit liegt offenbar der Gedanke eines Kommunikations-Tages zugrunde.

Wenn sich Werbemanager als Kommunikationsberater bezeichnen, dann ist das nicht mehr Unsinn, nicht mal mehr Unfug, es ist schlicht und einfach Scharlatanerie. Der Werbeberater tut zwar so, als ob er informieren wolle. Was er wirklich macht, ist Manipulation. Er wendet alle möglichen Tricks an, um mich zu einem Verhalten zu bringen, das ich von mir aus nicht möchte, das mir nicht entspricht, sonst würde es ja die Arbeit dieses Werbe-‹Beraters› nicht brauchen. Um nun das Mass voll zu machen, bezeichnet man sich nicht nur als Kommunikationsberater, sondern als Kommunikator. «Weil Kommunikation die entscheidende Grundlage menschlicher Existenz ist, ist die Rolle des Kommunikators eine der verantwortungsvollsten, die die Gesellschaft zu vergeben hat», so ein sogenannter Werbewissenschaftler. Man tauft sich um, man usurpiert einen Begriff, und schon wird man zum Träger dieser Gesellschaft. Aber mit diesem Anspruch, eine wichtige, ja, die entscheidende Rolle in unserer Gesellschaft zu spielen, ist nun auch der Anspruch verbunden, über unsere Gesellschaft zu entscheiden.

Die Werbung wird zu einem Grundpfeiler unserer freiheitlichen Gesellschaftsordnung. «Kommunikation kennt nur solange keine Grenzen, solange wir ein freiheitliches Leistungssystem haben», meinte der Präsident eines deutschen Werbevereins. Man darf nicht einmal an der Lauterkeit der Werbung zweifeln, ohne in den Verdacht der Subversion zu kommen. Wenn jemand von der Macht der Werbung und ihren Beeinflussungsmöglichkeiten spreche, dann wisse man, aus «welcher Ecke» er komme. «Die Grundlage all dieser Argumente ist die sozialistische Verachtung der menschlichen Intelligenz – nur wer die Intelligenz des Bürgers für verächtlich hält, schafft die ideologische Grundlage zu dessen Bevormundung.» So ein bekannter, inzwischen verstorbener Schriftsteller, dessen Lobhudeleien auf die Wirtschaft und deren Exponenten geradezu penetrant waren. Er verstieg sich gar zu der bizarren Äusserung: «Werbung ist immer Kommunikation. Sie setzt das Gespräch von Mensch zu Mensch voraus... Die Kommunikation der Werbung ist mit einer Bitte verbunden. Der Werbung wohnt etwas Demütiges inne; wenn ich nicht werben würde, würde ich befehlen.»
Wie wenn es nicht das Ziel der Werbung wäre, mein Unterbewusstsein mit dem ganzen Spektrum der Psychologie derart zu beeinflussen, dass ich zwar an meinen freien Willensentscheid glaube, jedoch nichts anderes als einen Befehl erhalten habe. Ziel der Werbung ist Unterwerfung unter den Willen des Werbenden. Selbstverständlich weiss auch der ehrliche Werbeberater, dass er nichts anderes ist als ein Strichjunge dieser Wirtschaft. Er verkauft zwar nicht seinen Körper, sondern, viel schlimmer, sein ganzes Wissen, seine Ideen, seinen beruflichen Einsatz, sogar den grössten Teil seines Privatlebens für jeden, der ihn entsprechend bezahlt.
Welcher Werbeberater hat denn schon einmal den Etat

eines Grosskonzerns abgelehnt, weil er den Zweck der Werbung nicht verantworten konnte. Vielleicht gibt's ein paar weisse Schafe – Ausnahmen. Hat man uns denn nicht im Studium beigebracht, Werbeaufträge seien vom Werbeberater nicht auf deren Inhalt zu überprüfen. Werbung sei Business, nichts anderes. Ich erinnere mich an die Fallstudie: Vor einer Volksabstimmung in der Schweiz wurde festgestellt, dass 70% der Stimmberechtigten die Vorlage ablehnten. Der Dozent schildert uns seine werblichen Massnahmen, die schliesslich dazu führten, dass 70% der Stimmenden die Vorlage befürworteten. «Ich persönlich habe selbstverständlich Nein gestimmt. Die Vorlage war ein Unsinn.» Vom gleichen Dozenten stammt der Ausspruch: «Gebt mir genügend Geld, und ich mache aus einem Sack Kartoffeln einen Bundesrat (Bundesminister)» – auch wenn er den Ausspruch später nicht mehr wahrhaben wollte. Und dieser Dozent galt als *der* führende Werbemann Europas. Er starb vor wenigen Jahren. Wen wundert's, dass schliesslich auch seine Beerdigung nichts anderes war als eine attraktive Werbeshow.

Aber wer von diesen Herren will denn schon zugeben, dass er ein Strichjunge ist und nichts anderes? Schliesslich gehört man zur staatstragenden Schicht, zur Prominenz des Geldadels und sitzt im Zentrum des politisch-industriell-militärischen Filzes. In der Schweiz werden nicht nur die meisten Politiker von Werbebüros gemacht, sondern auch der Staatsschutz. Die Aufstöberung, Registrierung, Diffamierung und Eliminierung angeblicher Staatsfeinde liegt in den Händen eines Werbebüros. Sogar die Zwei- und Dreisterngeneräle unserer Armee werden von einem Werbebüro gemanagt. (Der Generalstabschef der Schweizer Armee wurde gefragt, ob die Atomkraftwerke bei deren Zerstörung im Kriegsfall nicht wie Atombomben wirken könnten. «Wir werden die Kriegshandlungen von den AKWs fernhal-

ten», war seine Antwort. Ein solcher Unsinn wird erst erklärlich, wenn man weiss, dass das gleiche Public-Relations-Büro, das den Generalstabschef ‹machte›, gleichzeitig die Atomlobby der Schweiz betreut.)
Die Hochstapelei der Werbeberater mit dem Begriff Kommunikation ist lediglich ein Extrem. Fast nichts, was in dieser Gesellschaft mit Kommunikation bezeichnet wird, hat mit echter Kommunikation etwas zu tun.
Elementarste Anforderungen an eine echte zwischenmenschliche Kommunikation wäre die Gemeinschaft. Alle kommunizierenden Menschen stehen auf der gleichen Stufe. Blosse Gegenseitigkeit ist nicht genug. Aber in welchen Lebensbereichen haben wir denn eine nicht-hierarchische Struktur? Wo haben wir denn eine echte Gemeinschaft? Wo gibt es kein Oben und Unten? Solange es ein Oben und Unten gibt, existiert keine echte Kommunikation.
In der Wirtschaft genügt für die Gegenseitigkeit oder Zweiseitigkeit die Tatsache, dass der andere reagiert. Die Reaktion ist das Entscheidende, nicht das, was der andere wirklich will. Die betriebliche Kommunikation wird zwar unterschieden von der reinen Informationsübermittlung. Der einzige Unterschied besteht jedoch in der Forderung nach Rückkopplung. Damit besteht noch lange keine Gegenseitigkeit, noch lange keine Gemeinsamkeit.
Klarer könnte man es nicht mehr ausdrücken, als es in einem Lehrbuch innerbetrieblicher Kommunikation geschieht: «Eine Voraussetzung für erfolgreiche Kommunikation ist die Rückkopplung mittels Fragestellung und Diskussion... Eine sture Wiederholung ist natürlich sinnlos. Besser wäre, wenn der Empfänger den Befehl (!) sinngemäss in seiner eigenen Wortwahl wiederholte.» Hier geht es nicht einmal um Reaktion, sondern nur um die Kontrolle, ob der Befehl von oben richtig verstanden worden ist.

Das Zitat ist extrem. Es bleibt aber dabei. Man kann sich brüsten damit, wie man will, es gehe einem um die Gegenseitigkeit. Es bleibt beim Sender und dem Empfänger, weil der Zweck immer unternehmensbestimmt ist. So spricht denn auch die Kommunikationstheorie von vier Elementen, die erfüllt sein müssen, damit man von echter Kommunikation sprechen könne. Es müssen ein Sender, ein Empfänger und eine inhaltlich bestimmbare Botschaft gegeben sein, und ferner müsse der Effekt aufgrund des Empfangs feststellbar sein. Allein die Tatsache, dass alle vier Elemente der Kommunikation rational erfassbar und bestimmbar sind, sollte einen stutzig machen, wenn man sich bewusst ist, was Kommunikation wirklich ist.

Ein Vergleich mit dem Delegationsprinzip in der Wirtschaft drängt sich auf. Man gibt sich zwar partnerschaftlich: Man delegiere schliesslich seine Verantwortung und seine Kompetenzen. Dabei geht es genauso feudalistisch zu und her, wie in jedem anderen hierarchischen System. Das Oben bestimmt darüber, was zu delegieren ist, was man abzugeben bereit ist. Das Oben bestimmt andererseits die Pflichten, die der Untere zu erfüllen hat. Vor allem bestimmt der oben darüber, was der unten überhaupt wissen darf, damit die Macht des Oberen nicht gefährdet wird.

Genau gleich verhält es sich mit der angeblichen Gegenseitigkeit im Bereich der innerbetrieblichen Kommunikation. Art, Umfang, Zeitpunkt der Information werden nur von einer Seite, immer nur von oben bestimmt. Innerbetriebliche Kommunikation dient nicht der Zwischenmenschlichkeit der Gemeinschaft, sondern der Produktionssteigerung. Man will aus dem Betrieb noch mehr herausholen, eine andere Motivation gibt es nicht.

Nach dem Zweiten Weltkrieg gab es eine starke Bewegung in der Wirtschaft, die für ‹Human Relations› in den Unternehmungen plädierte. Es ging ursprünglich wirklich darum,

dem Menschen in der Wirtschaft einen höheren Stellenwert als dem Kapital einzuräumen. Nach kurzer Zeit verkamen die idealistischen Ansätze zu Rezepten für ein besseres Betriebsklima, nicht um dem Menschen zu dienen, sondern um die Arbeitsleistung zu erhöhen. Das gleiche geschah 10 Jahre später mit dem Begriff ‹Public Relations› Eigentlich gedacht als Bereitschaft des Unternehmens zu mehr Offenheit und Ehrlichkeit der Allgemeinheit gegenüber, ist Public Relations längst Bestandteil der Werbung geworden. Man gaukelt der Öffentlichkeit ein möglichst rosiges Bild des Unternehmens vor, blufft mit öffentlichem Bewusstsein und sozialer Verantwortung, um um so rücksichtsloser seine Geschäftsziele verfolgen zu können.
Genau so verlief es mit der innerbetrieblichen Kommunikation.
Wer daran zweifelt, soll sich einige Lehrbücher über innerbetriebliche Kommunikation anschauen. Es ist geradezu zum Heulen, was man alles unter Kommunikation verkauft. Wie verbessere ich meinen Briefstil? Wie vermeide ich Gerüchte? Wie sind Sitzungen technisch vorzubereiten (damit meint man z.B. die Art der Sitzungseinladung oder die Sitzordnung)? Wie wird ein Protokoll geführt? So verstandene Kommunikation wird eine Sache der Organisation. Damit Kommunikation funktioniert, muss lediglich das reibungslose Ablaufen der Organisation von Sendung und Empfang gewährleistet sein. «Soll die Kommunikation im Führungssystem verbessert werden, so sind auftretende Störungen zu beseitigen oder einzudämmen.» Man spricht von syntaktischen Störungen der Kommunikation, worunter nicht etwa die Unfähigkeit der Menschen verstanden wird, gegenseitig auszutauschen, sondern schlicht und einfach eine technische Störung. In der Mentalität der ‹Organisatoren› sind die Folgen klar: «Technische Störungen lassen sich in der Regel lösen. Sie erfordern eine Reihe von

Normen, welche über grössere Zeiträume eingehalten werden müssen. Die Führungsverantwortlichen müssen diese Normen schaffen, für ihre Einhaltung sorgen und sie à jour halten. In unserer Zeit liebt man Normen nicht, sie werden allzu leichtfertig über Bord geworfen. Das äussert sich beispielsweise in verminderter Kommunikation und sich häufenden Konflikten. Diese Entwicklung wird zum Teil bewusst gefördert, zum Beispiel um unser Gesellschaftssystem ins Chaos zu führen.»
Womit wir wieder bei den Kommunikatoren wären. Auch hier wieder: wer die innerbetriebliche Organisationsstrukturen in Frage stellt, ist ein Staatsfeind. Der wichtigste Störfaktor sind Gefühle. Innerbetrieblich sind sie zu beseitigen.
Noch absurder oder eindeutiger geht es zu, wenn es sich um die externe Kommunikation eines Unternehmens handelt. Da kommerzielle Kommunikation immer zweckgerichtet ist, ist sie immer eine Frage der Organisation. Letztlich muss es auch extern darum gehen, die Gefühle zu organisieren, Gefühle rational zu erfassen. Hier wieder ein Zitat aus einem Lehrbuch. Der Obertitel heisst «Kommunikation», der Untertitel «Arbeiten mit Wahrnehmungsmodellen». Die Inhaltsangabe lautet: «Der Einsatz der multi-dimensionalen Skalierung (MDS), um herauszufinden, wie bestimmte Testobjekte von bestimmten Testpersonen wahrgenommen werden. Diese Information ist Voraussetzung für wirkungsvolle Marketing-Massnahmen.»
Der Marketing-Mann behauptet allerdings immer noch, er wolle nur die echten Bedürfnisse des Konsumenten herausfinden.
Im Lehrbuch geht es nun wie folgt weiter:
– Technik in der Kommunikations-Analyse
   = Analyse, wie Werbung wirkt
   1. Analyse der emotionalen Wirkungen

2. Analyse der gedanklichen Wirkungen
. Analyse der emotionalen Wirkungen nach Stärke, Richtung und Qualität. Es geht darum, die «emotionale Schubkraft» der Werbung zu erfassen.
– Technik der Emotions-Analyse
1. Blick-Aufzeichnung (Verharren der Augen)
2. Aktual-genetische Untersuchung = Transparentmachung des Wahrnehmungsvorganges
Einsatz des Tachystoskops mit einer Darbietungszeit von $1/1000$ Sekunde bis Dauerbetrachtung
Aufgrund einer Befragung ergibt sich dann die Anmutungsqualität
Wahrnehmungsprägnanz
einer Anzeige, eines Slogans u.s.w.

Die nächste Stufe ist die psycho-physiologische Messung emotionaler Erregungen.
– Messung der Veränderung
. des elektrischen Hautwiderstandes
. der Pulsfrequenz
. der peripheren Durchblutung
. der Atmung

Höchste Stufe: Man ist – mit Thermographie-Geräten – in der Lage, die Gefühle des anderen rational zu erfassen, ohne dass es der andere merkt. «Der entscheidende Punkt ist darin zu sehen, dass die Thermographie die Temperatur des Gesichts aus der Ferne (ohne Körperkontakt) messen kann. Die Geräte registrieren die Wärmeausstrahlung aus 3 m Entfernung genauso gut wie aus 20 m Entfernung. Sie werden dabei so aufgestellt, dass die Beobachtung nicht bemerkt wird. Dadurch können die Gefühle einer Person ohne ihr Wissen enttarnt werden.»

Der letzte Schritt ist die Erfassung des elektrischen Feldes. Jeder lebende Organismus ist von einem elektrischen Feld umgeben. Kürzlich ist es einem Physiologen gelungen, aus diesem elektrischen Feld bei Salamandern Herzschlag, Ausdünstung, Muskelspannung und Körperbewegungen abzulesen. Man machte ihn darauf aufmerksam, dass dies den Prophezeihungen von Orwell entspreche. In Orwells ‹1984› kontrolliert der ‹Grosse Bruder› den Herzschlag des einzelnen Bürgers, um sofort zu entdecken, wenn er unübliche Aktivitäten ausführt.

Die Gefühle des anderen erkennen zu wollen, wäre an sich positiv, wenn es darum ginge, sich besser in den anderen hineinzufühlen, um ihm gerecht zu werden. Aber es geht darum, mit der Erfassung der Gefühle den anderen besser ausnützen oder besser unter Kontrolle zu halten.

Emotionale Schubkraft der Werbung verhindert die Frage nach dem Inhalt. Es ist nicht so, dass der Inhalt erst dank der emotionalen Schubkraft zur Kenntnis genommen wird, sondern die emotionale Schubkraft wirkt per se. Genau darin liegt das Problem der Massenbeeinflussung. Gibt es ein besseres Vorbild als Goebbels? Bei einem ganzen Volk gelang es, das Denken, die rationale Komponente der Information, durch emotionale Schubkräfte auszuschalten.

Die rationale Gefühlsbeeinflussung geht noch viel weiter. Besonders perfid wird sie da, wo ich die Gefühle des anderen dadurch beeinflusse, dass ich ihm eigene Gefühle vorgaukle, die es gar nicht gibt!

Wer würde denn nicht den jovialen Chef kennen, der dem Arbeiter auf die Schulter klopft und Gefühle für den Untergebenen mimt, und dabei nichts anderes will, als mit einer vorgetäuschten Kumpelhaftigkeit den Arbeiter dazuzubringen, noch mehr zu krampfen! Es geht nie darum, sich in den anderen hineinzufühlen, um ihm als Mensch, als Persönlichkeit, gerecht zu werden, sondern man will seine Gefühle erfassen, um diese Gefühle in die eigene Strategie miteinzubeziehen. Und in der Tat gibt es ganze Lehrbücher über nicht-verbale Kommunikation, aber nicht, um zu kommuni-

zieren, sondern um den anderen besiegen zu können. Ein alter Verkaufstrick: Schau dem Käufer in die Augen. Mime Interesse. Betrachte seine Pupillen. Jeder Verkäufer weiss: Wenn er den Preis nennt, und sich die Pupillen weiten, kann ich den Preis erhöhen.
Manager gehen in Kurse für Körpersprache, weil sie zu zwischenmenschlicher Kommunikation unfähig sind.
Wie muss sich Samy Molcho, der grosse Mime, vorkommen, wenn er Management-Kurse über Körpersprache veranstaltet? Merkt er denn nicht, dass es nicht darum geht, sich in den anderen hineinfühlen zu können und dem anderen mit meiner eigenen Körpersprache gegenüber ehrlich zu sein? Nein, es geht darum, erstens: Wie merke ich, ob es der andere wirklich so meint, wie er sagt. Ich will ihn durchschauen. Und zweitens: Wie kann ich mich so verstellen, dass der andere auf meine simulierten Gefühle hereinfällt. Es geht nicht um die wahren Gefühle, sondern darum, wie mich der andere wahrnehmen soll. Gefühle werden demonstriert, um den ‹richtigen› Eindruck zu machen. Es geht nicht darum, auf den anderen besser eingehen zu können, sondern mehr aus ihm herauszuholen.
All dies segelt unter dem schönen Ausdruck «Kommunikation». Man will Einfluss und Macht und täuscht Gegenseitigkeit, Gemeinschaft, vor.

Wie steht es nun mit der *Information*?

Vor einigen Jahren erschienen in der Schweizer Presse kurz hintereinander folgende Meldungen:
– Der Leiter eines international renommierten Instituts in Genf fordert, «Kernwaffen ebenso wie Kernenergie als bestehende Tatsachen unserer Zeit anzunehmen». «Kern-

waffen und -energie müssten möglichst zweckmässig in ein Gesamtkonzept der Verteidigung beziehungsweise der Energieversorgung eingegliedert werden, um die strategische Sicherheit und wirtschaftliche Stabilität Europas zu gewährleisten».
- Eine Kommission der Weltgesundheits-Organisation hat mit überwältigendem Mehr eine Resolution verabschiedet, in der festgestellt wird, dass Nuklearwaffen die grösste unmittelbare Gefahr für die Gesundheit und das Wohlergehen der Menschheit darstellten. Die Schweizer Delegation enthielt sich der Stimme.
- Die Schweiz wird das von der Londoner-Konferenz über die Versenkung von Abfällen im Meer beschlossene zweijährige Moratorium missachten und weiterhin radioaktiv verseuchtes Material im Atlantik versenken.
- Das Schweizer Parlament beschliesst ein gigantisches neues Rüstungsprogramm. So wurde die Anschaffung von 420 Leopard-Panzern für die kleine Schweiz beschlossen.
- Der aus der Schweiz stammende päpstliche Nuntius in Grossbritannien bezeichnet die Anhänger einer einseitigen nuklearen Abrüstung als entweder «bewusste Parteigänger Moskaus» oder «verblendete Idealisten» und damit «nützliche Idioten».
- Die Schweizer Regierung schliesst das sowjetische Pressebüro in Bern mit der Begründung, das Pressebüro habe sich als Organisator verschiedener Friedensdemonstrationen und generell als Drahtzieher der schweizerischen Friedensbewegung erwiesen.
- Bereits 80 Prozent der Schweizer Bevölkerung können in atombombensicheren Unterständen Zuflucht finden. Der Zivilschutz genüge aber noch lange nicht. Alle Gemeinden müssten mitmachen. Mehr Frauen müssten rekrutiert werden. Die Zusammenarbeit mit dem Militär müsse

verbessert werden. «Ein Nuklearschlag kann nicht ganz ausgeschlossen werden. Es können aber auch ungewollte Unfälle passieren. Gegen all dies müssen wir uns schützen.» – So der oberste ‹Zivilschützer› der Schweiz. Von einem Reporter auf die Vorwarnzeiten bei einem Raketenangriff oder -unfall angesprochen: «Unser Land ist von jedem Punkt in Europa aus innert weniger Minuten erreichbar.» Am besten verkriechen wir uns gleich heute schon.
Wie gerät ein Land, das sich seiner Friedensliebe rühmt, in eine derartige Kriegshysterie?
Wie kann sich ein Land wie die Schweiz derart über alle Gefährdungen durch Atombomben und Atomenergie hinwegsetzen?
Wie kann in einem solchen Ländchen auch nur ein einziger Mensch glauben, dass wir einen Atomkrieg überleben könnten?
Wie kommt ein Land, das stolz sein will auf seine Demokratie, dazu, sich durch obrigkeitlichen Befehl immer noch mehr militarisieren zu lassen?
Wie bringt es ein Volk gar fertig, in zwei Volksabstimmungen zu beschliessen, die Schweizer Armee müsse sich die Möglichkeit einer eigenen atomaren Bewaffnung offenhalten?

Der Sommer 1945 geht seinem Ende entgegen. Unsere Familie sitzt auf der Terrasse eines alten Bauernhauses in traumhafter Berglandschaft. In den Zeitungen stehen die ersten Meldungen über Hiroshima. Die ersten Bilder erscheinen. Ein Naturwissenschaftler, der zu Besuch ist, zuckt mit den Schultern: «Wohl kaum vorstellbar, dass es sich um eine Atombombe gehandelt hat; dies ist nicht zu machen. Aber sollte es gelungen sein, werden die Folgen unvorstellbar sein.»
Sie waren für uns unvorstellbar, nicht vorstellbar. Die Kon-

frontation mit der Tatsache fand nicht statt. Hiroshima war keine Herausforderung. Hiroshima war nicht grauenhaft. Hiroshima war für uns Abschluss eines schon sechs Jahre dauernden Grauens. Es sei nötig gewesen, um das Grauen zu beenden – sagte man uns. Wie hätten wir es als Auftakt zur möglichen Apokalypse empfinden sollen? Mit Hiroshima verhiessen sie uns den Frieden.

An die Bilder hatten wir uns ja längst gewöhnt. Sahen nicht fast alle deutschen Städte ähnlich aus? Hiroshima vielleicht noch etwas radikaler. Sie war ja auch gut gezielt, die Bombe. Die Piloten wurden Helden.

Wie hätten wir das grundsätzlich Neue, die völlig andere Dimension auch nur ahnen sollen? Wir hatten ja alle Spass an den netten, winzigen Badeanzügen, die sich Bikini nannten. Nach der Insel, deren ganze Bevölkerung vertrieben wurde und heute noch nicht zurückkehren darf, weil in ihrer Heimat versuchsweise ganze Reihen von A-Bomben explodiert waren. Kann man uns einen Vorwurf machen, dass wir damals unbekümmert den neckischen Bikini-Schlager trällerten? Wir hatten keine Ahnung, was geschah. Wir hatten es Jahrzehnte lang nicht zur Kenntnis genommen, was geschah. Was hätten wir zur Kenntnis nehmen sollen? Woher hätten wir es zur Kenntnis nehmen sollen?

Auch ich selbst habe als Offizier noch bis in die 70er Jahre hinein meiner Truppe erzählt, oder erzählen lassen, für den Soldaten spiele es keine Rolle, ob er in einem gewöhnlichen oder in einem Atomkrieg kämpfe. Die A-Bombe sei eine Bombe wie jede andere auch, nur viel viel stärker. Sie sei zu überleben, wie jede andere auch. Auch ich instruierte noch all die absurden Verhaltensweisen, um überleben zu können: vom Augenschliessen beim Explosionsblitz über das Sich-in-den-Strassengraben-Werfen wegen der Druckwelle bis zum Atemanhalten gegen den radioaktiven Staub. Auch wir Stabsoffiziere akzeptierten, dass wir, in guter Soldaten-

manier, eher unsere Städte mit all unseren Familien einem A-Bombenbeschuss opfern würden, statt uns erpressen zu lassen.
Ist wohl die Menschheit irgendwann schon einmal derart irregeführt und angelogen worden, wie bei allem, was mit der Atombombe und ihrem Abfallprodukt, der Atomenergie, zusammenhängt? Aber es gab doch genügend Wissenschaftler, Politiker, Manager, Generäle, die genau wussten, was geschah. Weshalb haben so wenige aufgeschrien? Weshalb haben so wenige auch nur versucht, uns wachzurütteln? War der Filz von Politik, Wirtschaft und Militär so stark, dass kaum einer wagte, aufzumucken? Der Filz brauchte die Bombe.

Die Auseinandersetzung mit der Atom-Problematik hat mir, wie kaum etwas anderes, die Augen für die Manipulation geöffnet, die man uns als Information unterjubelt.
Wann ist denn eine Nachricht, eine Notiz in der Presse, ein Bild in der Illustrierten, eine Aussage im Rundfunk, ein Film im Fernsehen eine Information? Wann soll mich die Information ‹in Form› bringen, in jene Form, in der sie mich haben wollen, und wann soll sie mir helfen, mir eine eigene Meinung, ein eigenes Urteil bilden zu können?

1. Voraussetzung: Es gibt nicht nur ein Ja oder Nein auf eine Frage, oder gar das bei Politikern in Interviews besonders beliebte und besonders stupide Jein, um sich einer Stellungnahme entziehen zu können. Ich kann weder mit Ja noch mit Nein antworten, wenn die Frage falsch ist. Wenn eine Frage von Voraussetzungen ausgeht, die für mich nicht stimmen, kann und darf ich nicht antworten.
Eine Information muss nicht entweder falsch oder richtig sein, ich muss wissen, von welchen Voraussetzungen sie ausgeht.

Ein Beispiel: «Die Wirtschaft der Industrienationen wird sich im nächsten Halbjahr positiv entwickeln», heisst, dass die Wirtschaft weiter wachsen wird. Für mich ist es eine katastrophale Information, dass die Wirtschaft weiter wachsen wird. Für mich ist es eine katastrophale Information, weil sie Zunahme von Zerstörung, Vergiftung und Ausbeutung bedeutet.
Ist die Information nun richtig oder falsch?
Eine für mich richtige Information könnte lauten: «Das vergangene Jahr war äusserst erfolgreich. Es gelang, das Bruttosozialprodukt um x Prozent zu senken, indem volkswirtschaftliche Schäden in der Höhe von 100 Milliarden Franken vermieden werden konnten.»
Oder
Ein zweites Beispiel: «50 Prozent der Abiturienten haben es nicht geschafft», kann für die Experten heissen, «sie waren zu dumm oder zu faul». Für mich kann es heissen: «Sie haben sich der Dressur nicht gefügt.» Die Experten und ich gehen von völlig anderen Voraussetzungen aus. Eine ‹gemeinsame› Information ist nicht möglich. Bereits in der Formulierung der Nachricht gehe ich von bestimmten Voraussetzungen aus.

Je mehr Nachrichten, desto weniger erkennbar sind die Voraussetzungen.
Je mehr Nachrichten, desto geringer die Information.
Je mehr Nachrichten, desto grösser die Manipulation.

2. *Voraussetzung:* Die Nachricht muss mich persönlich in irgend einer Weise betreffen. Sie muss bei mir irgend eine Reaktion auslösen. Sonst bleibt es bei der unverfänglichen Meldung, die mich letztlich nichts angeht. Die Meldung hat höchstens Unterhaltungswert. Wenn ich irgendwo lese, die Astronomen hätten einen neuen Pulsar oder Quasar

entdeckt – was soll ich damit anfangen? Vielleicht ist sie spannend, wenn ich astronomisch interessiert bin, vielleicht ist sie noch locker oder lässig. Es ist der Trick der Boulevard- und Regenbogenpresse. Der Mord ist vielleicht spannend, der Raubüberfall sensationell, die Liebschaft der Prinzessin anregend, die Fantasien des Grafen schaurig. Sollen wir den Lesern ihre emotionalen Kaugummis nicht lassen – jeden Tag frisch –, wenn sie damit den Alltag besser zu überstehen meinen? Wird der Gärtner der Lady X ihr Leben verändern? Aber wie will ich beurteilen können, ob mich ein Ereignis irgendwann einmal betreffen könnte? Wie hätte ich ahnen können, dass die A-Bomben von Hiroshima und Nagasaki mein Leben und das Leben aller meiner Mitmenschen schon nach wenigen Jahren unmittelbar betreffen könnten?

3. *Voraussetzung:* Ich muss wissen, ob allein schon die Tatsache stimmt. Seit ‹Wallraff› sollten es eigentlich Millionen von Menschen wissen, dass die Boulevard-Presse pausenlos ‹Tatsachen› schafft. Schlimmer ist der Einfluss der Ereignisse, die in der ‹seriösen› Presse zu Tatsachen veredelt werden. Ein Ereignis wird immer so festgehalten, wie es die Menschen, die das Ereignis erleben, als Tatsachen wahrhaben wollen. Die ‹Tatsache› ist immer von Menschen und ihrer Subjektivität abhängig.
In der eindrücklichen Stuttgarter Ausstellung «Exotische Welten» waren Zeichnungen und Malereien zu sehen, wie die Kolonialisten und Eroberer die ‹Neue Welt› erlebten. Aus einer späteren Zeit wurden Fotos gezeigt, die angeblich objektive Realität erfassten. Die Fotos gaben genau dasselbe wieder wie die Zeichnungen: Die Realität, wie sie der Fotografierende – wie der Zeichner – *sehen will* bzw. *sehen kann,* d.h. zu sehen fähig ist.
Der TV-Mann, der von der Überlegenheit der weissen

Rasse ausgeht, kann die weisse Rasse nur als überlegen schildern. Der Filmer, der in Nicaragua marxistische Diktaturgelüste der Sandinisten wittert, berichtet von den Freiheitskämpfen der Contras. Der Polizeiberichterstatter, der alle Jugendlichen als Chaoten, Kriminelle und Drückeberger beurteilt, wird nie kriminelle Polizeieinsätze festhalten. Auch technische Hilfsmittel sind nicht in der Lage, objektive Information herzustellen. Sie werden von subjektiven Menschen bedient. Bereits die Schilderung der ‹Tatsache› ist Interpretation.

4. Voraussetzung: Ich muss wissen, welche Motivation hinter einem von Menschen herbeigeführten Ereignis steckt. Ich muss beurteilen können, ob die Begründung für das Ereignis stimmt. Die Darstellung der Tatsache, auch wenn sie als Ereignis von allen ‹Beteiligten› in gleicher Weise geschildert wird, wird durch diese faktische Objektivität noch nicht zur Information. Die Information, die wir zur Kenntnis nahmen, bestand in der Behauptung, der A-Bomben-Abwurf sei nötig gewesen, um Tausenden von amerikanischen Soldaten das Leben zu retten und um den Krieg zu verkürzen. Erst später erfuhren wir, dass Japan sich zu diesem Zeitpunkt längst zu einem Waffenstillstand bereiterklärt hatte. Es ging nur noch um den Stellenwert des Kaisers. Die USA wollten sich mit der Atombomben-Demonstration für die Nachkriegszeit als Weltmacht Nummer Eins etablieren, deshalb mussten später – als der zum Feind und zum Bösen hochgestylte Russe gleichgezogen hatte – die Wasserstoffbombe, die Neutronenbombe und SDI folgen.
Kurz nach dem Sturz des Schah in Persien hielt ich einen Vortrag am CDU-Frauentag (!). Ich spürte ein bisschen, wie es einer Frau – nicht einer Politikerin – zu Mute sein muss, die an einer reinen Männerversammlung referiert.

Nach dem Vortrag spricht mich eine Gruppe eleganter Damen an: Sie stammten aus dem Iran, gehörten zu den führenden Kreisen, wenn auch nicht unbedingt zu den Freunden der Schah-Familie. Sie versuchten seit Tagen, die europäische Öffentlichkeit über die Wirklichkeit im Iran zu informieren. Warum denn niemand zur Kenntnis nehmen wolle, dass der Schah – schon längere Zeit geplant – von den USA gestürzt worden sei? Der Schah sei den Amerikanern viel zu mächtig geworden. Es sei ihm gelungen, eine auf die Region genau zugeschnittene Streitmacht aufzubauen. Sie hätte ihm ermöglicht, eine von den Grossmächten unabhängige Macht im Nahen Osten zu schaffen. Die USA hätten deshalb mit allen Mitteln den Nahen Osten ‹destabilisieren› müssen. Ob nun diese ‹Information› von Direktbetroffenen gestimmt hat? Ich habe keine Ahnung. Aber alles, was nachher im Nahen Osten geschah, vom blamablen, aber vielleicht geplanten Scheitern der Geiselbefreiung in Teheran über den Einmarsch der Russen in Afghanistan bis zum Golfkrieg, in welchem die Amerikaner bekanntlich auf beiden Seiten engagiert waren, erhält erst durch die ‹Information› der Perserinnen einen Sinn. Welche Mitteilung war nun eine Information? Diejenige der Medien oder diejenige der betroffenen Frauen?

Ins gleiche Kapitel gehören die Verschleierungsinformationen, die Desinformationen über Ereignisse, die zwar auf Einflüsse des Menschen zurückzuführen sind, deren Ursache aber auf Symptome abgeschoben werden. Es wird im Kampf gegen das von Menschen verursachte Waldsterben zum Kampf gegen den Borkenkäfer aufgerufen – wer informiert? An Überschwemmungen sind starke Niederschläge schuld, nicht die Massnahmen der Wasser-‹Fachleute›. Dürren sind auf extreme Witterungsverhältnisse zurückzuführen, nicht auf die Klimaeinflüsse unserer Zivilisation. Unwetterkatastrophen im Reusstal und anderswo sind einmalige Naturereignisse, nicht Vorboten dessen, was uns Autos und Industrie noch bescheren werden.

Die grösste Manipulation ist das, was man uns als ausgewogene Information präsentiert. Ausgewogen wird eine Information, wenn die kritische Interpretation einer Meldung unterdrückt wird oder Nachrichten, die den offiziellen Meldungen widersprechen, diffamiert oder gar verboten werden. Dies nennt sich Objektivität eines Hofer-Clubs oder einer ‹Kirche wohin?›. Sobald jemand von einer objektiven Information spricht, weisst du, dass er lügt ‹wie gedruckt›, oder heute ‹wie gesendet›. Ausgewogenheit des Moderators, des Intendanten, des Journalisten ist Feigheit, Sich-Drücken, Anpassung. Es ist die Schere im Kopf. Eine staatliche Zensur ist wenigstens ehrlich.

Es sind bald 15 Jahre her, seit Robert Jungk aufgezeigt hat, dass die Vervielfältigung der Meldungen keineswegs zu einer Demokratisierung der Information führe, sondern den bereits bestehenden Informationsfeudalismus verstärke, ja Öffentlichkeit der Information geradezu ausschalte. In der Tat: Die ‹Informations›-Fülle ist am grössten in der Diktatur (Orwell lesen, wenn man es nicht selber erlebt hat).

Noch schlimmer wird es, wenn wir uns bewusst werden, dass die Besitzer der Nachrichtenträger, der Medien je länger je mehr auch über die Agenturen, also die Nachrichten selber verfügen. Es ist der Weg in die totale Informationsgesellschaft, in den Händen weniger!

Du siehst im Fernsehen Tausende von Toten; die sterbende Nachbarin nimmst du kaum mehr zur Kenntnis.

Krankheiten in den schlimmsten Formen ist Medien-Attraktion; der Kranke in der Verwandtschaft wird abgeschoben ins Krankenhaus.

Der Alte, der aufs Matterhorn steigt, wird gefeiert; dein

‹normaler› Opa landet im Altersheim.
Der Pubertätsstreich, auf dem Roten Platz zu landen, wird zur Friedensmission. Der junge Arbeiter, der sich der Norm nicht unterziehen will, ist ein Chaot.
Es sind eben nicht nur emotionale Kaugummis, die der Leser wieder ausspuckt. Die Medien prägen dein Leben. Was um dich herum passiert, ist nicht mehr wichtig. Wichtig ist, was rentiert. Es ist Betrug. Es ist die Welt, die man dir als rosige Informationszukunft verspricht.

Kommunikationsgesellschaft – Informationsgesellschaft – das ist alles noch nichts. Denn schliesslich haben wir unser Bewusstsein verändert. Wir stehen an der Schwelle zum *ökologischen Zeitalter,* zum Zeitalter, in welchem Ökonomie und Ökologie endlich vereinigt sein werden, in welchem sich die menschliche Zivilisation in die Umwelt eingepasst haben wird, in welchem Mensch und Natur keine Gegensätze mehr sein werden.

Und dann zog ich aufs Land hinaus. Ich wollte einen kleinen Bauernhof selber bewirtschaften. Endlich einmal konsequent ökologisch leben. Endlich einmal mir und den anderen zeigen, was ökologisch wirtschaften heisst. Endlich einmal beweisen, dass Ökologie Harmonie bedeutet.
Selbstverständlich hatte ich Perlhühner auf dem Hof. Sie gehören einfach dazu. Sie leben mit Vorliebe auf den Bäumen; es ist artgerechte Tierhaltung. Auch der Marder geht nachts gerne auf die Bäume. Und so waren es ständig weniger Perlhühner.
In einer Naturschutz-Zeitung lese ich einen Angriff auf die modernen Bauern, die nicht einmal mehr wüssten, dass Haustauben zu einem intakten Bauernhof gehörten. Also

her mit den Tauben! Und wenige Jahre zuvor hatte ich als WWF-Stiftungsrat mit Begeisterung eine Kampagne «Rettet die Greifvögel» unterstützt. Der Habicht war begeistert; die Tauben weniger. Bald gab es keine mehr.
Genauso ging es den Junghühnern – selbstverständlich in Freilandhaltung –, die laufend dem Milan und dem Sperber als Nahrung dienten.
An einem einzigen Sonntag nachmittag wurden über 20 Gänse von Fuchs, Füchsin und Jungen geköpft. Dabei war ich doch so froh, dass wenigstens ein Fuchs in der Gegend das Tollwut-Massaker überlebt hatte.
Und nun? Den Marder umbringen, damit die Perlhühner artgerecht schlafen können? Wer muss dran glauben? Der Habicht oder die Tauben? Verzicht auf Freilandhaltung der Hühner, oder den Sperber abknallen? Gänse oder Füchse? Es sind im Gesamtrahmen eines Bauernbetriebs harmlose Beispiele. Sie stehen für viele andere, gewichtigere. Was ist nun ökologisch? Plötzlich merke ich, dass mir das sogenannte ökologische Bewusstsein nicht die geringsten Anhaltspunkte dafür lieferte, was richtig ist und was nicht. Jürgen Dahl bringt in seinem Buch ‹Der unbegreifliche Garten und seine Zerstörung› ein prächtiges Beispiel. Die schön aufgeräumte und gereinigte Wohnstube ist eine ökologische Katastrophe für die Stubenfliege. Erst wenn sich die Katze unter dem Sofa erbricht, stimmt die Ökologie der Stubenfliege wieder. Es ist also immer ein Subjekt, das im konkreten Fall beurteilt, was ökologisch ist und was nicht. Das Subjekt ist immer ein von der Situation Betroffener. Es kann nur ein Betroffener sein. Wer urteilt denn sonst?

Endlich stirbt der Wald!
Was kommt danach?
Wahrscheinlich wieder Tundra, wie vor 20 000 Jahren. Na und? Ist denn die Tundra mit ihrem Artenreichtum an Flora

und Fauna nicht viel natürlicher als unsere Fichtenplantagen, entastet bis in die Wipfel hinauf, so eng gepflanzt, dass kaum mehr Unterholz wächst und kein Heidelbeersträuchlein mehr zu finden ist?
Die Natur kann nicht sterben.
Es stirbt der Wald, wie ihn der weisse Mann für seine Zivilisation haben wollte. Er entzieht sich dem weissen Mann.
Genauso ist es mit dem Boden, der Luft, dem Wasser.
Endlich stirbt der Wald.
Man nannte es Zynismus, rhetorische Floskeln, Provokationen, als ich diese Überlegungen zum Waldsterben äusserte. Sie wollten aber nur auf eines hinweisen: Wenn wir von Ökologie sprechen, so geht es eben letztlich wiederum nur um den Menschen. Auch ökologische Betrachtungen, Programme, Deklamationen gehen vom Menschen und seinen Massstäben aus, sosehr man sich bemüht, zu betonen, es gehe darum, den Menschen der Erde untertan zu machen.

Es gibt Ökologie im heute verwendeten Sinne gar nicht. Was ist denn Ökologie eigentlich? Der Begriff Ökologie ist mehr als 100 Jahre alt. Ökologie ist einfach die Wissenschaft von den Beziehungen eines Organismus zur umgebenden Aussenwelt und ist in diesem Sinne Teildisziplin der Biologie. So steht's im Wörterbuch. Dann ist sie aber wie alle -logien, wie die Biologie selber oder wie die Anthropologie oder die Philologie oder die Psychologie usw. eine beschreibende Wissenschaft. Sie beschreibt einen bestehenden Zustand und dessen gewollte oder ungewollte Veränderung. Sie beschreibt ein System, ein ökologisches System, und im Idealfall vielleicht ein ökologisches Gleichgewicht. Was heisst denn eigentlich ökologisches Gleichgewicht? Gleichgewicht heisst doch nie Erstarrung, Stabilität ist nicht statisch. Es gibt keinen einzigen lebendigen Organismus, der sich nicht ständig verändert. Verändert sich dann nicht auch ständig die Ökologie? Muss sie sich dann nicht ständig verändern? Natürliche Systeme sind ständig im Fluss und passen sich an.

Würde es also darum gehen, dafür zu sorgen, dass sich bestehende, natürliche Systeme selber regulieren können? Aber ist denn nicht jede menschliche Tätigkeit, ist denn nicht jede Kultur, jede Zivilisation ein Eingriff in ein bestehendes Ökosystem?

Wenn Ökologie nur beschreibend ist, warum ist denn das, was jetzt ist, das Richtige? Oder warum war denn das, was wir zerstört haben, einmal das Richtige, und soll heute wieder richtig sein? Warum kann man denn von einem ökologischen Zeitalter sprechen, das auf uns zukommen soll, wenn Ökologie nur beschreibend ist? Und wie steht es mit dem Unbeschreiblichen? Ist die ganze Gefühlswelt der Ökologie entzogen? Ist also auch das sogenannt ökologische Weltbild ein rein mechanistisches?

Wenn Ökologie nur beschreibend ist, kann sie niemals Wertmassstab und Ziel sein. Doch genau darauf käme es an, zu fragen: Was will ich eigentlich, welches sind meine Wertmassstäbe, welches sind meine Ziele, was ist der Sinn des Ganzen? Diese Fragen kann die Ökologie nicht beantworten.

Wenn es keine Ökologie als Leitbild oder als Ziel gibt, dann gibt es auch keine ökologische Wirtschaft. Wir sprechen aber ständig von der Vereinigung der Ökonomie und der Ökologie. Das kann höchstens eine Wirtschaft sein, die einen bestehenden Zustand nicht verändert. Oder eine Wirtschaft, die mehr oder weniger Rücksicht nimmt auf bestehende Systeme. Oder eine Wirtschaft, die in ein bestehendes System nur in einem gewünschten Sinne eingreift. Gewünscht von wem? Wer bestimmt das Gewünschte? Wer bestimmt, was ökologisch sinnvoll ist?

Aus dieser Problematik heraus ergeben sich all die unsinnigen Diskussionen zwischen Politikern und Managern einerseits und Umweltschützern andererseits, die einfach nirgendswohin führen, weil wir gar nicht wissen, worum es eigentlich geht.

Die Umweltschützer sagen, eine Autobahn oder eine Dorfumfahrung zerstöre die Ökologie der ganzen Region. Und schon kommen die Manager und Politiker und behaupten das Gegenteil: Wir erhalten die Ökologie der Stadt, indem wir den Verkehr jetzt aussen herumleiten.

Die Umweltschützer kommen und sagen, der Tourismus zerstöre die Ökologie der Alpen, der Berge. Und schon kommen die Politiker und die Manager und sagen: Nein, im Gegenteil. Tourismus erhält die Bergbevölkerung und ohne Bergbevölkerung wären die Alpen nicht zu retten. Der Tourismus rettet letztlich die Alpen.

Die Umweltschützer kommen und sagen, die Atomindustrie bedrohe uns und die kommenden Generationen. Sie sei die grösste denkbare ökologische Belastung. Die Manager und Politiker kommen und sagen: Nein, die Atomindustrie schützt uns vor den ökologischen Belastungen durch Kohlekraftwerke. Sie schützt uns vor den ökologischen Belastungen durch die exzessive Nutzung der Wasserkräfte.

Die Umweltschützer kommen und sagen, Militär zerstöre mit seinen Übungen noch die letzten Naturlandschaften. Und die Politiker kommen mit dem gegenteiligen Argument: Nein, die Waffenplätze erhalten die Natur, erhalten ökologische Nischen (Lüneburger Heide).

Die Umweltschützer kommen und sagen, Beton sei umweltfeindlich. Auf der anderen Seite gibt es gewaltige Werbekampagnen der Beton-Industrie, wo es heisst, Beton sei natürlich – und als Abgrenzung zum Kunststoff stimmt's, auch wenn's zynisch ist.

Die gleichen Diskussionen wie zwischen Vertretern von Politik und Wirtschaft einerseits und Umweltschützern andererseits laufen im Kreise der Ökologen selber.
Ich denke an all die Diskussionen im ‹Institut›. Wir gehörten zu den ersten, die Sonnenenergie gefordert hatten. Wir galten anfänglich als völlige Spinner. Plötzlich kamen die Technokraten und entwarfen Riesenkraftwerke auf Solarbasis in den Bergen, in den Wüsten, ja sogar im Weltall. Und schon ging's los mit der Diskussion. Natürlich sind solche Kraftwerke noch besser als die Atomindustrie, aber wir wollen doch nicht wieder mit der Sonnenenergie eine zentralisierte Grosstechnologie. Sollten wir uns nun gegen diese Solarkraftwerke wehren?
Oder wir machten Ausstellungen mit den ersten Sonnenkollektoren. Nach kurzer Zeit schon begannen BBC und andere Grosskonzerne, Kollektoren herzustellen. Und wieder die Diskussion: Aber wir wollten doch mit den Sonnenkollektoren eine dezentralisierte Energieversorgung zustandebringen, wir wollten doch eine Energieversorgung nach dem Prinzip ‹Klein› aufbauen. Ist die Herstellung der Kollektoren in Grosskonzernen noch ökologisch oder nicht?
Selbstverständlich waren wir für Freilandeier, also Eier von Hühnern in Auslaufhaltung, also naturgerecht, tiergemäss. Und schon kamen die Grossverteiler und bauten Riesenfarmen mit 10000 oder 20000 frei herumrennenden Hühnern. Und schon ging die Diskussion wieder los. Diese Hühner haben es bestimmt besser als in den Batterien. Aber wir wollten doch den bäuerlichen Familienbetrieb erhalten. Sind Riesenfarmen noch naturgerecht, dem Tier angepasst? Wie steht es mit dem Futter? Ist das ökologisch oder nicht? Die einen Ökologen kommen und sagen, der Computer sei grossartig. Er erlaube Heimarbeit und Dezentralisation. Es gebe weniger Verkehr und mehr Selbstbestimmung, wenn man wieder zu Hause arbeiten könne. Die anderen Ökolo-

gen sagen das Gegenteil, der Computer führe zu noch grösserer Isolation des einzelnen, zu noch mehr Entfremdung des Arbeitsplatzes, zu noch mehr Abhängigkeiten von dem, der vorschreibt, was zu Hause zu tun ist.

Die einen sagen, Recycling von Aluminium sei sinnvoll, die anderen sagen: Nein, man helfe ja nur der Aluminium-Industrie, die reduziere ihre Produktion keineswegs, sondern kurble noch mehr an.

Die einen sagen, Recycling von Altpapier sei sinnvoll. Die anderen behaupten, in der heutigen Lage des Waldes sei Recycling von Altpapier abzulehnen, da es das Papierholz konkurrenziere. Recycling von Altpapier führe dazu, dass der Wald noch weniger gepflegt werde.

Die einen sagen, der Konsument müsse mit den Kosten für die Müllabfuhr proportional belastet werden. Die anderen bezeichnen dies als ökologische Augenwischerei. Müll müsse doch bei der Produktion vermieden werden.

Die einen schwärmen für die sogenannte integrierte Produktion in der Landwirtschaft mit möglichst wenig chemischer Schädlingsbekämpfung. Die anderen sagen, das verhindere den echten biologischen Landbau.

Die einen sagen, Bananen seien grundsätzlich schlecht, weil sie die Dritte Welt exportabhängig machen und zu Monokulturen führen. Und schon kommt ein anderer und sagt, aber Nicaragua-Bananen seien doch sinnvoll. Sind jetzt die Bananen sinnvoll, nur weil sie in Nicaragua in Selbstverwaltungsbetrieben produziert werden statt auf Chiquita-Plantagen? Da kommt der dritte und fragt: Was soll ich mit Nicaragua in meinen ökologischen Betrachtungen hier in Westeuropa? Und schon heisst es, genau darauf komme es an: Global denken, lokal handeln. Der vierte protestiert gegen den Spruch: Was bringt ein lokales Öko-Nischchen? Die Multis, die die Welt zerstören, die handeln auch global! usw.

Was ist in all den Diskussionen nun ökologisch und was nicht? Der Begriff hilft überhaupt nicht weiter.
Wenn Ökologie lediglich eine Teildisziplin der Biologie wäre, dann könnte man noch sagen, ökologisch sei einfach alles, was die Natur nicht oder nur wenig beeinträchtige. Aber erstens ist dies wieder eine negative Definition. Negative Definitionen haben keinen eigenen Inhalt. Und was heisst denn Natur? Wir kennen doch die Argumentation der Landwirtschaft, jede Landwirtschaft sei biologisch. Es gebe keine nicht-biologische Landwirtschaft. Oder wie steht es denn jetzt mit der Gen-Manipulation? Bakterien sind natürlich. Und die künstlich gezüchteten Bakterien? Sind die natürlich, ökologisch oder nicht? Darf ich sie einsetzen oder nicht?
In der heutigen Diskussion über Ökologie geht der Begriff Ökologie ja noch viel weiter. Wenn wir von Ökologie sprechen, dann meinen wir unsere ganze Lebensgestaltung. Wir meinen den Wohnraum, die Art wie wir leben, die sozialen Beziehungen zur Nachbarschaft, die Arbeitswelt, das Verhältnis zur Dritten Welt, Rücksichtnahme auf die kommenden Generationen usw. Welches sind da die Kriterien? Es wird laufend Zielkonflikte zwischen diesen verschiedenen Anliegen geben. Wer setzt die Prioritäten bei den Zielkonflikten? Was soll dann die ganze Öko-Diskussion? Und ist sie nicht schon 20 Jahre alt, ohne dass sich etwas geändert hätte? Ist der Zustand nicht schlimmer geworden denn je? Und zwar die Luft, das Wasser, der Boden, die Beziehung zur Dritten Welt, die Entfremdung in der Arbeit, die ganze Arbeitssituation, die Bedrohungen, die Situation der Landwirtschaft. Alles ist schlimmer geworden.

Und schon kommen die Manager und Politiker wieder und sagen: Sie wollen doch nicht behaupten, dass sich das

Verhalten der Wirtschaft nicht verändert habe. Und wenn ich dann z. B. den deutschen Forschungsminister Riesenhuber in der bereits erwähnten Fernseh-Diskussion frage, was sich denn konkret verändert habe, so sagt er lächelnd: «Man kann doch in den oberbayrischen Seen bereits wieder schwimmen.» Und zur gleichen Zeit kippt die Nordsee.
Der Manager sagt, die Kläranlagen seien doch ein grossartiger Fortschritt. Das Wasser werde wieder besser. Und zur gleichen Zeit vergiftet Sandoz den Rhein.
Wir bauen doch jetzt Filter in die Kamine ein, Katalysatoren in die Autos. Und zur gleichen Zeit geschieht Tschernobyl.
Wir flicken immer nur. Auch dieses Flicken zeigt wieder, wie inhaltsleer der Begriff Ökologie und wie inhaltsleer der Begriff einer ökologischen Wirtschaft ist. Solche Ökologie ist ein Wieder-Instandstellen dessen, was wir zerstört haben.
- Ums Himmelswillen, jetzt haben wir die Ozonschicht zerstört! Also her mit den Spraydosen ohne dieses gefährliche Gas.
- Wir haben die Luft vergiftet! Also her mit den Katalysatoren und den Filtern.
- Die Seen kippen! Also her mit den phosphatfreien Waschmitteln.
- Die Flüsse stinken und die Fische krepieren! Also her mit den Kläranlagen.
- Wir haben keine Schmetterlinge mehr! Also her mit den Naturwiesen, statt des Rasens.
- Die Medizin macht die Menschen kaputt! Also her mit den Naturheilmitteln.
- Die Menschen gehen an der Nahrung zugrunde! Also her mit dem Bio-Müesli und der Vollwertkost.
- Unsere Wohnviertel ersticken im Verkehr! Also her mit den Wohnstrassen und den Fussgängerzonen.

– Die Menschen vergiften sich mit Formaldehyd! Also her mit anderen Baumaterialien, von denen man noch nicht weiss, ob sie uns wieder vergiften oder nicht.

Einmal mehr – das muss man sich immer wieder vor Augen halten –: Die Wirtschaft hat nur *ein* Interesse: zuerst zu zerstören und dann wieder herzustellen. Das ist doppelter Umsatz und doppelter Gewinn.
Die Wirtschaft reagiert auf Umweltbelastungen und drohende Katastrophen erst dann, wenn es nicht mehr anders geht. Oder hat man jemals erlebt, dass die Wirtschaft von sich aus gesagt hätte: Wir verzichten auf das Produkt. Wir kennen seine langfristigen Auswirkungen nicht. Wir verzichten auf eine Produktionsmethode, wir wissen schliesslich nicht, was da herauskommt. Wir verzichten auf eine Verkaufsmethode, sie ist nicht zu verantworten.
Es heisst nie: Hier ist ein Problem. Das müssen wir gemeinsam lösen. Wir müssen an dieses Problem herangehen. Sondern es heisst immer: Wir nicht, die anderen. Beim Waldsterben war und ist es genauso: Wir sind nicht schuld, die anderen. Beim Lungenkrebs, wir nicht, die anderen. Beim Phosphat im Wasser: Wir Waschmittelfabrikanten nicht, sondern die Landwirtschaft.
Und es heisst nie: «Achtung, die Wissenschaftler warnen. Was ist zu tun?» Sondern es heisst immer: «Unsinn!»
Ich erinnere mich wieder an meine eigenen Erfahrungen. Als wir vor 15 Jahren ein Verbot von Spraydosen verlangten, wurden wir unbeschreiblich unter Druck gesetzt, und ich sehe jetzt noch meinen damaligen Chef und Präsidenten des Konzerns, der mich vor versammeltem Management als völlig verrückt hinstellte: Der behauptet doch, wenn wir hier unten ‹pft› machen, dann gehe die Ozonschicht dort oben kaputt. Und ich denke an Wulf-Dietrich Rose, mit seinem Buch über Wohngifte. Er hat noch eine ganze

Menge Prozesse am Hals, obschon man längst weiss, dass es stimmt, was er publiziert hat. Oder jetzt mit den Bildschirmen: Die Wissenschaftler warnen vor den gesundheitlichen Auswirkungen am Arbeitsplatz, in den Büros und überall (unter anderem Wulf-Dietrich Rose, «Elektrostress»), und schon kommt die IBM und sagt, es gebe überhaupt keine Anzeichen von gesundheitlichen Gefahren durch Abstrahlungen von Bildschirmen. Sie behauptet dies hemmungslos, auch wenn etliche Forschungsergebnisse zu gegenteiligen Schlüssen kommen.
Es ist so: Die Wirtschaft verhält sich erst dann anders, wenn es überhaupt nicht mehr anders geht. Aber auch dann versucht sie noch auszuweichen.
Ein Beispiel: DDT ist bei uns längst verboten. Für die Dritte Welt wird es noch in Mengen produziert. Vor kurzem soll die BASF ihr DDT-Patent an die DDR verkauft haben. Die DDR liefert DDT nach Vietnam, wo der Boden ein zweites Mal vergiftet wird. In den landwirtschaftlichen Produkten, die Vietnam exportiert, kommt das DDT zu uns zurück.
Aber ist denn nicht das Beispiel Spraydosen ein Beweis dafür, dass die Industrie mit dem Abkommen von Montreal bereit ist, freiwillig gewisse Umweltleistungen zu erbringen? Was steht in diesem Abkommen drin? 1990 soll man mit dem schrittweisen Abbau des gefährlichen Treibgases in den Spraydosen beginnen, 1999 soll es dann soweit sein (dann dürften die entsprechenden Industrieanlagen längst amortisiert sein). Bis aber diese Treibgase die Ozonschicht erreicht haben, dauert es 10 Jahre. Im Jahre 2009 dürfte sich dann der Verzicht auf das Treibgas in der Ozonschicht auswirken. Vielleicht, denn für die Dritte Welt darf weiterhin produziert werden. Zudem gibt es unzählige Ausnahmen, die das Abkommen von vornherein unwirksam machen.

Wäre es nicht etwas vom Elementarsten gewesen, und zwar schon vor 20 Jahren, endlich die Beweislast umzukehren? Wäre es nicht das Elementarste gewesen, dass die Wirtschaft hätte beweisen müssen, und heute beweisen müsste, dass ein neues Produkt oder eine neue Produktionsmethode unschädlich ist? In Wirklichkeit ist es so, dass wir der Wirtschaft beweisen müssen, dass das, was sie macht, schädlich ist. Wie soll man denn sowas beweisen? Über die Information verfügt einzig die Wirtschaft; nur die Wirtschaft weiss, was sie auf den Markt bringt und welche Risiken damit verbunden sind. Deshalb sind auch die Forderungen nach einem umweltpolitischen Frühwarnsystem pure Illusion. Vor allem aber kann ich den Schaden erst dann beweisen, wenn er eingetreten ist. Wenn der Schaden eingetreten ist, dann ist es eben zu spät. Es ist zu spät mit dem Wald, es ist zu spät mit der Ozonschicht. Der Schaden ist da. Es ist zu spät mit den Robben und es ist zu spät mit der Ostsee.
Und die Ausreden der Manager? «Wir wissen, dass wir Fehler gemacht haben. Aber Du kannst doch nicht von einem Tag auf den anderen die Welt verändern. Die Hauptsache ist, dass etwas geschieht. Du willst doch nicht behaupten, dass nichts geschieht. Wir verändern jetzt.»
Tatsächlich: Die Umweltindustrie hat Zuwachsraten, wie keine andere. Überall finden Öko-Messen und -Ausstellungen statt. Die Öko-Technologie feiert Triumphe. Die Ökologia Wien, die grösste Umwelt-Messe Europas, deren junge Organisatoren in der Presse als ‹Öko-Yuppies› gefeiert worden sind, warb mit dem Argument: «Firmen, die umweltorientiert denken oder Umweltgüter erzeugen, winken in den neunziger Jahren die höchsten Wachstumsraten». Es gibt tatsächlich immer mehr ökologische Produkte. Es gibt neue, ressourcen-schonende Verfahren usw. Aber das ändert doch an der Wirtschaft nichts!

Sind das Auto, das sich ‹Natura› nennt, oder der Schädlings-Spray namens ‹Bio-Kill› Beweis einer ökologischen Wirtschaft?
Wenn ein Weichspüler in einer umweltfreundlichen Nachfüllverpackung angeboten wird, wird dann auch der Weichspüler umweltfreundlich?
Wenn die Insel Sylt in den Läden umweltfreundliche Produkte propagiert und gleichzeitig die Autos der Touristen von der Kirche segnen lässt, verhindert sie dann ihren Kollaps?
Wenn Aldi oder Denner oder Meindl oder wer auch immer jetzt Bio-Waschmittel führt, ändert das dann etwas am Verschwendungsprinzip unserer Wirtschaft?
Oder wenn die Burda-Presse eine grüne Beilage macht für ihre Zeitschriften, haben wir dann eine ökologische Presse? Oder wenn bald bei jedem Zahnarzt das Heft ‹natur› aufliegt, ändern wir dann etwas an der Mentalität des Ringier-Konzerns? Ist es nicht eine ungeheuerliche Heuchelei, auf der einen Seite mit ‹natur› ein Umweltbewusstsein vorzutäuschen, und auf der anderen Seite mit ‹Blick›, ‹Blick für die Frau›, ‹Blick am Sonntag› in Millionenauflage das Auto über alles zu erheben, und alles zu verteufeln, was auch nur im entferntesten mit Umwelt zu tun hat? Wie müssen sich wohl Journalisten vorkommen, die für einen solchen Konzern ‹arbeiten›? Der Direktor einer schweizerischen Sprengstoff-Fabrik bezeichnete die Journalisten als Borkenkäfer unserer Gesellschaft. Der Vergleich ist treffend. Er meinte zwar wohl, die Journalisten bedrohten die Gesellschaft. Aber ein Borkenkäfer bringt den Wald nicht um. Er labt sich am kranken Wald. Er lässt es sich wohlergehen an Krankheit, Zerstörung, Untergang, und frisst sich nochmals toll und voll. Die Parallele zu den Journalisten der Massenmedien ist frappant.
Ist es nicht auch eine ungeheure Heuchelei, wenn ein

Augstein einen ‹Spiegel› herausbringt und sich da gesellschaftskritisch und umweltbewusst benimmt, daneben aber ein ‹Manager-Magazin› publiziert, das genau das Gegenteil dessen vertritt und propagiert, was er im ‹Spiegel› verlangt?
Ist es ökologisch, wenn Sandoz nach der Rhein-Katastrophe plötzlich nach sanften Chemikalien schreit?
Ist es ökologisch, wenn die pharmazeutische Industrie plötzlich Unternehmen mit Naturheilmitteln aufkauft, aber jeden Dreck in die Dritte Welt liefert?
Oder was bringt's, wenn der Konzern, in dem ich früher tätig war, sich grosse Verdienste auf dem Gebiet des Energiesparens erworben hat, gleichzeitig aber ständig neue Shopping-Centers auf die grüne Wiese klotzt und Freizeit-Centers mit künstlicher Belüftung und Belichtung, mit künstlichen Wasserfällen und Palmengärten, also mit einem ungeheuren Energieverbrauch, baut?

Es ist immer dasselbe: Nicht die Wirtschaft und nicht der Markt werden ökologisiert, sondern die Ökologie wird vermarktet. Gewonnen ist nichts. Im Gegenteil. Die Wirtschaft sonnt sich in ihrem Umweltbewusstsein. Die Öko-Technologie macht den Kapitalismus erträglicher. Und der Konsument hat das Gefühl, sich nun wirklich anders zu verhalten; man hat schliesslich den Öko-Knigge zu Hause. Aber genau damit: Ich hab den Öko-Knigge zu Hause, ich verhalte mich jetzt anders, es hängt letztlich doch alles von mir ab – damit fällt der Konsument auf den Kniff der Wirtschaft herein. Wer würde nicht den lieben Öko-Freak oder die brave Hausfrau kennen, die sich regelmässig in den Umweltdiskussionen zum Wort melden, und unter Beifall an die Anwesenden appellieren: «Jeder muss bei sich beginnen». Wir müssten alle nur ... und schon haben sie dich wieder bei deinem Schuldgefühl. Ich sollte, ich sollte nicht, ich dürfte nicht, ich dürfte eigentlich, ich müsste eigentlich.

Es ist die Argumentation der Wirtschaft. Sie ist perfid. Die Probleme werden individualisiert. Es ist nie das System oder der Wirtschaftszweig oder das Verhalten des Unternehmens. Man entzieht sich der Verantwortung als Politiker und als Manager: Es liegt alles beim Konsumenten. Wir sind nur exekutiv. Wir führen aus, was der Konsument will. Wenn der Konsument nicht möchte, dann könnten wir es auch nicht machen.
Man schafft Teufelskreise. Man zergliedert die Lebensräume. Man trennt Arbeitsort vom Wohnort, Erholungsgebiet vom Wohnort, Einkaufsort vom Wohnort, man kommt gar nicht mehr aus ohne Autos. Je mehr Autos, desto grösser die Zergliederung. Es ist ein typischer Teufelskreis. Und dann heisst es, der hat ja auch ein Auto, der soll mal aufhören mit seiner Kritik.
Oder man hat die Einkaufsstruktur zerstört, man hat den Tante-Emma-Laden vernichtet und hat den Handel zentralisiert. Dafür stellen wir dir jetzt einen Tiefkühler oder einen Kühlschrank in den Haushalt. Je mehr Leute Tiefkühler und Kühlschränke haben, desto mehr wurde die Einkaufsstruktur zerstört. Immer mehr Leute mussten Tiefkühler haben. Und dann heisst es, der hat ja auch einen Tiefkühler, was soll denn das.
Oder man droht mit Arbeitsplatzverlust. Man droht mit dem Ruin des Unternehmens. Man droht mit dem Verlust der internationalen Konkurrenzfähigkeit. Und es ist immer der Konsument.
Sie kennen alle die Supermarkt-Kassen mit den Gestellen, wo man warten muss. Diese Gestelle heissen in der Fachsprache ‹Impulsgondeln›, weil da immer Ware drinliegt, die ich eigentlich gar nicht kaufen wollte. Man muss bei mir den Impuls auslösen: Komm, kauf das, nimm das auch noch mit. In der Regel liegen da kleine Schokoladen, kleine Spielsachen usw., und zwar genau auf der Höhe des Klein-

kindes, das im Einkaufswagen drinsitzt und so hinübergreifen kann. Das führt immer wieder zu Erziehungskonflikten. Wenn der Kleine reingreift und nimmt, dann heisst es, es sei ein verwöhntes Kind, und wenn es das nicht haben darf und zu brüllen beginnt, dann bist du eine Rabenmutter. Es gibt viele Mütter, die wegen dieser Methoden beim Handel reklamieren. Der Handel antwortet immer genau gleich: «Es ist ein reines Erziehungsproblem, ob man sich von quengelnden Kindern an der Kasse zu einem nicht beabsichtigten Kauf umstimmen lässt oder nicht; analoge Probleme stellen sich in der Kindererziehung Tag für Tag, von früh bis spät» (Migros). Oder noch perfider: «Es ist in erster Linie Sache der Eltern, ein Kind zur Bescheidenheit zu erziehen. Bereits das Kleinkind muss angehalten werden, zeitweise auf Kleinigkeiten wie Süsswaren etc. verzichten zu können. Auch ich wurde in diesem Sinne erzogen und bin meinen Eltern dafür sehr dankbar.» (City-Verband, Bern). Man lässt sich also alles Erdenkliche einfallen, um die Erziehungsschwelle des Nimm-Nicht zu überwinden, und wenn man's macht, ist man selber schuld.
Genauso verhält sich die Wirtschaft generell uns gegenüber. Man investiert Milliarden und Milliarden, um uns ein bestimmtes Verhalten beizubringen. Man engagiert die hemmungslosesten Psychologen, die raffiniertesten Werbefachleute, die routiniertesten Marketing-Experten, die gerissensten Ladenbauer, um uns beizubringen: Nimm, kauf, verbrauche! Du brauchst es! Und wenn man dann macht, was die Wirtschaft will, ist man selber schuld.
Wer liefert die Gegeninformation gegen die Beeinflussungsmaschinerie der Wirtschaft?
Ich erinnere mich an ein Gespräch, an welchem der damalige deutsche Bundesinnenminister Baum und ich versuchten, die Generaldirektoren von 12 deutschen Grosskonzernen mit den Problemen der ‹Ökologie› zu konfrontieren.

Ich war erstaunt, wie offen und verständnisvoll sich diese Herren gaben. «Herr Minister, Sie haben völlig recht. Es ist einseitig, wie wir die Konsumenten informieren. Wir können nicht anders. Wir müssen für unsere Produkte werben. Sie sind der Vertreter der Öffentlichkeit. Es wäre nun Ihre Aufgabe, dem Konsumenten die Gegeninformation zu liefern und das Allgemeininteresse zu vertreten.» Eine kleine Rechnung: Einem einzigen der anwesenden Herren standen für die Einführung einer einzigen Zigarettenmarke 50 Millionen DM zur Verfügung. Der gesamte Informationsetat des Ministers betrug 15 Millionen DM pro Jahr! Abgesehen davon: Wer hat schon einen Minister erlebt, der eine Anti-Werbe-Kampagne gestartet hätte? Er wäre die längste Zeit seines Lebens Minister gewesen.

In der Pause höre ich zufällig dem Generaldirektor des grössten Konzerns der Unterhaltungs-Elektronik zu, wie er seinen Kollegen seine Situation schildert: «Für mich ist der Markt bis 1990 gemacht; keine Probleme mehr. Wir reiten immer noch auf der Stereo-Welle. Es ist ein Wahnsinn, was die Leute kaufen. Nur 2 Prozent der Bevölkerung hören den Unterschied zwischen den teuren Anlagen und den normalen billigen Stereo-Geräten. Aber die kaufen alle die teuersten Anlagen. Es soll uns recht sein. Warum denn nicht? Aber das ist gelegentlich vorbei. Dann kommt als Taschengeld der Walkman. Kein grosses Geschäft, aber es hilft uns, kleine Lücken zu überbrücken. Dann wird die Video-Welle kommen. Sie wird so ungefähr 85/86 ihren Höhepunkt erreicht haben. Bevor die aber abzuflauen beginnt, werden wir bereits die Compact-Disc auf den Markt gebracht haben. Und jetzt stellen Sie sich mal vor, meine Herren Kollegen, wenn Hunderte von Millionen Plattenspieler auf der Welt vernichtet werden müssen, wegen unserer Neuentwicklung.» Alles war begeistert. Wenn's so läuft, ist der Konsument selber schuld. Die

Wirtschaft schiebt uns die Schuld zu.
Aber sie will nicht anders.

Will sie nur nicht? Könnte sie denn eigentlich anders? Frédéric Vester, der bekannte Biologe, gibt seit einiger Zeit hervorragend gemachte Publikationen heraus ‹Der Wert eines Baumes›, ‹Der Wert eines Vogels› usw. Beim Vogel beispielsweise rechnet er der Wirtschaft vor, was so ein kleines Vögelchen an Düngung, an Samenübertragung, an Insektenvertilgung usw. leistet, und kommt auf horrende Summen. Vester meint, damit die Wirtschaft vom Wert eines ‹ökologischen› Verhaltens überzeugen zu können. Das Gegenteil ist der Fall. Die Wirtschaft hat nur ein Interesse: so schnell wie möglich die Vögel umzubringen. Die Vögel nehmen der Wirtschaft Arbeit und Umsatz weg. Das mag für das einzelne Unternehmen zutreffen, vielleicht sogar für ganze Branchen, wird Vester mir entgegnen. Aber gibt es denn nicht auch noch gesamtwirtschaftliche Überlegungen? Schliesslich geht es – wie es in der Theorie so schön heisst – nicht nur um die mikro-ökonomischen Interessen des Einzelunternehmens, sondern auch um die makro-ökonomischen Belange einer ganzen Volkswirtschaft.
Aber für wen ist denn im makro-ökonomischen Bereich der materielle Wert eines Vogels etwas Positives? Wie soll er in die volkswirtschaftlichen Berechnungen eingehen? Wenn man aus der Presse regelmässig zur Kenntnis nehmen kann, die volkswirtschaftlichen Umweltschäden betrügen allein in der BRD weit über 100 Milliarden DM pro Jahr – was heisst das eigentlich? Weshalb reagiert niemand? Das Wissenschaftszentrum in Berlin kam schon vor Jahren zum Resultat, 10 Prozent des Bruttosozialproduktes müssten allein dafür aufgewendet werden, um Folgeschäden des Wirtschaftswachstums zu beseitigen. Oder was heisst das eigentlich, wenn ausgerechnet wird, die Isolation der Häuser

käme volkswirtschaftlich viel billiger zu stehen, als Atomkraftwerke zu bauen? Oder wenn das Deutsche Bundesumweltamt publiziert, die Berechnungen würden ergeben, dass eine drastische Reduzierung der Schwefelimmissionen viel billiger käme, als zum Beispiel die Schäden an den Gebäuden zu beheben. Was heisst denn volkswirtschaftlich sinnvoll? Es gibt eben volkswirtschaftlich nur den einen einzigen Massstab, und das ist das Bruttosozialprodukt. Aber was ist das Bruttosozialprodukt anderes als die Summe der Ergebnisse der Einzelunternehmungen?

Schon der Ausdruck ‹volkswirtschaftlich› ist absurd. Der Begriff Volkswirtschaft ist lediglich eine Folge des Begriffs Nationalstaat, eines Kunstgebildes, zufällig entstanden, mit zufälligen Grenzen und in zufälliger Form (siehe Seite 116). Vor allem aber ist der Begriff Volkswirtschaft ein Anti-Begriff, wie unser materieller Wohlstand allgemein. Ich kann ihn nicht messen; es ist eine relative Grösse. Ich bin immer nur relativ zu den anderen entweder reicher als der andere oder ärmer als der andere. Genauso ist es mit der Volkswirtschaft. Ich messe sie immer nur im Verhältnis zu anderen Volkswirtschaften.

Wenn dann die Vergleichsgrösse nichts anderes ist als die Summe der Ergebnisse der Einzelunternehmungen, sagt der Massstab nichts, aber auch gar nichts aus. Es wird nie danach gefragt, was hergestellt wird, sondern nur, wieviel zu welchem Wert. Erhalten, Bewahren ist wertlos. Deshalb reagiert auch niemand auf die Umweltschäden. Denn die 10% des Bruttosozialproduktes, die für die Behebung der Schäden aufgewendet werden müssen, werden am Bruttosozialprodukt nicht abgezogen, wie es jeder vernünftige Mensch bei sich persönlich tun würde, sondern dem Bruttosozialprodukt zugeschlagen.

Also auch hier wieder: Je schlechter es uns geht, desto

blühender die Volkswirtschaft. Allmählich sollte dies nun jedermann bekannt sein. Aber alle Wirtschaftsjournalisten – diese schlimmsten Lakaien des Kapitals – rufen unisono «bravo, grossartig», wenn das Bruttosozialprodukt einmal mehr gestiegen ist.
Dass die Politiker, Manager, Gewerkschaftsführer und Wirtschaftswissenschaftler zu nichts anderem fähig sind, erstaunt uns keineswegs!

Andererseits will man nun doch nicht als derart blöd und stupid dastehen. Deshalb hat man sich wieder etwas einfallen lassen. Es ist der Begriff des *qualitativen Wachstums* – der dümmste Begriff, den es in all den Umweltdiskussionen gibt.
Kürzlich wurde im schweizerischen Nationalrat (Bundesparlament) tagelang über das qualitative Wachstum diskutiert. Man hätte anschliessend das gleiche versuchen sollen, wie nach der Parlamentsdebatte über Wirtschaftsinformatik. Nach dieser Debatte fragte ein Journalist etwa 20 Parlamentarier, was sie unter Wirtschaftsinformatik denn verstehen – keiner wusste zu antworten. Das gleiche wäre mit Sicherheit nach den endlosen Diskussionen über qualitatives Wachstum geschehen. Keiner hat eine Ahnung, wovon er spricht. Er kann keine Ahnung haben, weil der Begriff ohne jeden Inhalt ist.
Was wird denn im Rahmen des ‹qualitativen Wachstums› vorgeschlagen?

- Das Verursacherprinzip müsse konsequent zur Anwendung gelangen. Wer Schäden verursache, müsse dafür aufkommen. Es ist die totale Perversion der Marktwirtschaft. Du darfst verschmutzen, beschädigen, umbringen – Hauptsache, du bezahlst! Man schlägt sogar die Einführung von Emissions-Zertifikaten (= ‹Verschmutzungsberechtigungen›) vor, die gehandelt werden können. Die Umwelt verschmutzen, die Pflanzen, die Tiere, die Menschen umbringen darf derjenige, der damit die grössten Profite erzielt. Nachdem Sandoz die Bevölkerung von Basel und Umgebung mit einer der grössten Chemie-Katastrophen bedroht und alles Leben im Rhein vernichtet hatte, gab man sich zufrieden, als es hiess, die Versicherung von Sandoz werde bezahlen. Welche qualitativen Schäden hat Sandoz bezahlt? Das so verstandene Verursacher-Prinzip kann nur quantitative Schäden erfassen – wenn sie bereits entstanden sind. Deren Beseitigung auf Kosten des Verursachers – im Leben des ‹gewöhnlichen Bürgers› eine Selbstverständlichkeit – soll dann qualitatives Wachstum sein? Es gäbe allerdings ein anderes Verursacherprinzip: Dass diejenigen, die Schäden verursachen – die Politiker und Manager – persönlich haften würden und hinter Schloss und Riegel kämen. Und zwar bevor sie den Schaden verursacht haben. Die Gefährdung allein würde ausreichen. Auch unsere Strafgesetze würden ausreichen. Aber die Gefängnisse nicht!

- Die Schwellen- und Grenzwerte müssen drastisch heruntergesetzt werden.
  Sind denn die bestehenden Grenzwerte je eingehalten worden? Was geschieht, wenn sie überschritten werden? Ist je etwas geschehen? Wer trägt die Folgen, wenn sie überschritten werden?
  Als im Sommer 88 in der Schweiz die Luftschadstoffwerte überschritten wurden, durften sich alte Leute, Kinder – mitten in den Sommerferien, bei schönstem Wetter – tagsüber nicht mehr im Freien aufhalten, und Sportler mussten auf starke Belastungen verzichten. Als einzelne Kantone bei den Verursachern eingreifen wollten, wurden sie vom Bundesrat (Bundesregierung) zurückgepfiffen.
  Grenzwerte legitimieren die Vergiftung. Vergiften darfst

du, aber bitte nicht zu viel. Wenn sie dann doch stärker sein sollte als erwartet, sind die Grenzwerte unrealistisch.

Dem Grenzwert liegt immer noch der Gedanke zugrunde: «Alles ist Gift, es kommt nur auf die Menge an.» So zwiespältig der Spruch schon immer war (wenn du dich vergiftest, bis du selber schuld, du hättest nicht soviel nehmen dürfen!), so verlogen ist er, seit wir wissen, dass die verschiedenen Gifte sich einerseits akkumulieren, d. h. sich über Jahre hinweg im Körper ansammeln, so klein die eingenommene Einzeldosis auch sei, und dass sich andererseits die Wirkung verschiedener Gifte, wenn sie kombiniert werden, vervielfacht.

Worin die Grenzwerte wirklich bestehen, zeigt das Beispiel der sog. integrierten Produktion, wie sie von den offiziellen Stellen heute für die schweizerische Landwirtschaft propagiert wird. Man verzichtet auf chemische Schädlingsbekämpfungsmittel, bis die Schwelle erreicht ist. Die Schwelle ist dann erreicht, wenn die Schäden an den Kulturen höher sind als die Kosten für die chemischen Mittel (= qualitatives Wachstum!). An die Auswirkungen auf die Nützlinge, auf Luft, Wasser und Boden und auf den Menschen denkt niemand.

- Man will mit den Ressourcen sorgsamer umgehen.

Wäre dies nicht für jede Wirtschaft eine Selbstverständlichkeit? Besteht nicht im optimalen Einsatz der Ressourcen das Prinzip der Wirtschaftlichkeit an sich? Bedingung wäre, dass die Ressourcen mit ihrem Wiederbeschaffungswert in die Rechnung eingesetzt werden müssten. Schlagen Sie das einem Politiker oder Manager vor! Undenkbar in einer Wirtschaft, deren Prinzip Ausbeutung und Verschwendung, also Macht statt Sinn ist.

Weshalb sind denn alle Rohstoffabkommen gescheitert, sobald sie sich gegen die Interessen der Industrienationen ausgewirkt hatten?

Nicht Schonung der Ressourcen, sondern Recycling ist Trumpf – es kurbelt die Wirtschaft an, und alle Konsumenten haben das Gefühl, auch die Industrie sei jetzt umweltbewusst geworden.

- Vor allem werden wir sinnvollere Produkte herstellen, Produkte, die in ökologischer Hinsicht unbedenklich sind. Wir werden nun eben Ökologe und Ökonomie vereinen.
Wir werden in 35 Jahren
    - doppelt soviele Autos haben, aber alle mit Katalysatoren.
    - doppelt soviele Strassen, aber viele Beläge aus recykliertem Kunststoff.
    - doppelt soviele Häuser, aber die Fassaden sind begrünt.
    - doppelt soviele Koteletten, aber die Schweinejauche ist ökologisch aufbereitet.
    - doppelt soviel Bier, aber Hopfen und Malz stammen aus integrierter Produktion.

Soll denn das nichts sein? Schau dir doch mal die Fortschritte bei den Solarmobilen an!
Die Automobilindustrie wird tolle Wachstumsraten haben. Das Zweit- und Drittauto kann für die meisten Familien Realität werden – ohne Zunahme der Luftverschmutzung. Spielt es da eine Rolle, ob wir noch viel mehr Strassen und noch viel mehr Parkplätze und Garagen brauchen? Ob statt der Schrottautos uns nun noch riesige Mengen Kunststoff-Karrosserien überschwemmen werden? Ob unsere sozialen Gemeinschaften noch mehr draufgehen? Ob wir unsere Lebensräume noch mehr zergliedern?
Ist es nicht typisch, dass die wichtigste Veranstaltung für Solarmobile ein Autorennen ist? Der nächste Schritt wird sein, dass sich die Autopartei eine Untersektion ‹Solarmobile› angliedert. Man gibt sich grün, aber kein Vorstandsmitglied braucht auf den starken Wagen als unentbehrlichen Potenzersatz zu verzichten.

Werden durch die ‹sinnvolleren Produkte› nicht einmal mehr die Probleme verdrängt? Beim Auto das Problem der individuellen Mobilität (siehe Seite 130)?

Aber auf dem Begriff des qualitativen Wachstums hat man ganze Gedankengebäude errichtet. Man spricht von Sozialbilanzen, von Ökobilanzen, Verträglichkeitsprüfungen usw. Alles beruht auf der irrigen Annahme, dass Qualitäten quantifizierbar seien. Das Argument, es gehe darum, statt der Quantifizierung die Ziele und das Erreichte verbal zu schildern, dann gelinge es auch, Qualitäten zu erfassen, führt in die Irre.
Es bleibt beim Messen, beim Bilanzieren. Qualitäten kann ich nicht bilanzieren.
Wenn auch nur eine einzige der für mein Leben entscheidenden Qualitäten nicht stimmt, fühle ich mich miserabel. Die Bilanzierung von Qualitäten ist in den Management-Kursen üblich. Was spricht für etwas, was spricht gegen etwas? Dann hängt man die schön aufgeschriebenen ‹Pros› und ‹Cons› an eine grosse Tafel. Hat es am Schluss mehr ‹Pros› oder mehr ‹Cons›? Dann wird entschieden. Aber es kommt doch nicht auf die *Zahl* der Argumente an!
Qualitatives Wachstum ist der gleiche gedankliche Irrläufer, wie wenn wir meinen, soziale, menschliche Beziehungen und deren Beziehungen zur Umwelt systemtheoretisch, kybernetisch erfassen zu können. Hat uns das Bild der Vernetzung vielleicht sogar etwas irregeführt? Aha! Wenn wir beim Netz irgendwo ziehen – welche Fäden bewegen sich dann? Und nun alles schön eingeben in den Computer, dann haben wir es wieder im Griff – das kybernetische, das ökologische Zeitalter ist angebrochen. Ist es nicht wieder ein Versuch, menschliche und natürliche Probleme technokratisch lösen zu wollen?
Kann ich denn das, was Leben ausmacht, Gefühle, Sinnlich-

keit, Erleben, in den Computer eingeben? Sollte es uns nicht stutzig machen, dass die gleichen Modelle, die das ökologische Zeitalter einläuten sollen, verwendet werden können, um Freizeit-Centers zu planen, oder um die Frage zu beantworten, wie die «Fluggast-Kabine der Swissair-Jets im Jahre 2000 aussehen soll». Eine Jet-Kabine sei als komplexes System einem Biotop vergleichbar (Faktoren: «Teppiche, Champagner-Ausschank, Beinfreiheit, knautschiges statt glattes Leder in der First Class?» – kein Witz!). Solche Systeme und Modelle sollen uns dem neuen Zeitalter näher bringen?

Eine von der Schweizer Regierung eingesetzte Expertenkommission verfasste einen Bericht über ‹qualitatives Wachstum›. Er ist lesenswert. Es ist wahrscheinlich das Unglaublichste, das in der Öko-Diskussion je publiziert wurde, aber auch das Entlarvendste.

Wir brauchen mehr qualitatives Wachstum, um auch quantitativ wieder wachsen zu können – dies als Quintessenz des Berichts. Ehrlicher geht's nicht!

Die Konsequenz: Sie wollen wieder darüber entscheiden, wann wir uns gut zu fühlen haben und wann nicht. Sie entscheiden nicht nur darüber, wie Qualität zu messen ist, sie wollen auch noch über unsere Lebensqualität entscheiden.

Ich weiss ganz genau, wann es mir gut geht und wann nicht. Und welche Voraussetzungen gegeben sein müssen, damit ich mich gut fühle, darüber entscheide ich, ganz allein ich. Was? Du willst über Qualität entscheiden? Willst du dich mit den Menschen vergleichen, denen wir die Hochblüte unserer Zivilisation, unserer Kultur zu verdanken haben?

Aber sie wird kommen, die Zeit! Kommunikationsgesellschaft, Informationsgesellschaft, ökologisches Zeitalter – alles nur Voraussetzungen für die endgültige Gesellschaft: die *Kulturgesellschaft!*

In einer Schweizer Wochenzeitung erscheint regelmässig eine kleine Kolumne, in welcher mehr oder weniger bekannte Zeitgenossen ihre ‹Kulturwoche› zu schildern haben. Während in der Regel einer den anderen in seinem kulturellen Engagement, in seinem Kulturbewusstsein und in der Vielfalt seiner kulturellen Tätigkeiten und Genüsse zu überbieten versucht, blieb mir nichts anderes übrig als einzugestehen, dass ich schon jahrelang nie mehr im Theater war, mir kein Konzert mehr zu Gemüte geführt, keine Galerie mehr besucht habe, dass ich mir aber auch keinen Film mehr angeschaut habe, keinen Fernseher besitze, kein Stereo- und kein Video-Gerät, keinen Film- und keinen Fotoapparat. Was bin ich nun? Ein typischer Kulturbanause? Ein kulturloser Prolet, ein unzivilisierter Wilder? Warum dann meine ganze humanistische Ausbildung mit Griechisch- und Lateinunterricht, mit Kunstgeschichte und Philosophie? Warum die Ausbildung an der Musik-Akademie? Warum wurden dann Zehntausende von Franken in mich investiert für eine ‹höhere Bildung›?
Anderseits habe ich zwei Jahre lang als Bauer Kulturen angelegt. Ich weiss, was kultivieren heisst. Habe ich denn nicht die älteste, ursprünglichste Form von Kultur, die echte Kultur, nämlich Agrikultur, betrieben? Sind nicht alle diejenigen, denen Agrikultur nichts bedeutet, die wirklichen Kulturbanausen?

Wir wissen gar nicht mehr, was Kultur heisst. Es scheint sich auch hier zu bestätigen, dass Begriffe keinen Inhalt mehr haben. Dass mit den Begriffen die grösste Schindluderei betrieben wird. Wenn wir von Kultur sprechen, assoziieren wir damit unverzüglich Musik, Theater, Malerei. Wir verstehen unter Kultur nichts anderes als Kunst. Warum sprechen wir dann aber von Wohnkultur, von Esskultur, politischer Kultur, Wissenschaftskultur, von einer materiellen Kultur, die alles betrifft, was Sachgüter, Werkstoffe usw. umfasst. Weshalb spricht ein Hundertwasser sogar von einer Scheisskultur, ohne damit die heutige Art von Kultur charakterisieren zu wollen. Er meint damit, dass die Art, wie wir mit unseren eigenen Abfällen, mit unseren eigenen Fäkalien umgehen, auch mit Kultur zu tun hat.

Kultur ist die Gesamtheit dessen, was für eine menschliche Gemeinschaft in einer bestimmten Region typisch ist.
Kultur ist das Gesamte. Kultur ist ganzheitlich. Wir zergliedern zwar unser Leben in Teilbereiche wie Recht, Staat, Sitte, Sprache, Religion, Kunst, Wissenschaft. Kultur ist aber das Umfassende. Wir können nur dann von einer Kultur sprechen, wenn alle diese Bereiche integriert sind und zusammengehören.
Kultur ist räumlich begrenzt. Sie ist lokal, regional. Sie ist eingebettet in einen Raum, eine Region, eine Landschaft, eingebettet in ein bestimmtes Umfeld. Sie kann nicht übertragen, exportiert, auferlegt, aufgezwungen werden. Es gibt *die* Kultur nicht. Es gibt nicht *eine* Kultur, aber wir tun ständig so. Wir sprechen von *einer* Zivilisation, von *einer* Technik, von *einer* Wissenschaft, von *einer* Wirtschaftsordnung, von *einem* Gott. Und dieses ‹eine› immer bestimmt vom weissen Mann. In diesem *einen* liegt ein ungeheurer Totalitätsanspruch. Diese uniforme Einstellung ist genauso diktatorisch wie: *ein* Reich, *ein* Volk, *ein* Führer. Es gibt keine Weltkultur.
Das entscheidende, ob man von einer Kultur sprechen kann oder nicht, ist das Typische. Das Typische macht die betref-

fende Kultur aus. Das, was meine Gemeinschaft von einer anderen Gemeinschaft grundsätzlich unterscheidet hinsichtlich Wertmassstäben und Lebensstil (was will ich denn eigentlich?), hinsichtlich der Einstellung dem Leben und dem Tod gegenüber, hinsichtlich Einstellung und Verhalten bezüglich Natur, Krankheit, Mitmensch, Tier. Oder wie es ein Vietnamese ganz schlicht gesagt hat: «Kultur ist, wie die Menschen irgendwo miteinander umgehen.» Denn so gehen sie auch um mit der Umwelt, mit der Tierwelt. Und diese Art, mit der Natur umzugehen, ist ein wesentlicher Teil der Kultur. Deshalb ist es völlig irreführend, Kultur als Gegensatz zur Natur zu bezeichnen und zu sagen, dass jede Kultur eine Beeinträchtigung der Natur sei. Mit dieser Argumentation rechtfertigen die Technokraten jeden Eingriff in die Natur.

Aber mindestens so gefährlich ist die umgekehrte Argumentation, wie sie bei den Öko-Faschisten zu finden ist. Ich denke hier an die grüne ‹Bibel› von Gerhard Schönauer ‹Ein Weg zum Leben im Grünen›, in welchem er sagt: «Kultur macht hässlich.» Jeder Eingriff in die Natur verletze die natürlichen Ausleseprinzipien – Schönauer spricht sogar von Ausmerzungsprinzipien. Das Resultat seien die hässlichen und unglücklichen Menschen unseres Kulturkreises. Mir kommt Goebbels in den Sinn: «Wenn ich das Wort Kultur höre, ziehe ich den Revolver.» Kultur und Natur sind keine Gegensätze, wie es uns gewisse Philosophen seit Jahrtausenden weiszumachen versuchen. Frage einen Indianer, ob seine Kultur die Natur zerstöre oder auch nur beeinträchtige.

Kultur, das sind die Wurzeln einer menschlichen Gemeinschaft, Wurzeln mit all ihren Verflechtungen, ihrem ganzen Netzwerk, mit all ihren Abhängigkeiten und Gegenseitigkeiten. Aber wenn Kultur die Wurzeln sind, dann ist Kultur etwas Bestehendes, ein Zustand. Kultur ist kein Programm,

kein Ziel. Es ist nicht etwas, das sich einmal dann vielleicht verwirklichen lässt. Kultur ist das Jetzt. Kultur ist das Typische des jetzigen Zustands.
Ein Ziel haben zu müssen, etwas erreichen zu wollen, ist das typische Haben, um mit Fromm zu sprechen. Kultur ist das Sein. Oder wie Breyten-Breytenbach kürzlich über die afrikanische Kultur gesagt hat: «Man ist, man redet, das ist alles». In diesem Sein im Jetzt kommt wieder der Gegensatz zu unserem Denken in Vergangenheit, Gegenwart und Zukunft zum Ausdruck, ein Denken, bei dem sich auch eine Kultur entwickeln muss. Dies erlaubt uns dann, von primitiven Kulturen einerseits und Hochkulturen andererseits zu sprechen. Wie wenn primitiv nicht elementar heissen würde, noch ursächlich mit den Elementen verbunden. Die sogenannten Hochkulturen aber waren immer jene Kulturen, die nachher zugrunde gegangen sind. Diese Kulturen waren und sind überreif, sie sind faul. Aber das Denken in primitiven und in Hochkulturen hat uns Europäern schon immer erlaubt, uns haushoch über die anderen erhaben zu fühlen. Dies hat uns Europäern schon immer erlaubt, in unserer ungeheuren Arroganz unzählige andere Kulturen zu zerstören. Früher hiess es Kolonialismus, heute sind es die drei Faktoren: westliche, nicht angepasste Technik; westliche, ausbeuterische Wirtschaftsprinzipien und westlicher Lebensstil – siehe Tourismus –, was die bestehenden Kulturen zerstört hat und noch immer zerstört. Wir weissen Männer sind die einzigen, die je überfremdet haben. Und noch heute ist man stolz darauf. Das Vorstandsmitglied eines deutschen Zoos (!) lobt die Kolonisatoren in Afrika: «Sie haben die Zivilisation nach Afrika gebracht.»

Kann der weisse Mann denn wenigstens auf seine eigene Kultur stolz sein? Oder hat nicht sein Denken, sein Zwang, sich ständig entwickeln zu müssen, hat nicht sein Zwang zum Fortschritt (wobei Fortschritt eben nicht Weiterschreiten, Fortschreiten heisst, sondern weg von allem Gewachsenen), hat denn dieses Denken nicht seine eigene Kultur auch zerstört? Oder umgekehrt: Worin besteht das Typische unserer Kultur? Nehmen wir einmal die verschiedenen Lebensbereiche und versuchen wir zu formulieren, worin nun das für uns Typische besteht. Versuchen wir, unsere Kultur zu charakterisieren.

Wohnkultur? Hochhäuser und Mietskasernen wie überall auf der Welt; Fertig-Chalets, völlig unabhängig von der Region; Inneneinrichtungen, abwechselnd zwischen Ikea, Micasa und Möbel Pfister.

Esskultur? McDonald's oder Burger King oder Wimpi oder Wendy; die Pizzeria im Bergdorf, Cocacola im Urwald, auf den Oasen, bei den Eskimos; griechisch, türkisch, jugoslawisch, chinesisch in jeder deutschen Stadt – und zu Hause Fertigmahlzeiten, Konservengerichte, Tiefkühlprodukte, weltweit identisch.

Hotelkultur? Werben nicht die grossen Hotelketten gerade damit, dass man überall auf der Welt das gleiche Zimmer findet, die gleiche Einrichtung, die gleiche Reception, die gleiche Bar, die gleiche Bedienung?

Politische Kultur? Früher hat man von Bananenrepubliken gesprochen, wenn man eine kulturlose Nation gemeint hat; aber heute ist doch Lüge, Bestechung, Korruption überall an der Tagesordnung, von der Sowjetunion über die Regierung in Bern oder in Schleswig-Holstein, über den Vatikan bis zu den USA.

Eine Sachkultur? In der wir das Gefühl für den Werkstoff völlig verloren haben, weil alles vom Kunststoff beherrscht ist.

Eine Agrikultur, in welcher die Bauern weltweit zu Heimarbeitern der Chemie und der Grossbanken degradiert worden sind. Ein ländliches Brauchtum, das zur Show, zur Folklore verkommen ist.

Eine Wissenschaftskultur? Eine Wissenschaft, die keine Probleme löst, sondern nur noch Probleme schafft. Eine Wissenschaft, die das echte Verstehen, das Begreifen verdrängt hat. Eine Wissenschaft, die dazu geführt hat, dass die Gesellschaft sinn- und wertfrei ist, also sinn- und wertlos nur noch Wissen anhäuft und nicht mehr versteht, was los ist. Die kein Verständnis mehr hat für Zusammenhänge.

Eine solche Gesellschaft ist kulturlos. An die Stelle des Werts, des Gefühls, des Empfindens, an die Stelle des Verstehens tritt die Institution. Die Kirche tritt an die Stelle des Glaubens, der Staat an die Stelle der Heimat, die Schule an die Stelle der Erfahrung, die Organisation an die Stelle des Organismus. Sobald Werte institutionalisiert werden, gehen sie zugrunde. Die Werte werden verraten. Die Institution verselbständigt sich. Die Institution war noch immer mächtiger als die Idee.

Wir müssen uns einmal ganz ehrlich eingestehen: wir haben keine eigene Kultur mehr, wir sind kulturlos.

Es gibt zwei untrügliche Zeichen für die Kulturlosigkeit eines Volkes.

Das eine Zeichen sind die Kulturkonserven, die Museen. Wenn man beginnt, das was lebendig sein sollte, was wichtiger Bestandteil einer lebendigen Kultur sein sollte, in Museen zu sperren, dann weiss man, was los ist. Es gibt kaum mehr ein Dorf ohne Ortsmuseum, weil das Dorf selber nicht mehr lebt. In Zürich steht mitten im Zentrum ein Wohnmuseum, umgeben von den Grossbanken, die bald sämtliche Wohnmöglichkeiten in der Stadt zerstört haben werden. Im Kanton Thurgau ist ein Museum für Bauernkultur geplant, weil es keine ländliche Kultur mehr gibt. Die Universität Dortmund plant die Schaffung eines 10 ha grossen ‹Umweltkulturparks›, weil es keine Umweltkultur gibt. Das grotesteste ist der ‹Ballenberg› in der Schweiz, wo typische Häuser aus sämtlichen Regionen des Landes dort abgebrochen und auf dem ‹Ballenberg› neu aufgebaut werden, völlig losgelöst von ihrer wirklichen Umgebung. Disney-Land, genau gleich in Paris wie in den USA, oder Swiss Miniature, wo die gesamte Schweiz in Kleinstformat in einem einzigen Park Platz gefunden hat. Das einzige sinnvolle Museum ist leider noch nicht geschaffen worden: Es wäre das Armeemuseum.

Das zweite untrügliche Zeichen für die eigene Kulturlosigkeit ist der krampfhafte Versuch, irgendwo auf der Welt einen neuen kulturellen Rahmen zu finden. Wieviele Menschen rennen heute irgend einer Heilslehre nach, wieviele Menschen suchen Geborgenheit bei einem Guru, wieviele Menschen glauben, in irgendwelchen, ihnen völlig fremden Kulturen, heimisch werden zu können. Stellen wir uns einen Indianer vor, der plötzlich die Kultur der Eskimos übernehmen möchte. Oder einen australischen Ureinwohner, der die Inka-Kultur auferstehen lassen möchte. Aber für uns ist es selbstverständlich, dass Zehntausende, wenn nicht Hunderttausende einem Baghwan nachgerannt sind, oder ihr Heil plötzlich in Yin Yang oder bei Indianer-Mythen oder im Schamanismus suchen. Denken wir daran, wieviele Menschen das heutige New-Age-Theater mitmachen.

Aber es geht nie darum, uns in diese anderen Kulturen hineinzufühlen, geschweige denn, sich für diese Kulturen einzusetzen. Es geht wiederum nur um die Interessen des weissen Mannes. Wir haben die Indianer umgebracht, um nur ein Beispiel zu nennen. Wir haben ihnen ihren Lebensraum geraubt. Wir haben sie gezwungen, sich unserer Lebensweise zu unterziehen. Nachdem nun die Kultur und die Zivilisation des weissen Mannes am Ende ist, erwarten wir von den Indianern, dass sie uns ihr Wissen zur Verfü-

gung stellen, weil trotz unserer Zerstörerwut «die indianische Überlieferung die Lehren der Alt-Steinzeit ungebrochen bewahrt hat», um die Worte von Kayserling zu gebrauchen.
Wer engagiert sich denn schon in der Bewegung zur Befreiung der Indianer? Das wäre doch ein erster, wichtigster Schritt. Nein, man will nicht die Indianer befreien, man will nur ihr Wissen, um selber über die Runden zu kommen.
Al Imfeld hat schon oft darauf hingewiesen, dass die Menschen, die in fremden Kulturen das Heil suchen, aufgrund verschiedener Untersuchungen in der Tendenz fremdenfeindlich, rassistisch, nationalistisch, chauvinistisch, pro Militär und eine starke Verteidigung, kalte Krieger und liberale Marktwirtschafter sind.

Die Folgen der Kulturlosigkeit sind verheerend. Es ist wie bei einem Menschen ohne Selbstbewusstsein. Er muss sich ständig künstlich bestätigen, er braucht Statussymbole und vor allem braucht er Macht, um den anderen unterdrücken zu können, sonst ist er niemand. Er muss sich seine menschlich, fachlich, charakterlich nicht existierende Überlegenheit durch hierarchische Macht ständig neu beweisen. Und wehe dem hierarchisch Schwächeren, wenn er den Mächtigen in Frage stellt.
So verhält sich alles, was letztlich nicht an die eigene Existenz glaubt, und dies mit Machtdemonstrationen kompensieren, ja überkompensieren muss. So existiert die heutige Kirche nur noch als Institution. Deshalb weiss sie nichts anderes mehr, als sich hinter dem übelsten Konservativismus zu verschanzen und alles zu verteufeln, was ‹Glauben leben› heisst – von der Befreiungstheologie über die Basisgemeinden bis zum Einsatz von Laienpredigern und Frauen auf der Kanzel.
Oder die Armee als extremstes Beispiel der Sinnlosigkeit.

Eine Armee, die sich ihrer Aufgabe bewusst ist, eine Armee, die an ihre eigene Existenzberechtigung glaubt, eine selbstbewusste, selbstsichere Armee, hat es nicht nötig, ein Rüstungsreferendum zu bekämpfen. Sie hat es nicht nötig, eine Gruppe ‹Schweiz ohne Armee› als staatsfeindlich und subversiv zu bezeichnen. Sie hat es nicht nötig, solche Mitbürger zu verteufeln. Sie würde die Initiative unterstützen, um zu überprüfen, ob sie noch im Volk verwurzelt ist. Eine solche Armee muss Dienstverweigerer nicht kriminalisieren. Eine solche Armee unterstützt die Friedens- und Konfliktforschung, und zwar nicht als Ergänzung zur Armee, sondern als mögliche Alternative zur Armee. Der Mangel an Selbstbewusstsein hat auch hier verheerende Folgen. Was bleibt der Armee anderes übrig, als mit ihrer wahnwitzigen Aufrüstung, mit scharfer Munition und Stacheldraht in jedem Dorf, mit den Waffen-Chilbis, Vorbeimärschen, Defilees und der Forderung nach einer ständigen Eingreiftruppe im Schweizervolk eine eigentliche Kriegspsychose zu schaffen.
Genauso verhält es sich mit der Kulturlosigkeit unseres Volkes, unserer Gesellschaft. Die Fremdenfeindlichkeit ist die Folge. Der Chauvinismus-Nationalismus, der bei uns grassiert, ist die Kehrseite davon. Rassismus war noch immer Krankheitszeichen. Rosmarie Kurz vom ‹Friedensdienst› hat es ganz vorsichtig formuliert: «Rassismus ist die Überbewertung des eigenen kulturellen Rahmens.» Daraus ergibt sich: je mieser dieser kulturelle Rahmen, desto krasser ist der Rassismus. Oder Hannah Arendt, die den Nationalismus als Betrug bezeichnet, als «Betrug, der eine Wahnvorstellung an die Stelle einer lebendigen Realität setzt». Oder auch hier wieder umgekehrt formuliert: je weniger lebendig, je morscher, je fauler die Realität, also die Kultur, desto grösser der Betrug, der Nationalismus.
Eine weitere Folge ist der Versuch, alles zu verfemen und

zu zerstören, was sich in dieser Kulturlosigkeit zu eigenständigen Kulturen, zu Subkulturen entwickeln könnte. Stichworte: Autonomes Jugendzentrum in Zürich, Reithalle und Zaffaraya in Bern, Stadtgärtnerei in Basel, um nur einige Schweizer Beispiele zu nennen.

Eine lebendige Kultur verlangt nach ständig neuen Einflüssen durch eigene Subkulturen und durch andere Kulturen. Wovor hat man denn Angst, wenn man von fremden Kulturen spricht? Hat man Angst davor, dass man uns den Spiegel vorhält? Eine lebendige Kultur schottet sich nicht ab gegen das Fremde, sondern freut sich daran, nimmt es an und setzt sich auseinander. Parteien wie eine FDP (Freisinnig Demokratische Partei der Schweiz) und eine SVP, (Schweizerische Volkspartei) denen ein Parkplatz und ordentlich blühende Krokusse lieber sind als ein brodelndes Jugendzentrum oder selbstbestimmte Wohnformen, sind morsch, kaputt. Eine NA (Nationale Aktion der Schweiz) die fordert, nur noch Flüchtlinge aus dem eigenen Kulturbereich aufzunehmen, ist geistig am Verwesen. Eine Nation, die sich durch Fremdartige in ihrer kulturellen Existenz bedroht fühlt, was ist mit diesem Volk los?
Als wir selber noch eine Kultur hatten, nahmen wir begeistert und begierig auf, was zu uns kommen wollte. Wir fühlten uns nicht bedroht. Wir fühlten uns angeregt durch das Fremde, man schrie nicht zuerst nach Integration und Assimilation.
Wer schon Gelegenheit hatte, sich in einem Asylantenheim umzusehen, weiss, wie wir heute mit den Fremdartigen umgehen. Da sitzen Frauen aus Sri Lanka oder woher auch immer und lernen schweizerisch sticken und stricken. Man bringt ihnen europäische Normen bei, europäisches Essen, europäische Sauberkeit, europäische Isolation unter straffer militärischer Disziplin. Krasser kann man unsere Unfähig-

keit, das Andere in seiner Andersartigkeit zu akzeptieren, wohl kaum erleben. Warum lassen wir uns nicht *ihre* Kultur zeigen?

Fremd sind aber nicht nur die Asylanten, die man – den eigenen Wertmassstäben entsprechend – als Wirtschaftsflüchtlinge zu diffamieren sucht. (Wenn schon wirtschaftliche Gründe für ihre Flucht wichtig waren, dann waren es keine Wirtschaftsflüchtlinge, sondern Armutsflüchtlinge. Die wirklichen Wirtschaftsflüchtlinge sind Leute wie Gunter Sachs, der sich unverzüglich das Schweizer Bürgerrecht kaufen konnte, um nicht mehr Flüchtling zu sein, oder der verstorbene Horten mit seinen unversteuerten Flüchtlingsmilliarden, oder all die anderen Reichen und Superreichen mit Villa und Geheimkonto in der Schweiz.)

Fremd ist grundsätzlich alles, was nicht den eigenen spiessbürgerlichen Normen entspricht. Man hasst das Fremde, das Andersartige, das nicht Normale.

Man hasst
- Kinder, die lärmen
- Schwarze, die anders aussehen
- Italiener, die fröhlich sind
- Junge Männer mit langen und junge Frauen mit kurzen Haaren
- Strassenmusikanten, die spielen und singen
- Nachbarn mit einem Naturgarten ohne Kunstrasen
- Rastas, die Frauen faszinieren
- Deux-Chevaux-Fahrer auf der Autobahn
- Radfahrer im Stadtverkehr
- Jugendliche, die so wenig arbeiten wollen wie nötig und nicht soviel wie möglich (Sozialparasiten nennt sie Konrad Lorenz in einem Rückfall in seine nationalsozialistische Zeit)

Es gibt wohl in unserer Gesellschaft kaum etwas Provozierenderes und Gewalttätigeres als die vermummten Schlä-

gerbanden, die von den Etablierten Polizisten genannt werden. Auf diese Polizisten müssen deshalb die friedlichsten Hippies provozierend wirken und nicht jugendliche Neo-Nazi-Banden oder randalierende Fussball-Rowdies.
Auch Hausbesetzer, Zaffarayaner, Langhaarige oder Kahlgeschorene müssen für Polizisten Kriminelle sein, weil sie selbst ihr Leben der Norm und dem obrigkeitlichen Befehl gewidmet haben. Die Deformierten brauchen das Feindbild des ‹Ausgeflippten›, um ihre eigene Deformation nicht zu erkennen.
Die heutige Gesellschaft braucht den Terror – da hat Jutta Ditfurth völlig recht –, um die eigene Unterdrückung und Kriminalität nicht erkennen zu müssen.

Warum sind wir uns der eigenen Kulturlosigkeit gar nicht bewusst? So, wie wir in der Kommunikation die Zwischenmenschlichkeit durch eine Technologie ersetzt haben, so haben wir einfach die Kultur umgetauft. Es gab die Kulturinitiative in der Schweiz. Aufgrund der Initiative ist Kultur die Darstellung und Auseinandersetzung mit unserem Leben, unserem Lebensgefühl und unserem Lebensraum. Also nur noch die Darstellung? Und wenn nichts mehr da ist? Kunst sollte Ausdruck einer Kultur sein. Aber in dem Moment, wo der Ausdruck zum Inhalt wird, heisst das doch, dass es keinen Inhalt gibt.
Wir ersetzen die eigene Kulturfähigkeit durch die Konsumdarbietungen der Kulturschaffenden. Welche Mentalität dahinter steckt, ergibt sich schon aus einzelnen Ausdrükken, aus einzelnen Begriffen, die im Zusammenhang mit der Kulturinitiative gebraucht wurden. Man spricht von einer kulturellen Front, man spricht von Kulturimporten und -exporten, von Kulturmachern, von Kulturleasing, von einem Kulturprozent, von Kulturzentren, von Kulturbeauftragten; man spricht von Massenkultur einerseits und Kul-

turschaffenden andererseits. Ach, wie elitär! Man spricht bei Erfolgen von ‹gut durchdachter Koordination unter Kulturschaffenden›.
Kultur wird organisiert und schon landen wir bei der Effizienz der Kulturtätigkeit. Erfolgsquoten, Prozentsätze werden zu entscheidenden Kriterien. Der Geschmacksdurchschnitt wird entscheidend. Man spricht von einer Kulturökonomie. Das Resultat ist das Input-/Output-Denken unserer Wirtschaft.
Was will denn Kunst noch in einem kulturleeren Raum? Sie muss hochstapeln. Entweder irrt sie hilflos und orientierungslos in der Leere umher oder sie hält krampfhaft am Alten fest, das einmal zu einer Kultur gehört hat, oder man passt sich der kulturlosen Konsumsituation an.
Die Philharmoniker spielen im Bumsrhythmus der Rockgruppen, um Geld zu verdienen, Amadeus wird ein zärtlicher Filmstar, Puschkin wird zu einer Wodka-Marke, und Tschaikowsky wird zum melancholischen Rührstück.
Oder dann wird das Kulturschaffen zum Engagement der Kunst, nämlich dem Versuch, dem Menschen die Leere, die Sinnlosigkeit, die Unmenschlichkeit der Kulturlosigkeit bewusst zu machen. Aber dann schlägt der Staat zu. Der grösste Waffenschieber der Schweiz wurde zu 8 Monaten bedingt verurteilt, der Sprayer von Zürich zu 9 Monaten unbedingt.
Die Hochstapelei mit dem Begriff Kultur betrifft nun nicht allein die Kunst, sondern in noch viel stärkerem Masse den Künstler in Person. Ich mag ihm den Glauben gönnen, er präsentiere nicht nur die Kultur, sondern er sei nun Kultur schlechthin. Nur muss er sich bewusst sein, dass er mit dieser Haltung, mit dieser Reduktion des Kulturbegriffs den Politikern die Entschuldigung liefert, sich über den Zustand unserer Gesellschaft keine Gedanken machen zu müssen. Als Politiker hätte ich der Kulturinitiative mit

Begeisterung zugestimmt. Ich wäre fein raus gewesen. Ich hätte meine Hände in Unschuld waschen können. Kultur hätte sich ein für allemal in der Geldverteilerei durch den Staat erschöpft.
Dieses Kulturprozent war wirklich eine seltsame Idee. Ausgerechnet der Staat, diese Zwangsgemeinschaft an sich freier Menschen, ausgerechnet der Staat, der keine andere Aufgabe hat, als die Macht der Mächtigen zu legitimieren und ihnen die Instrumente für die Sicherung und Verstärkung ihrer Macht zu liefern, ausgerechnet der Staat, der als Institution in sich kulturfeindlich ist, ausgerechnet diesem Staat hätte man nun auch noch die Mittel in die Hände gegeben, um den ganzen Kunstbereich zu beherrschen. Wer zahlt, befiehlt. Und welche Institution wäre denn bereit, aus ihrem Geld jene Freiräume zu finanzieren, aus denen heraus die Institution in Frage gestellt werden könnte. Wie recht hatte doch der Sprayer von Zürich, als er schrieb: «Der Staat – der korrupte Alte – gibt selbstverständlich nie umsonst, ohne Gegenleistung geht es nie! Der Tribut, den die Herren Künstler leisten, ist grauenhaft. Während die eine Hand des Staates den Künstler mit einem Preis oder einem Stipendium auszeichnet, schneidet die andere dem armen Künstler die Hoden ab. Der Künstler, hochbeglückt durch die unerwartete Anerkennung, merkt das leider gar nicht. In der Schweiz laufen sozusagen alle Künstler, Schriftsteller, Maler, Musiker, ohne Hoden umher. Man merkt das ganz leicht an ihrer Produktion, die überhaupt nichts bewirkt!»
Es ist doch klar: Jede Förderung der Kunst ist Beeinflussung der Kunst. Und dann muss man sich einmal vor Augen führen, wer über die Förderung entscheidet. Einzelne, in der Regel völlig unbedarfte Leute entscheiden darüber, was unter Kultur zu verstehen ist. Ein Beispiel: Der Kanton Graubünden rühmt sich, 13 Prozent seiner Gesamtausga-

ben für Bildung und Kultur aufzuwenden. Darin sind jedoch die Anschaffung von Büromaschinen genauso wie die Schwimmkurse am kantonalen Lehrerseminar enthalten. Ich könnte von meinen eigenen Erfahrungen im Migros-Konzern ein Lied singen: Es hängt völlig vom momentanen Boss ab, ob im Moment eine parteipolitische Aktivität als Kultur bezeichnet wird, oder ob man nach dem Giesskannenprinzip Geld über das ganze Land verteilt, oder ob nun moderne Kunst gefördert wird, oder ob Spitzensport das Nonplusultra an kultureller Betätigung ist.
Aber diese Leute fühlen sich als die grossen Kulturträger. Elitärer und arroganter geht es wohl kaum mehr.

Werden wir denn überhaupt noch fähig sein, wieder eine eigene Kultur zu entwickeln?
Es geht nicht im Rahmen einer Grosstechnologie, die dezentrale Strukturen und kleinräumige, überschaubare Einheiten verunmöglicht. Es geht nur im Rahmen einer Technologie, die den lokalen und regionalen Gegebenheiten angepasst ist. – Es geht nicht im Rahmen einer Wirtschaft, die auf dem pausenlosen Gegeneinander der Konkurrenz und auf dem Zwang beruht, immer noch mehr expandieren und damit zerstören zu müssen. Es geht nur im Rahmen einer Wirtschaft, die auf dem Bedürfnis-Prinzip beruht.
Es geht nicht im Rahmen eines Lebensstils, bei dem das ganze Leben in Konsum besteht. Es geht nur im Rahmen eines Lebens, das ich selber aktiv gestalte.

Die Kolumne in der Wochenzeitung, in welcher ich meine Kulturwoche zu schildern hatte, hörte wie folgt auf: «Meine Kultur? Ein Opernhaus für eine neurotische Oberschicht oder die Rebellion einer gesunden Jugend? Ausstellungen im Waffenhändlertempel genannt Kunsthaus Zürich oder

Strichmännchen? Nerzmantel-Theaterkonsum im Schauspielhaus oder Strassentheater? Dirigenten-Narzissmus in der Tonhalle oder Strassenmusikanten? Kommerzieller Literaturbetrieb oder Sponti-Sprüche an Betonwänden? Meine Kulturwoche? Ich lebe – Tag und Nacht.»

Darum geht es: Lebe *dein* Leben! Es ist *deine* Kultur. Du brauchst keine ‹Kulturgesellschaft›.

Internationaler Alchemistenkongress 1988 in St. Gallen: Ich warne vor dem Irrglauben, man könne Spiritualität zu sich nehmen wie ein Lutschbonbon. In der Diskussion trete ich gegen Thorwald Dethlefsen an, der mit seinen Heilslehren viele Gutgläubige betört. Nach einem meiner Voten beginnt plötzlich ein etwa 70jähriger Mann im obersten Rang des Stadttheaters zu brüllen: «Goebbels, Goebbels!»
Öffentlicher Vortrag in Ravensburg. Der Saal ist überfüllt; es vibriert. Ein stämmiger Mann schiebt mich vom Mikrophon weg: «Aufhören! Wir hatten vor 50 Jahren schon mal so einen Ausländer, der uns gesagt hat, was wir zu tun haben. Es hat gereicht!»
Der Studentenreisedienst der Zürcher Hochschulen veranstaltet ein ‹Wochenende mit HAP›. Als Auftakt des Seminars spielen sie Reden von Hitler und Goebbels ab, anschliessend Reden von mir. Kommentar: «Kaum ein Unterschied!»
Wir beginnen zu diskutieren. Was ist das entscheidende an einem Vortrag, an einer Rede?
Ist es die Rhetorik? Viele Ähnlichkeiten!
Ist es der äussere Rahmen? Hier die organisierten Aufmärsche – dort der einsame Einzelgänger.
Ist es die Argumentation? Viele Ähnlichkeiten!
Ist es das Nachher? Hier das rhythmische Gebrüll – dort die eingehende Diskussion.
Oder gibt es denn nicht nur das einzige Entscheidende: Was will die Rede, der Vortrag? Welches ist die Motivation? Was ist Zweck und Ziel des Vortrags? Hier: «Mir nach, marsch!» Dort: «Du musst es selber wissen, Du musst es selber machen.»

Es ist die Problematik meiner Vorträge. 10 Jahre lang ziehe ich in der Welt umher mit dem einen einzigen Anliegen: «Hör auf, auf andere zu hören! Sei endlich einmal du

selbst!» Und dann komme ich in die Säle rein; da sitzen Hunderte, oft tausend, zweitausend Personen, ich betrete die Bühne, tosender Beifall, und alle wollen Rezepte.
Es gibt keine Rezepte. Es darf keine Rezepte geben.
Sonst warten wir auf den Guru, zu dem wir aufschauen können, und der uns sagt wie!
Sonst warten wir wieder auf einen Führer, der uns befiehlt: «Hier durch! Mir nach, marsch!» Und wir folgen, weil wir auf die Rezepte gewartet haben.
Sonst warten wir wieder auf eine neue Ideologie, die auf alles und jedes eine Antwort bereit hat.
Nur das nicht! Jede Ideologie vergewaltigt den Menschen. Jede Ideologie führt zur Macht. Was ist dann gewonnen?

Dein Leben kannst nur du selber gestalten. Nur du allein kannst bestimmen, was dein Leben soll und was du mit deinem Leben willst.
Wer denn sonst? Was denn sonst?
Über alle Ideologien und Philosophien hinweg gibt es nur den einen gemeinsamen Nenner: der einzelne Mensch. «Es gibt nur das eine, welches den höchsten Wert und das höchste Ziel des Menschen repräsentiert: Das Ziel, durch die volle Entfaltung der spezifisch menschlichen Fähigkeiten der Liebe und Vernunft mit der Welt eins zu werden.» So sagt es Erich Fromm. Er nennt es den ‹radikalen Humanismus›.
Für mich ist es die grossartige Vision der Anarchie, des selbstgestalteten Zusammenlebens selbstbestimmter Menschen, der zwangs- und herrschaftsfreien Gemeinschaft autonomer Menschen, die bereit und fähig und auch objektiv in der Lage sind, selbständig zu denken, zu urteilen und zu handeln.
Es sind diese drei Voraussetzungen, die es möglich machen, selbstbestimmt zu leben:

Erste Voraussetzung der Autonomie: Der Mensch muss innerlich bereit sein, über sich selber zu bestimmen.
Es ist keine Selbstverständlichkeit. Unmündigkeit ist bequemer. Autonomie erfordert Engagement, Beteiligung, Verantwortung. Ich kann nichts mehr abschieben auf einen ‹Oberen› oder ‹Unteren›.
Es ist vor allem dieser Punkt, der mir immer wieder vorgehalten wird: Der Mensch will doch gar nicht!
Die Frau am Fliessband ist zufrieden; sie will gar nicht mehr. Es ist das übliche Argument in allen Diskussionen, wo es um die Befreiung des Menschen geht.
Ich denke an die langen Auseinandersetzungen um die Einführung des Frauenstimmrechts in der Schweiz, als es hiess: «Die Frauen wollen doch gar nicht! Sie sind zufrieden mit ihren 3 K's: Kinder, Küche, Kirche. Was sollen sie sich noch um den Staat kümmern?»
Der Arbeiter und echte Mitbestimmung? Er ist doch zufrieden, wenn er eine Stelle und einen guten Lohn hat. Er will sich doch nicht um die Geschäftsführung kümmern.
Der Schwarze in Südafrika? Der und Politik? Er will einen Job, zu essen und ein Dach über dem Kopf. Das reicht.
Das teuflische an der Argumentation ist, dass sie vordergründig meistens stimmt. Wenn man der Fliessbandarbeiterin eine abwechslungsreichere Arbeit geben will, wehrt sie sich dagegen.
Als die Schweizer Frauen befragt wurden, ob sie das Stimm- und Wahlrecht möchten, lehnten sie mehrheitlich ab.
Als die Schweizer Arbeiter in einer Volksabstimmung das Recht auf volle Mitbestimmung in die Bundesverfassung hätten aufnehmen können, wollten sie nicht. Usw. usw.
Ist also alles in Ordnung, wie die Herren an der Macht behaupten?
Oder muss ich nicht die Frage stellen: Wie ist es menschenmöglich,

- dass die Frau am Fliessband zufrieden ist, Tag für Tag, Jahr für Jahr, die gleiche Bewegung zu machen?
- dass der Frau und Mutter die Küche wichtiger ist als die Gestaltung unserer Gesellschaft?
- dass es der Arbeiter lieber irgendeinem Boss überlässt, ob er überhaupt und was er zu welchen Bedingungen arbeiten darf?

Es ist eine Frage des Menschenbildes: Entweder gehe ich davon aus, dass es Menschen gibt, die befehlen dürfen, und Menschen, die gehorchen müssen, und eben oft wollen. Es ist das faschistische Prinzip.

Oder ich gehe davon aus, dass jeder Mensch das gleiche Recht hat, sein Leben selber zu gestalten, und daraus das zu machen, was ihm entspricht, aber eben nicht nur das Recht, sondern auch die Verantwortung, sein Leben und Zusammenleben selber zu leben und es nicht irgendwelchen Machtmenschen mit ihren gefährlichen psychischen Strukturen zu überlassen. Es ist das humanistische, das echt demokratische, das sog. christliche Prinzip.

Wenn ich von einem Menschenbild, einer inneren Einstellung, einer Überzeugung ausgehe, dann werde ich eben nie mehr sagen: Es ist so! Sondern ich werde immer fragen: Soll es so sein? Weshalb ist es so? Wie kommt es denn, dass es so ist?

Ich werde mich nie mehr mit etwas abfinden, einfach weil ‹es so ist›, auch wenn es meiner Überzeugung diametral widerspricht. Und zwar in allen Lebensbereichen und allen Belangen.

Ich werde nie mehr mit Achselzucken feststellen, dass das Auto die dominante Grösse in unserer Gesellschaft geworden ist, sondern werde mich immer wieder fragen: Wie ist es möglich, dass das Auto für derart viele Menschen zum Symbol für Freiheit geworden ist, dem sie kaltlächelnd jährlich Hunderttausende von Menschenopfern darbringen.

Ich werde nie mehr mit einem ‹na und?› akzeptieren, dass täglich 40 000 Kinder verhungern, sondern werde mich immer wieder fragen, was zu tun ist, um unser verbrecherisches Wirtschaftssystem zu beseitigen.
Ich werde nie mehr zynisch lächelnd feststellen, ein Reagan sei nun eben acht Jahre lang demokratisch legitimiert gewesen, sondern werde mich fragen, wie es menschenmöglich war, dass die angeblich freieste und selbstbewussteste Nation der Welt einen senilen Trottel zum mächtigsten Mann der Welt machen konnte.
Nie mehr sagen: Es ist so!
Immer fragen: Warum ist es so?

Die grosse Schwierigkeit besteht darin, dass ich eine innere Bereitschaft nicht lernen kann.
Wenn ich nie geliebt wurde und nie lieben durfte, wie soll ich dann wissen, was Liebe ist?
Wenn ich innerlich noch nie richtig frei war, wie soll ich dann wissen, was positive Freiheit ist?
Wenn ich nie das Gefühl gehabt habe, über mich selber bestimmen zu dürfen, wie soll ich dann wissen, was Autonomie ist?
Betroffenheit sei Voraussetzung eines anderen Bewusstseins, sagte ich am Anfang des Buches. Was ist denn dieses ‹andere Bewusstsein›, wenn nicht diese innere Bereitschaft, sein Leben selber gestalten zu wollen, sich nicht mehr länger von irgendwelchen Strukturen abhängig zu machen, vor irgendwelchen ‹Chefs› zu kriechen, sich irgendwelchen Zwängen auszuliefern? Und vor allem das Bewusstsein: Ich bin gut, so wie ich bin.

Zweite Voraussetzung der Autonomie: Der Mensch muss persönlich fähig sein, selbstbestimmt zu leben.
Mindestens so oft wie das Argument: «Der Mensch will

doch gar nicht», höre ich in den Diskussionen jeweils den Einwand: «Dann brauchen Sie einen neuen Menschen. Der Mensch ist nicht fähig dazu.» In der Diskussion gibt es eine knallharte Entgegnung: «Wenn Sie sich persönlich für unfähig halten, dann übertragen Sie bitte Ihre Unfähigkeit nicht auf Ihre Mitmenschen.» Die Entgegnung kann auch etwas liebenswürdiger lauten: «Halten Sie sich denn persönlich für nicht fähig, selbstbestimmt zu leben?» Die Folge ist betretenes Schweigen. Denn in der Gegenfrage kommt die ungeheuerliche Überheblichkeit des Arguments zum Ausdruck: Ich selber wäre natürlich fähig, aber die anderen? Geradezu witzig wird es jeweilen, wenn auf ‹natürliche› Eigenschaften, eingeprägte Strukturen usw. verwiesen wird, und wenn dann womöglich noch die Verhaltensforschung bemüht wird. Aber ich bin keine Ameise und keine Biene und keine Lorenz'sche Graugans, und ich lebe weder in einem überbelegten Rattenkäfig noch in einer Petri-Schale noch in einem Reagenzglas. Ich akzeptiere auch nicht die billige Ausrede von Ditfurth sen., an den heutigen Entwicklungen sei «die genetische Beschränkung unserer Denkstrukturen» schuld. Wie einfach, alles auf eine «genetische Erblast» abwälzen zu können. Ich bin das einzige Lebewesen auf der Erde, das einen eigenen Willen haben und sein Verhalten selber bestimmen kann.

Man muss nur wissen, dass all die Eigenschaften, die einen befähigen, selbstbestimmt zu leben, in einem drin sind; man muss nur wissen, dass und wie diese Eigenschaften verdrängt und unterdrückt wurden; dann weiss man auch, dass sie noch immer da sind.

- Steh zu deinen Gefühlen, lass sie zu. Gib sie zu erkennen. Sie sind doch da!

Der Indianer sagt: «Wir waren zornig, friedfertig, verliebt, andächtig oder sonstwie – und danach bemalten wir uns das

Gesicht, so dass jeder, dem wir begegneten, auf den ersten Blick erkannte, wie wir uns fühlten.»

- Liebe, soviel du kannst. Nimm Liebe, gib Liebe.
  Aber hasse, wenn Hass dein Gefühl ist. Ich hasse den brutalen Kapitalisten, ich hasse den zynischen General, ich hasse den heuchlerischen Bischof. Und ich stehe zu meinem Hass und sage es. Ich kann nur lieben, wenn ich auch hassen kann.

- Ich verachte den schleimigen Opportunisten, ich verachte den kriecherischen Journalisten, ich verachte den buckelnden Aufsteiger. Ich stehe zu meiner Verachtung und sage es. Ich kann nur achten, wenn ich auch verachten kann.

- Und ich will eine Wut haben dürfen, und meine Wut soll mich zum Kochen bringen, und mein Kochen soll mich zum Reden und zum Handeln bringen.
  Wie oft wird mir vorgehalten:
  «Ach du, ich fühle mich bedrängt von dir!»
  «Ach du, deine Rhetorik übt Macht aus!»
  «Ach du, deine Ausstrahlung behindert mich!»
  Unsere Gefühlswelt wird heute nicht nur von den Super-Rationalisten in Wirtschaft und Politik und ihren Gehilfen in der Schule bedrängt und unterdrückt, sondern ebenso von all den New-Age-Predigern und sonstigen Pseudo-Softies, die Macht mit Kraft, Herrschsucht mit Energie, Überredung mit Überzeugung verwechseln.
  Wenn ich von etwas überzeugt bin, dann will ich es sagen und danach handeln und zwar mit aller Kraft, die ich habe. Wenn ich mich engagiere, dann will ich alle meine Energien einsetzen. Und wenn ich meine ganze Rhetorik benütze, um meiner Meinung Ausdruck zu geben, dann will ich sie nicht durch die ewigen Ahs und Ohs und Ähs für die paar

Schlaffis glaubhafter machen. Ich steh' zu dem, wie ich bin.

- Akzeptiere deine Sinnlichkeit, verdränge sie nicht. Hol sie hervor, wenn man sie verschüttet hat.
  – Spüre deine Augen, aber glaube nicht dem, was dir das Fernsehen vorschwindelt.
  – Spüre deine Ohren, aber glaube nicht das, was dir die Politiker, Kommentatoren und Moderatoren vorschwindeln.
  – Spüre deine Nase, aber glaube nicht, was dir die pharmazeutische und die kosmetische Industrie vorschwindeln.
  – Spüre deine Haut, deine Fingerspitzen, aber nicht, was dir die Kunststoffindustrie vorschwindelt.
  – Spüre deine Zunge, aber nicht, was dir eine Süsswasserindustrie und die System-Gastronomie – so nennen sich die Massen-Abfütterungs-Stellen – vorschwindeln.
  – Spüre aber auch, dass es noch viel mehr gibt, als es dir deine Körpersinne vermitteln können. Dass es noch viele andere Sinne gibt, auch wenn sich die Naturwissenschaftler darüber mokieren.

- Sei dir bewusst, dass dein Leben ein Ganzes ist. Lass dich nicht aufteilen. Sie machen dich sonst schizophren.
  – Du kannst nicht auf der einen Seite ein mündiger Bürger sein, und auf der anderen Seite ein willfähriger Untertan, der froh ist, wenn ihm der Staat sagt, wie er sich zu verhalten hat.
  – Du kannst nicht auf der einen Seite ein Vorbild als Familienvater sein und auf der anderen Seite ein unterwürfiger Befehlsempfänger.
  – Du kannst nicht auf der einen Seite ein gläubiger Christ sein und auf der anderen Seite ein Karrieremensch.
  – Du kannst nicht auf der einen Seite ein überzeugter Demokrat sein und auf der anderen Seite gehorsamst der

schweigenden Mehrheit angehören.
- Du kannst nur *ganz* autonom sein oder gar nicht.

- Schmeiss alles über Bord, was dich daran hindert, du zu sein.
  - Vergiss, was man dir in der Schule beigebracht hat, damit du verstehen kannst.
  - Lache über den Unsinn, der dir von der Kanzel gepredigt wird. Du kannst die Bibel selber lesen, wenn du willst.
  - Lüge die ‹Oberen› an, wie es dir Spass macht. Sie haben keine Hemmung, dich pausenlos anzulügen. Lüge aber selbstverständlich nie deinen Mitmenschen an. Dann wird er auch dir vertrauen.
  - Frage dein Gewissen, was du als recht empfindest. Glaube einem Gewissen nicht, das dir als Ethik und Moral beigebracht worden ist.

- Ziehe alles in Zweifel, was man dir erzählt hat. Nur zweifeln hilft dir, Fragen zu stellen. Zweifle nie, dass du selber eine Antwort finden wirst. Sonst ver-zweifelst du. Zweifeln ist Suchen, nicht Ratlosigkeit.
  Zweifle ruhig auch an dir selbst. Zweifeln ist Voraussetzung der Selbstkritik. Nur Machtmenschen lassen keinen Zweifel an sich selbst zu. Selbstkritik ist Voraussetzung des Selbstvertrauens. Sie verhindert aber Einbildung, Überheblichkeit, Dünkel – die Merkmale des Machtmenschen.

- Mach, was du willst! Aber nicht so, wie es dir die Mutter gesagt hat, damit du ein schlechtes Gewissen haben musstest, wenn du nicht gehorsam warst. Mach, was du willst: Was deinem Innersten, nicht deiner momentanen Laune, entspricht.

- Erwarte nicht die Zustimmung der anderen. Lass das

Bedürfnis nach Transzendenz, nach dem Göttlichen, nach dem Unerklärlichen nicht zu deinem eigenen Feind werden, weil sie wollen, dass du rational bist. Sei ein Spinner, sei ein Träumer, schau in den Himmel hinein, selbst wenn es heisst: «Du verplemperst deine Zeit, du stiehlst dem Herrgott seinen Tag.»

- Akzeptiere deine Angst. Sag, wovor und vor wem du Angst hast und weshalb. Lass dich nicht in eine allgemeine Unsicherheit, einen unbestimmten Pessimismus hineintreiben. Sonst haben sie dich wieder.

- Glaube an dich selbst, dann kannst du auch an deinen Mitmenschen glauben. Liebe dich selbst, dann kannst du auch deinen Nächsten lieben.

Dritte Voraussetzung der Autonomie: Der Mensch muss auch in der Lage sein, selbstbestimmt leben zu können.
Was nützt mir die ganze innere Bereitschaft, was nützt mir meine subjektive Fähigkeit, selbstbestimmt leben zu wollen und zu können, wenn ich nicht ‹darf›.
Es geht um die endlosen Strukturdiskussionen:
– Ich kann nicht anders.
– Meine Verhältnisse lassen es nicht zu.
– Ich bin dem System ausgeliefert.
– Ich habe keinen Freiraum.
– Ich muss mich den Normen fügen.
– Darüber befinde nicht ich.
– Es bringt ja doch nichts, lasst mich in Ruhe!
– Das eigene Hemd ist mir näher.
– Denk an den Numerus clausus.
Es wäre absurd, hier auch nur Andeutungen machen zu wollen, wie sich der einzelne zu verhalten habe. Es wäre genau das Rezept-Denken, das es nicht geben darf.

Nur einige Hinweise, wie sie in diesem Buch schon oft vorkamen. Vergiss es, für dich Strukturen entwickeln zu wollen, die dir ein autonomes Leben erlauben,
- wenn du in dieser Gesellschaft Erfolg haben willst
- wenn du auf den Beifall der Verdummungsmedien angewiesen bist
- wenn du Fixkosten hast, d. h. vor allem Schulden bei Banken oder beim Arbeitgeber
- wenn dir ein Sozialstatus etwas sagt
- wenn du Karriere machen willst
- wenn du willst, dass deine Kinder ‹etwas werden›
- wenn du deine Lebensgestaltung vom Einkommen abhängig machst, statt umgekehrt
- wenn du es allen recht machen willst
- wenn dir die Bequemlichkeit der Unmündigkeit wichtiger ist als das Auf und Ab des Selber-Lebens

Es sind gigantische Hindernisse, die uns im Wege stehen, wir selber sein zu können. Es ist schon viel, zu erkennen, was uns daran hindert. Es ist der Zweck dieses Buches, bei diesem Erkennen zu helfen.
Viele Hindernisse wurden nur angetippt oder gar nicht erwähnt, wie Rollenfixierungen, aber auch Gewohnheiten, die mich zwar hindern, die mir aber auch Geborgenheit, Sicherheit geben können. Tradition kann für mich als Rahmen wichtig sein, mich aber auch unterdrücken (das Fremdwort Tradition hat von der Übersetzung her zwei Bedeutungen: entweder ‹Überlieferung› oder ‹Verrat›).
Es geht in diesem Buch um jene Hindernisse, die künstlich aufgebaut wurden, um Machtstrukturen zu erhalten. Es geht um jene Hindernisse, die mich absichtlich und bewusst daran hindern wollen, ich selber sein zu können.

**Es ist ein grenzenlos optimistisches Buch. Ich glaube an den Menschen. Wenn ich an den Menschen glaube, muss ich bekämpfen, was den Menschen an seiner Selbständigkeit hindert.
Du bist du, das ist alles!**

Aber es kann doch nicht jeder für sich! Wo führt denn das hin?
Ich höre das Huronengebrüll der Manager und Politiker:
– Das führt doch ins Chaos!
– Der predigt die totale Individualisierung unserer Gesellschaft, die Auflösung jeder Gemeinschaft!
– Soll das die Lösung sein: Egoismus, Egozentrik, Narzissmus?
Es ist – auch hier wieder – genau umgekehrt. In der Psychologie spricht man von Projektion. Ich übertrage meine Probleme auf den anderen. Oder hier: was ich verdränge, bürde ich dem anderen auf. Alle Sünden des Kapitalismus werden auf die Gemeinschaft autonomer Menschen übertragen.
Ist nicht diese unsere heutige Gesellschaft in sich chaotisch? Warum brauchen wir immer mehr Polizei, mehr Militär, mehr Überwachung, mehr Kontrollen, mehr Gesetze? Ist dies nicht der Beweis dafür, dass viele, viele Bürger nicht mehr freiwillig, nicht mehr aus Überzeugung mitmachen würden?
Beweis dafür, dass die Bürger gezwungen werden müssen, sich einzuordnen?
Beweis dafür, dass ohne diese Zwangsmassnahmen das totale Chaos herrschen würde?
Ist also nicht diese Gesellschaft in sich chaotisch?
Führt denn nicht diese unsere Gesellschaft zu Egoismus und zu Egozentrik?

Eine Gesellschaft und Wirtschaft, die auf dem Gegeneinander der Konkurrenzwirtschaft und damit der Konkurrenz im Leben ganz allgemein beruht, muss zum Egoismus führen. Ohne Egoismus würde sie gar nicht funktionieren.
Eine Gesellschaft, die hierarchisch strukturiert ist und wo ich demzufolge um so mehr wert bin, je höher ich aufsteige, ist in sich egozentrisch.
Der Mensch in dieser Gesellschaft ist glücklich, wenn der andere unglücklich ist. Oder ich bin in dieser Gesellschaft reich, wenn der andere arm ist. Mein Reichtum basiert auf der Armut des anderen. Meine Macht beruht auf der Ohnmacht des anderen. Meine Karriere beruht auf der Unterdrückung des anderen. Mein wirtschaftlicher Erfolg beruht auf der Ausbeutung des anderen.
Und leben wir nicht geradezu im Zeitalter des Narzissmus? Was uns in den Medien, vor allem im Fernsehen, geboten wird, ist peinlichste Selbstdarstellung und Selbstbeweihräucherung. Nicht mehr der Mensch ist wichtig, nur noch die Fähigkeit, sich äusserlich zu präsentieren. Ob US-Präsident oder Papst, Grossunternehmer oder General, die Hauptsache ist, wie er äusserlich ankommt. Und wehe dem Dirigenten, der nicht in der Lage ist, über die Medien einen Kult um seine Person aufzubauen! Und wehe dem Schriftsteller, der an der Party nicht auffällt! Und wehe der Künstlerin, die den Medien keine Skandale, Affären und Anfälle bieten kann. Und wer ist im Fernsehen wichtiger, derjenige, der etwas zu sagen oder sonst etwas zu bieten hat, oder der blasierte Präsentator? Und wer grinst vom Buchdeckel? Natürlich der Moderator, und nicht diejenigen, die den Inhalt geliefert haben.

Stellen wir uns ein grundsätzlich anderes menschliches Zusammenleben vor! Stellen wir uns statt einer genormten,

gesetzlich geregelten, polizeilich überwachten Gesellschaft eine Gemeinschaft autonomer Menschen vor!
Du kannst nicht du sein in der Isolation. Du kannst nicht du sein für dich allein. Du kannst nur du sein im Miteinander mit deinem Mitmenschen. Du brauchst deinen Mitmenschen, um du sein zu können. So, wie du keinen eigenen Willen haben kannst, ohne den Willen deines Mitmenschen, ohne das Suchen und Sich-Reiben an seinem Willen, so wenig kannst du Mensch sein ohne deinen Mitmenschen. Sogar der extremste Künstler, der exaltierteste Künstler-Individualist will sich doch mitteilen, er will kommunizieren, er braucht das Gegenüber.
Die positive Freiheit des autonomen Menschen führt zum Miteinander, führt zur Gemeinschaft, nicht zum Chaos.
Autonomie ist Integration, nicht Vereinzelung.
Anarchie ist Bejahung, nicht Nihilismus.
Der selbstbewusste Mensch hat es nicht nötig, sich über den anderen zu erheben. Er hat es nicht nötig, den anderen zu unterdrücken, um sich zu bestätigen. Selbstbewusstsein ist nicht Selbstsucht, ist nicht Selbstherrlichkeit.
Der selbstbewusste Mensch weiss, dass Autonomie nicht Bindungslosigkeit ist. Bindung ist nicht Abhängigkeit. Sonst stünde Liebe im Widerspruch zur Autonomie. Selbstbewusstsein heisst, sich auch binden zu können. Selbstsucht lässt dies niemals zu.
Der Egoist dieser Gesellschaft ist glücklich, wenn der andere unglücklich ist, oder es interessiert ihn nicht, wie es dem anderen geht. Der selbstbestimmte Mensch kann nicht glücklich sein, wenn der andere unglücklich ist.
Ein typisches Beispiel ist die oft gerühmte Bestimmung in der US-Verfassung, wonach das Streben nach Glück ein Grundrecht des Menschen sei. Wie unglücklich dabei der Mitmensch ist, spielt keine Rolle. Das gemeinsame Ziel darf doch nicht darin bestehen, das persönliche Glück des

einzelnen zu maximieren, sondern vor allem sollte es darum gehen, das Leid aller zu minimieren. Das Resultat einer solchen Verfassungsbestimmung ist die amerikanische Ellbogen-Rücksichtslosigkeit. Sie führt zur berüchtigten Reagan-These, der Unglückliche, der Arme, der Unterdrückte sei selber schuld. Es muss das Ziel der Mächtigen sein, das Selbstbewusstsein der Ohn-Mächtigen zu untergraben. Nur derjenige, der nicht an sich selber glaubt, glaubt an andere. Und das will man!

Abgesehen davon: Man will nicht das Glücklichsein als Menschenrecht, sondern nur das Streben danach. Wir wissen, dass unsere Gesellschaft einen Glückszustand nicht zulässt, das System würde nicht mehr funktionieren. Ich muss immer noch mehr ‹Glück› haben wollen, wie wenn Glück als Gefühl, als momentaner Zustand etwas wäre, das ich anstreben könnte.

Ich darf ja nicht einmal zufrieden sein. Die schöpferische Unzufriedenheit wird gefordert. Zufriedenheit sei Erstarrung, sagen sie.

Wenn ich so leben kann, wie es mir in meinem Innersten entspricht, bin ich zufrieden. Das eigene Leben im Hier und Jetzt gestalten zu können, ist das Gegenteil des ständig Streben-müssens.

Aber Vorsicht! Eine momentane Zufriedenheit heisst noch nicht, dass ich mein eigenes Leben lebe. Ich kann auch momentan zufrieden sein, weil ich die von anderen festgelegten Normen und die von anderen in mich gesetzten Erwartungen erfüllt habe. Die Scheinzufriedenheit ist von anderen abhängig. Sie dauert nur solange, bis neue Anforderungen an mich gestellt werden; und die kommen unverzüglich!

Gäbe es einen besseren Vergleich für den Unterschied zwischen dem Glück des Egoisten dieser Gesellschaft und dem Glück des autonomen Menschen als die körperliche

Liebe! Die ganze Sex-Maschinerie der heutigen Zeit von den Peep-shows und den Porno-Videos über Aufblasepuppen und Kleenex-Kabinen bis zu den käuflichen Frauen und Männern hat doch mit Lust auch nicht das Geringste zu tun, geschweige denn mit Liebe. Es ist eine rein ich-bezogene, momentane körperliche Spannungslösung, wenn überhaupt; genauso wie wenn ich bumse, wie *ich* will. Nur wenn ich versuche, meine Partnerin oder meinen Partner glücklich zu machen, auf *seine* Wünsche und *seine* Bedürfnisse einzugehen, ihm zu *seiner* Lust zu verhelfen, werde auch ich den Rausch höchster Lust und höchsten Glücks und tiefste Befriedigung und Erfüllung erleben.

Der echten Selbstbestimmung des Menschen, die zu Gemeinschaft, zu Solidarität, zu Rücksichtnahme, zu Mit- und Füreinander führt, entspricht das anarchische Zusammenleben. Es ist die einzige Form einer ‹geordneten› Gemeinschaft, weil sie auf dem Konsens, der Zustimmung, der Freiwilligkeit und der Mitwirkung aller Beteiligten beruht.
Wie der Indianer sagt: «Ihr weissen Männer fällt Entscheidungen, schlägt die Opposition nieder, boxt den eigenen Weg durch, während wir dadurch zu Entscheidungen kommen, dass wir den anderen anhören, ihn akzeptieren, ihn respektieren.» (Alle Aussagen von Indianern sind dem Buch ‹Der Erde eine Stimme geben›, herausgegeben von Claus Biegert, entnommen.)
Aber ist denn diese Anarchie nicht auch ihrerseits wieder eine Ideologie, die unfehlbar wieder zu neuen Strukturen, neuen Hierarchien, neuen Abhängigkeiten führen muss?
In einer Diskussion steht ein Junge auf und wirft mir vor, dass ich genau das fordere, was ich angeblich ablehne. «Wenn ich bei euch mitmache» (was dieses ‹euch› auch immer heissen soll), «dann darf ich von einem Tag auf den

anderen keine Spraydosen mehr benützen, keine KZ-Eier und kein weisses Kalbfleisch mehr essen, muss ein schlechtes Gewissen haben, wenn ich mein Auto benütze usw. usw., dann wird mir doch letztlich mein ganzes Leben vorgeschrieben, also schlimmer als jede Ideologie!» Er hatte recht! Wer würde sie nicht kennen, die Umwelt-Puristen, die glauben, mit dem Öko-Knigge in der Hand und erhobenem Zeigefinger die Welt retten zu können.
Wenn wir uns wieder das Verhalten vorschreiben lassen wollen, dann sind wir gleich weit wie vorher. Wer schreibt denn wem, was, weshalb vor?
Es ist nicht irgendein vorgeschriebenes anderes Verhalten, das zur Veränderung führt. Es ist – wie ich immer wieder betont habe – das andere Bewusstsein, das dann seinerseits zu einem anderen Verhalten führt.

Was soll denn dieses andere Bewusstsein sein ausser meinem Willen, ich sein zu können? Suchen wir doch nicht so weit. Machen wir doch einfach endlich ernst mit unseren eigenen Bekenntnissen. Ist denn ein Bekenntnis zu Demokratie, Freiheit, Christentum, Verantwortung nicht grossartig?
Aber eben
– Demokratie nicht als Ablaufen irgendwelcher politischer Institutionen.
– Freiheit nicht als Bindungs- und Rücksichtslosigkeit.
– Christentum nicht als Institution Kirche.
– Verantwortung nicht als verkappte Pflichterfüllung (‹Zukunft› S. 151 ff.)
Sondern
– Demokratie als Einstellung meinem Mitmenschen gegenüber
– Freiheit als Gestaltung
– Christentum als innere Verpflichtung jedem Geschöpf,

jedem Tier und jeder Pflanze gegenüber und als Begreifen des Unerklärlichen
– Verantwortung als gegenseitiges Sich-Antwort-Geben

Warum machen wir nicht ernst damit?
Weil jedes einzelne dieser Bekenntnisse den autonomen Menschen voraussetzt. Und weil die Konsequenzen dieses Bewusstseins unermesslich sind.
Hierin zeigt sich am eindeutigsten der Unterschied zwischen dem veränderten Verhalten und dem veränderten Bewusstsein. Das Verhalten kann sich ohne weiteres auf einzelne Bereiche meines Lebens beschränken. Es lässt mich ohne weiteres durch die wirkliche Problematik der heutigen Zeit hindurchmogeln. Es erlaubt mir, meine Öko-Nischen zu bauen, und mich in meinem Umweltbewusstsein zu sonnen. Es lässt sich daher auch jederzeit kommerziell blendend ausnützen.
Das Bewusstsein ist umfassend.

Um das extremste Beispiel zu nehmen: Welcher ‹Grüne›, welcher ‹Alternativler›, welcher ‹Ökologe› sagt grundsätzlich Nein zu jeder Art militärischer Landesverteidigung? Aber es geht nicht anders! Die unserem Bekenntnis entsprechenden Prinzipien Rücksicht, Sanftheit, Liebe, Solidarität, das Seins-Prinzip sind nicht zu vereinbaren mit Abschreckung, Bedrohung, mit dem Anti-Prinzip Militär.
Ich kann nicht einerseits für biologischen Landbau sein und andererseits das militärische Prinzip Gewalt befürworten.
Ich kann nicht einerseits für die Erhaltung von Biotopen und ökologischen Systemen sein, und andererseits das militärische Prinzip Zerstörung befürworten.
Ich kann nicht für den Schutz der Tiere sein und andererseits das militärische Prinzip Vernichtung befürworten.
Ich kann nicht einerseits für Selbstbestimmung sein und

andererseits das militärische Prinzip Hierarchie befürworten.
Ich kann nicht auf der einen Seite für das Autonomie-Prinzip Emanzipation sein, und auf der anderen Seite das militärische Prinzip Befehl befürworten.
Ich kann nicht auf der einen Seite für echtes – also nicht missionarisches – Christentum sein, und auf der anderen Seite das militärische Prinzip Aggression befürworten.
Ich kann nicht auf der einen Seite für die Sanftheit alternativer Wirtschaft sein, und auf der anderen Seite das militärische Prinzip Härte befürworten.
Ich kann nicht auf der einen Seite für Frieden mit der Umwelt sein, und auf der anderen Seite das militärische Prinzip Brutalität befürworten.
Das Militär-Beispiel ist extrem, aber Militär steht für unsere Gesellschaft allgemein.

Wir können die genannten militärischen Prinzipien ohne weiteres auch wirtschaftliche Prinzipien nennen. Denn unser Wirtschaftssystem ist in sich gewaltsam, zerstörerisch, hierarchisch, aggressiv, hart, rücksichtslos, brutal.
Und trotzdem faseln wir ständig von einer ökologischen Wirtschaft oder gar einem grünen Kapitalismus. Wir tun noch immer so, als ob die im Wirtschaftssystem selber liegenden Katastrophen unerwünschte Nebenfolgen eines an sich positiven Systems wären.

Wir können die genannten militärischen Prinzipien ohne weiteres auch gesellschaftliche Prinzipien nennen. Eine Gesellschaft, die auf Hierarchie und Patriarchat aufgebaut ist, basiert auf dem Prinzip Macht. Dem Bekenntnis entspricht das Prinzip Liebe. Und es gibt keinen Kompromiss zwischen Macht und Liebe. Es ist ein klares Entweder-Oder.

Dies sind die Konsequenzen aus dem Bewusstsein, das auf unseren eigenen Bekenntnissen beruht.
Es geht nicht ohne grundsätzliche und restlose Ablehnung des heutigen Systems, ja jeden Systems in welcher Form auch immer.
Es geht nicht ohne ein grundsätzliches Ja zum autonomen Menschen und zum anarchischen, selbstbestimmten Zusammenleben.
Warum will man sich nicht eingestehen, dass unser Wirtschafts- und Gesellschaftssystem in sich selbst zerstörerisch ist und nicht reformiert werden kann? Es gibt in einem solchen System keine Evolution.

Warum getrauen sich selbst die kritischsten Geister nicht, zur vorbehaltlosen Selbstbestimmung des Menschen und damit zur Anarchie aufzurufen? (Erich Fromm tat es.)
Warum klammern sich alle immer noch an irgend ein Strohhälmchen innerhalb des Systems und glauben an seine Weiterexistenz und Veränderbarkeit?
Der eine prophezeit zwar den totalen Untergang, baut sich aber einen Atombunker in den Garten.
Der zweite prophezeit ebenfalls den Untergang, verwahrt sich aber dagegen, systemkritisch oder gar wirtschaftsfeindlich genannt zu werden. Die Waffen dürfen auf keinen Fall abgeschafft werden (weil sonst der Untergang ausbleibt?). Im übrigen pflanzt er ein Apfelbäumchen.
Der dritte wünscht sich ein grünes 1933 und erwartet eine äusserst elitäre Umstrukturierung.
Der vierte will die Leute an der Macht umbringen; wie wenn das System nicht unzählige gleiche Typen als Nachfolger bereithielte.
Der fünfte flüchtet sich in die Bergpredigt, ohne zu fragen, weshalb sie 2000 Jahre lang nicht beachtet wurde.
Der sechste sieht bereits die himmlischen Heerscharen mit

ihren Ufos zu unserer Rettung bereitstehen.
Der siebte träumt vom Wassermann-Zeitalter und sieht in Gorbatschow bereits einen ersten Repräsentanten der neuen kosmischen Konstellation.
Der achte hat sich früher von der Polizei zusammenschlagen lassen und glaubt heute an einen Bewusstseinswandel bei den Leuten an der Macht.
Der neunte glaubt an den Computer und die Kybernetik.
Und der zehnte setzt gar auf die Mechanismen der Wirtschaft selbst und glaubt, die derzeitige Kondratjew'sche langfristige Welle führe zur Ökowirtschaft und damit zum Heil.

Aber geht es denn ohne System?
Selbstverständlich!
Es gab schon unzählige anarchische Gemeinschaften, die lebensfähig waren.*
Aber weshalb existieren denn all diese Gemeinschaften nicht mehr?
Weil sie zerstört worden sind! Es ist doch selbstverständlich, dass in unserer Zivilisation keine autonomen Gemeinschaften selbstbestimmter Menschen existieren dürfen. Das eine Mal waren es die Faschisten, das andere Mal die Marxisten, die diese Gemeinschaften liquidiert haben.
Wo kämen wir denn hin ohne Ideologie und damit ohne Macht!
Die Ideologen haben es leicht. Es ist viel einfacher, eine Ideologie durch eine andere zu ersetzen, als sich eine freie Gemeinschaft freier Menschen vorzustellen.

---

* Die beste Übersicht über die wichtigsten Gemeinschaften gibt Horst Stowasser in seinem Buch ‹Leben ohne Chef und ohne Staat› (Eichborn, Frankfurt/M., 1986). Horst Stowasser verfügt im übrigen über ein umfangreiches hervorragendes Dokumentationszentrum über Anarchie, das ‹Anarchiv› (Adresse: Postfach 2602, D-6330 Wetzlar).

Der Ideologe kann auf den herkömmlichen Denkmustern aufbauen. Auch die Strukturen bleiben grundsätzlich dieselben. Das anarchische Zusammenleben erfordert ein völliges Umdenken.
Allein schon das gedankliche Abkoppeln eines Lebensbegriffs von den entsprechenden Institutionen fällt uns unheimlich schwer.
Lernen hat nichts mit Schule zu tun; im Gegenteil: Schule verhindert das Lernen aus Selbsterfahrung.
Glauben/Religion hat nichts mit Kirche zu tun; im Gegenteil: Die Kirche verhindert das persönliche Suchen nach dem Göttlichen.
Sozialisation hat nichts mit Erziehung zu tun; im Gegenteil: Erziehung verhindert das natürliche Hineinwachsen in die Gemeinschaft.
Ordnung hat nichts mit Polizei und Gesetz zu tun; im Gegenteil: Diese Zwangsinstrumente verhindern die freie Einordnung.
Gemeinschaft hat nichts mit Staat zu tun; im Gegenteil: Die Zwangsinstitution Staat mit ihrem Gewalt-Prinzip verhindert die Bildung von Gemeinschaft.
Selbstbehauptung hat nichts mit Militär zu tun. Im Gegenteil: Militär schafft Untertanen als Befehlsempfänger und verhindert damit jede Möglichkeit der Selbstbehauptung.

Wir denken ständig in falschen Gegensätzen.
Der Gegensatz zur Hierarchie ist nicht das Chaos, sondern die Autonomie.
Der Gegensatz zur Pflicht ist nicht die Pflichtlosigkeit, sondern die Verantwortung.
Der Gegensatz zum Gesetz ist nicht die Gesetzlosigkeit, sondern die freie Vereinbarung.
Der Gegensatz zur Norm ist nicht die Ungebundenheit, sondern die offene Beziehung.

Der Gegensatz zur Anordnung ist nicht die Unordnung, sondern die Einsicht.

Ein einziges Anliegen zieht sich wie ein roter Faden durch das ganze Buch. Es ist der Versuch, die Gegensätze aufzuzeigen zwischen dem, was uns von jemandem beigebracht worden ist, und dem, was aus uns selber herauskommt und uns wirklich entspricht. Es ist der Gegensatz zwischen der sog. Fremdbestimmung und der sog. Selbstbestimmung.

Es gibt einen *Mut,* wo du die Erwartungen von anderen erfüllst. Es gibt einen Mut, wo du zu dir stehst.
Es gibt ein *Gewissen* als Ergebnis von Ethik und Moral, die andere bestimmt haben, ein Gewissen, das dir auferlegt ist, das mit Angst und Schuldgefühlen verbunden ist. Es gibt ein Gewissen, das aus dir herauskommt. Es entspricht deiner Überzeugung.
Es gibt eine *Ordnung* im Sinne von angeordneter, befohlener ‹Ruhe und Ordnung›. Es gibt eine Ordnung im Sinne von Sich-Einordnen, eine Ordnung im Sinne der Natur.
Es gibt eine *Angst,* die dich lähmt, eine Angst, den Erwartungen der ‹Oberen› nicht gerecht zu werden, eine Angst vor Strafe in irgend einer Form. Es gibt eine unbedingt notwendige Angst, eine Angst, die dich warnt, eine Angst vor konkreten Gefahren, eine Angst, die dich aktiv macht, die dich wütend machen und rebellieren lassen kann.
Es gibt eine *Demut,* die gleichbedeutend ist mit Unterwürfigkeit. Es gibt eine Demut aus dem Bewusstsein heraus, dass du nicht allmächtig, dass du Teil eines Ganzen bist, eine Demut, die dich staunen lässt, die dich wundern lässt.
Es gibt eine *Ehre,* bei der du nach Anerkennung durch andere lechzst. Du willst geehrt, verehrt werden. Es ist die Ehre des Ehrgeizlings, die Ehre des Vaterlandes usw. Es gibt eine Ehre, bei der du mit dir ehrlich bist. Wieviele

Menschen sind mit sich unehrlich, weil sie nach der Ehre der anderen streben!
Es gibt eine *Zuverlässigkeit,* bei der ein anderer bestimmt, was du zu tun hast, damit man sich auf dich verlassen kann. Es gibt ein Vertrauen, das keine Vorschriften braucht.
Es gibt eine *Kommunikation* im Sinne der heutigen, einseitigen, von wenigen Konzernen beherrschten Medien. Es gibt eine Kommunikation im Sinne von zwischenmenschlicher Gegenseitigkeit.
Es gibt eine *Autorität* aufgrund einer fremdbestimmten Hierarchie. Es gibt eine Autorität, die du in bestimmten Situationen und zeitlich begrenzt akzeptierst, weil dir ein anderer fachlich überlegen ist.

Pflicht wird dir auferlegt, befohlen, erzwungen. *Verantwortung* ist in dir drin und entspricht deiner Überzeugung und deinem Willen.
Vaterland ist fremdbestimmt. *Heimat* entspricht deinen Gefühlen.
Der *Intellektuelle* hat sich fremdes Wissen eingetrichtert. Es ist der Gelehrte – er wurde gelehrt. Er weiss. Der *Intelligente* ist fähig, seine Sinne zu gebrauchen. Es ist der Weise. Er hat erfahren. Er versteht.
Es gibt ein *Zusammenwirken,* das *organisiert* ist. Jemand organisiert; die anderen haben sich einzufügen. Es gibt ein Zusammenwirken, das *organisch* ist.
Negative Freiheit ist das Gegeneinander. Ich werde letztlich von der Rücksichtslosigkeit des anderen beherrscht. Eine solche Freiheit ist fremdbestimmt. *Positive Freiheit* ist das Miteinander und erfordert meine volle Zustimmung.
Das *Allgemeinwohl* wird von den Politikern bestimmt. Ich habe mich unterzuordnen, ihm zu dienen, ob es mir passt oder nicht. Es gibt den *Gemeinsinn,* der heisst: Ich bin für dich da. Du bist für mich da.

Eine *Gesellschaft* ist ein von aussen auferlegter Rahmen. Sie besteht aus lauter fremdbestimmten Abhängigkeiten. Die *Gemeinschaft* ist ein lebendiger Organismus, weder konstruiert, noch geplant. Sie entwickelt sich aus sich heraus und verschwindet vielleicht wieder. Es ist eine Gesamtheit gegenseitiger Bindungen und Beziehungen.

Würde denn nicht das Ziel darin bestehen, dass die beiden ‹Seiten› identisch sind? Dass sich also Pflicht und Verantwortung decken würden? Dass Norm und offene Beziehung das gleiche wären? Dass das auferlegte Gewissen meiner inneren Überzeugung entsprechen würde?
Aber dann brauche ich die fremde Norm eben gar nicht; dann brauche ich die vorgeschriebene Pflicht nicht; dann braucht mir niemand ein Gewissen beizubringen.

Nein, nein, nein! Und nochmals Nein!
Es gibt nur die Selbstbestimmung.
Und damit ich mir selbst gerecht werden kann, damit ich Ich sein kann, damit ich aus innerer Verantwortung mit meinen Mitmenschen zusammensein kann, gibt es nichts anderes, als sich strikte jeder Fremdbestimmung zu entziehen.
Ich kann nur meiner Verantwortung gerecht werden, wenn ich bereit bin, mich der Pflichterfüllung zu verweigern.
Ich kann nur mutig sein, wenn ich mich dem vorgeschriebenen mutigen Verhalten entziehen kann.
Ich kann nur ein gutes Gewissen haben, wenn ich mir kein schlechtes Gewissen mehr beibringen lasse.
Ich kann nur verstehen, wenn ich das eingetrichterte Wissen über Bord werfe.
Ich muss angeordnete Ordnung zerstören, um zu einer echten Ordnung kommen zu können. Ich muss die Unordnung suchen. Unordnung lässt sich nicht managen, verwal-

ten, beherrschen. Also Konflikte provozieren, Konfrontation suchen, damit echte Ordnung möglich wird.

Die beiden Prinzipien Fremdbestimmung und Selbstbestimmung sind unvereinbar. Das eine ist das Prinzip Macht, das andere ist das Prinzip Liebe.
Spürst du die Faszination, sich dem Prinzip Macht zu entziehen und zu versuchen, nach dem Prinzip Liebe zu leben?

«Ist das nicht Rückzug ins Private? Das bringt doch nichts, wenn ich nun für mich beginne, anders zu leben! Darf ich denn das verantworten, angesichts der heutigen Entwicklungen?»

- Versuchst du, dein eigenes Leben zu leben, damit es ‹etwas› bringt oder weil es deiner Überzeugung entspricht? Soll ein Pfarrer zu saufen, zu fressen und rumzuhuren beginnen, nur weil er gemerkt hat, dass 2000 Jahre Christentum nichts gebracht haben?

- Womit veränderst du wohl mehr: Indem du krampfhaft versuchst, das System zu verändern oder indem du grundsätzlich anders lebst?

- Lass dich nicht in einen allgemeinen Pessimismus hineinreissen. Die Wirkung der Untergangspropheten kann verheerend sein. Du willst überleben? Was oder wen willst du denn überleben? Vor lauter Überleben vergisst man zu leben.

- Die Welt geht nicht unter. Selbstverständlich: In einem Atomkrieg wissen wir nicht, was geschieht. Vielleicht ist dann endgültig Schluss. Na und? Dann beginnt's eben wie-

der von vorn, sofern nicht die Erde als tote Kugel (tot im menschlichen Sinn) um die Sonne rast. Dann war eben nichts mit ‹der Krone der Schöpfung›; dann war es die dümmste Entwicklung, die sich die Natur des Planeten Erde hat leisten können.
Aber fast alle anderen Katastrophen und Untergänge betreffen die Zivilisation des weissen Mannes und nicht ‹die Welt›. *Muss* diese Zivilisation nicht untergehen? Gab es je in der Menschheitsgeschichte schon eine Zivilisation, die in sich derart zerstörerisch war? Liegt nicht im Untergang der Zivilisation des weissen Mannes die grosse Hoffnung für andere Menschen, andere Kulturen, andere Kontinente?

- Macht es dir nicht Spass, zuzuschauen, wie sich das heutige Wirtschafts- und Gesellschaftssystem selber zerstört? Das Anti-Prinzip der bestehenden Gesellschaft vernichtet sich selbst. Wir haben gesehen, dass alle Probleme sich laufend verstärken und dass das System keines seiner Probleme mehr lösen kann. Es muss unweigerlich zum Kollaps kommen. Vielleicht kracht es schon morgen zusammen, vielleicht in einigen Jahrzehnten. Wenn das System sich selber untergräbt und zerstört, ist das keine Destruktion, sondern es macht Platz für etwas Sinnvolleres. Indem du dein Leben lebst, sorgst du dafür, dass nicht einfach ein anderes System nachfolgen wird.

Aber ob ich denn nicht sehe, wie überall die reaktionärsten Kräfte überhandnehmen? Ob das nicht zum Verzweifeln ist?

- Es ist tatsächlich kaum zu glauben, dass das einzige Land, wo die Entwicklung derzeit in Richtung mehr Offenheit, mehr Menschlichkeit, mehr Friedfertigkeit verläuft, die Sowjetunion ist. Kann denn der reaktionäre Trend in den westlichen Industrienationen, in der Kirche und wo auch immer nicht Anzeichen des kommenden notwendigen Kollapses sein? Ein letztes Aufbäumen?

- Mein Vater hat mir als Junge den Rat fürs Leben mitgegeben: Wenn du einmal das Gefühl haben solltest, es gehe einfach nicht mehr weiter, so tritt aus dir heraus und schau dir zu. Es ist unheimlich spannend, sich selber zuzuschauen, was mit einem geschieht.
Vielleicht gibt es auch in einer gesellschaftlichen Entwicklung Phasen, in denen die positiven, offenen Kräfte aus der Gesellschaft hinaustreten und eine Weile zuschauen müssen. Ich habe es bereits gesagt: Gegen den Strom zu schwimmen, hält den Strom nicht auf; es macht dich kaputt. Geh ins seichte Wasser und schau zu.

- Der Wald kann nicht sterben, habe ich gesagt. Nur der Wald des weissen Mannes. Wir erleben den ersten *Naturstreik*. Die Natur rebelliert gegen den ‹Gotteskomplex› des weissen Mannes. Sie macht nicht mehr mit. Sie hat sich verbündet mit all jenen Menschen, die sich ‹von oben› nicht mehr vorschreiben lassen, wie sie ihr Leben zu gestalten haben. Ein sterbender Wald muss dich nicht traurig machen; er kann dich optimistisch stimmen.
Oder wie ich es – äusserst brutal – in der erwähnten ‹Waldhandschrift› geschrieben habe:
  - «Wie werde ich mich freuen, wenn die Lawinen und Rüfen die Gotthardautobahn verschütten, niederbrechende Wälder und Steinschlag die San-Bernardino-Route unpassierbar machen, einstürzende Brücken und Galerien die Simplonstrasse zerstören werden, und die Menschen in jenen Gegenden wieder leben können.
  - Wie werde ich mich freuen, wenn der Autoverkehr auf 10 Prozent reduziert werden muss, die Heizungen auf höch-

stens 18°C eingestellt werden dürfen, Industrieanlagen stillgelegt werden müssen, weil die Menschen am Erstikken sind!
- Wie werde ich mich freuen, wenn in den Städten der Industrienationen die Nahrungsmittel rationiert werden müssen, weil der Boden sich der Verschwendung verweigert! (Ist die gleichmässige Verteilung von Nahrungsmitteln nicht viel sinnvoller als ihre Zuteilung über die Menge Geld, die einer hat?)
- Wie werde ich mich freuen, wenn die Wasserversorgung zusammenbrechen wird und sich die Menschen etwas anderes einfallen lassen müssen, als die eigene Scheisse mit Trinkwasser wegzuspülen!
- Wie werde ich mich freuen, wenn wir mit unserer Zerstörungswut nicht mehr so weitermachen können!
- Wie werde ich mich freuen, wenn wir beginnen werden, mit der Natur zusammenzuleben!»

Wir stehen am Anfang einer gigantischen gesellschaftspolitischen Auseinandersetzung, einer Auseinandersetzung, die schon längst nicht mehr zwischen links und rechts verläuft. Es ist völlig unsinnig, eine Bevölkerung immer noch vertikal in Linke, Mittlere und Rechte aufteilen zu wollen. So, wie es keine Rolle spielt, wer bei Wahlen an die Macht kommt, so gehen auch alle Probleme quer durch alle Parteien, Gruppierungen und Bevölkerungskreise hindurch. Die Auseinandersetzung verläuft zwischen oben und unten. Oben immer noch die Manager, Politiker, Gewerkschaftsführer, Professoren, Bischöfe, Experten, die sich anmassen, über unser Leben befinden zu wollen und uns sagen wollen, wie wir zu leben haben. Und unten Millionen von Menschen, die sagen: «Ohne mich! Ich gestalte mein Leben selber! Ich bin Ich, und nicht, wie du da oben mich haben willst.»

Diese Auseinandersetzung ist erstmalig in der Menschheitsgeschichte. Es sind nicht Klassen, Gruppen, Berufe, die sich erheben. Es sind Millionen ‹gewöhnliche› Menschen, die sich entziehen. Es ist eine weltweite Erscheinung, ob ‹Solidarnosc› im Osten (sofern nicht bereits wieder von der katholischen Kirche vereinnahmt), ob Alternativgruppen, freie Nicht-Schulen, selbstverwaltete Betriebe, Basisgemeinden bei uns, ob Befreiungstheologie in Südamerika, ob unzählige einzelne Menschen in allen Ländern und auf allen Kontinenten – es geht überall um diese grossartige Auseinandersetzung.

Du musst dir in deinem Versuch, autonom zu leben, immer wieder dieser Tatsache bewusst sein: Du bist Teil einer weltweiten Bewegung, die vielleicht an die französische Revolution anknüpft aber weit darüber hinausgeht.

- Du hörst auf, punktuell zu denken. Jeder Widerstand, jede Aktion, jedes ‹Auf-den-eigenen-Füssen-Stehen› ist Teil von etwas Umfassendem.

- Du hörst auf, zu glauben, man könne bei irgendeiner konkreten Aktion kurzfristig ‹gewinnen›. Die Leute an der Macht müssen doch gerade in solchen Situationen beweisen, dass sie mächtiger sind. Aber es ist wichtig, jede Gelegenheit zu benützen, um sich gegen die Arroganz der Mächtigen zu wehren.

- Du hörst auf, zu quantifizieren. Wir ziehen immer den Kürzeren.
  Als in Bern an der Friedensdemonstration 50 000 Menschen teilnahmen, lachte ein General hämisch: «Bei einem grossen militärischen Vorbeimarsch bringen wir die zehnfache Menge auf den Platz.» Als am Kirchentag in Hannover sich 100 000 Menschen am Friedensgottesdienst beteiligten,

sprach mich ein Pfarrer geradezu enthusiastisch an: «Schauen Sie die vielen Menschen! Unser Einfluss wächst. Wir werden gewinnen.» Wie viele Leute begeilen sich an einer militärischen Flugschau?

- Du hörst auf, zu fragen, was hat's gebracht. Du verfällst nicht dem Rentabilitätsdenken dieser Gesellschaft, das jede Tätigkeit nach dem Verhältnis von Input und Output beurteilt. Du machst mit, bei jeder Gelegenheit, weil du dazugehörst.
Ob es ‹etwas bringt›, kannst du höchstens an der Reaktion der Mächtigen erkennen. Und die haben vor uns nicht nur Angst, die laufen mit ihrer inneren Aufrüstung geradezu Amok. *Die Angst der Mächtigen ist unsere Hoffnung!*

Und wenn sie uns alle mit in den Strudel reissen? Dann will ich zugrundegehen im Bewusstsein: Ich habe mein Leben gelebt, ich habe es nicht den Idioten und Kriminellen überlassen. Ich habe mich gewehrt bis zuletzt.

Nachwort

von Al Imfeld

Das vage ‹man› behauptet, Hans A. Pestalozzi (von Mitarbeitern, Kollegen und Freunden kurz *HAP* genannt) sei unwissenschaftlich, vermöge nicht zu abstrahieren, übertreibe daher, rede emotional, schreibe zu direkt, wirke hart und verletzend, reagiere bloss und isoliere sich zusehends.

Dieses feinstofflich allgegenwärtige ‹man› ist die all-Macht der Zentrale, die das Zentrum ist, das angibt, was *in* ist, das ausmacht, was wissenschaftlich sein darf, das diktiert, was seriös und anständig ist.

Warum darf nicht aus Wut und aus dem Bauch heraus geschrieben werden? ‹man› meint, dass sich das nicht gezieme, unter dem Niveau sei und Ausgewogenheit störe, ‹man› ist eben die all-Macht, die weiss, dass die Herrschaft bei der Sprache beginnt. Zornige Sprache stört Ruhe und steckt zum Aufstand an. Die Ausgewogenheit ist die Manege des Zirkus, wo der Dompteur die Fäden in Händen hält. Immer weniger Sprich-Wörter und stets mehr Plastik-Wörter gibt es. Sie werden in Uniformen gesteckt und als gleich erklärt; überallhin ausgelagert, aber in ewig denselben Interkontis am Ausgang der Autobahn gesetzt. Uniform, gleich, leicht zugänglich, vage informativ, aber nur mit Experten-Hilfe deutbar. Die Worte des ‹man› sind inzwischen Information oder ein Angebot nach erzeugter Nach-Frage. Echte und aus dem Tiefen des Menschen kommende Fragen soll es nicht mehr geben, denn das wäre subjektiv und nicht marktgerecht standardisiert. Das alles macht Wissenschaft vor und mit. Nicht dass sich im Lauf der Geschichte viel verändert hätte. Aus den Geboten des

Alten Testaments sind An-Gebote geworden. Aus dem Glauben erwuchs die monetarisierte Weise der Nach-Frage mit dem Nach-Rennen und Aufholen, dem Wettbewerb und der globalisierten Tölpelei von gut Dreivierteln der Menschheit. Denn wer keine *Science and Technology* als Entwicklungshilfe empfangen hat, besitzt kein *Know-how*, wie einer ohne Taufe kein Christ ist. Das eigene Wissen, die Traditionen, die Ein-Sichten und Er-Lebnisse werden von ‹man› zu einem Dreck entwertet. All das hat mit HAP zu tun. HAP und ‹man› sind unvereinbare Gegensätze. HAPs Worte sind hautnah und betroffen; sie sind erlebt und Zeugnisse. Aus ihnen entsteht eine Biographie. Diese Worte lassen andere, kleine und stumme Menschen teilhaben an einem Memorial. Was zu Beginn sehr persönlich sich gibt, entwickelt sich von Seite zu Seite zu einer stellvertretenden Geschichte der Mehrheit der Menschen. Gerade weil der Inhalt so anschaulich und eindrücklich ist, macht er zornig und befreit. Frauen und Männer, Junge und Alte können darin miteinstimmen: «Ja, genauso ist es!» «Gottlob spricht es einer endlich aus!» Vielleicht gerade weil der oder die Leser/in einen Partner mit Gleicherlebtem findet, ist er oder sie des unwissenschaftlichen Einzelfalls und der beschämenden Ausnahme enthoben, findet jemand entspannt Bezüge, tritt aus der Isolation, knüpft den ersten Faden und beginnt wieder Teil eines Ganzen zu sein. So ist HAPs Buch das Gegenteil eines Frust-Erzeugers. Die ganze Konkretheit HAPs macht betroffen und zornig, führt zum Widerstand und – mit anderen zusammen – zum Aufstand. Aus HAPs erlebten Lebensgeschichten wird eine partizipatorische Geschichte von Durchlebtem so vieler. Er steht damit neben anderen, wird stellvertretend, ohne ein neuer An-Führer zu sein.

Nur wer nicht lesen und hören kann, wird HAP einen Demagogen nennen. Nur ‹man› vermag so etwas zu behaupten, weil derart geschriebene Lebensgeschichte demokratisiert. Doch für ‹man› ist Demokratie längst ein manipulatorischer Wissenschaftsbegriff. Demokratie passiert für ‹man› stets nur unter Besitzenden, so wie einst in Athen, Grossbritannien und den USA, dort, wo sie entstanden sein soll. Damals wie heute ist Demokratie ein Verein gleichgestellter, besserer, weisser und elitärer Männer, die jedoch kaum selbst und offen ins Rennen steigen, sondern ihre Interessenvertreter und Experten vorschicken. Sie ist dieses ‹man›. Wenn da nicht Wut am Platz ist!

Wer HAP fragend liest, entdeckt, dass er Gleiches und Ähnliches wie die Frankfurter Schule oder die 68er sagt und meint. Doch diese taten es «wissenschaftlich» und vergaben sich gerade deshalb. Sie alle waren sehr kritisch, doch eins haben sie nicht gemerkt, nämlich, dass sie alle selbst Opfer der Arroganz und Wissenschaft wurden. Und so haben sie geredet, geredet und geredet. Tage- und nächtelang. Sie haben sich alle zerredet. Ihnen fehlte die echte Dramaturgie in Akten und Pausen und das betroffene Schweigen am Schluss. Denn welch' ein Unsinn, am Ende eines Theaterstücks oder eines Gedichts sofort eine Diskussion folgen zu lassen! Doch ihr Demokratiebegriff war bereits wissenschaftlich-plastisch so vergiftet, dass sie sich selbst mit Worten, Debatten und Hirngespinsten vergifteten. Sie gingen dem ‹man› auf den Leim.

Gerade im deutschen Sprachraum und an den Hochburgen der Gegen-Aufklärung, den Universitäten, ist Reflexion und Philosophie körper- und damit daseinsfeindlich. Alle Denker sind eunuchisiert und bilden sich ein, etwas Wichtiges und Zutreffendes müsse in eine Sprachsphäre der Verdunkelung geholt werden: den Niederungen enthoben. HAP macht eigentlich nichts anderes, als das, was die

Wissenschaftler, Soziologen und Philosophen für einen minimalen Kreis von Eingeweihten tun, in der Umgangssprache konkret und allen zugänglich auszudrücken. Sein Buch ist wiederum eine wirksame Barriere gegen die Verwissenschaftlichung der Umgangssprache. Warum? Die sogenannte wissenschaftliche Sprache enthebt sich dem konkreten Leben und dem Alltag, verharmlost, ebnet ein, ermüdet und erstickt. Sie beruhigt und lässt einen Widerstand gar nicht aufkommen. Soll also Wissenschaft dazu da sein, den Aufstand zu verhindern?
Die Wissenschaftssprache bringt die meisten zum Schweigen, lässt verstummen oder in Ehrfurcht erstarren. Sie ist daher die perfide Subversion der Aufklärung. Wissenschaft ist wohl dazu da, das ‹man› oder die all-Macht zu schützen.

Die wissenschaftliche Sprache uniformiert und macht mehrheitsfähig, weil sie nichts berührt oder konkret abdeckt, am Eigentlichen vorbeiführt, niemanden trifft und so redet, dass die Mehrheit nicht reklamiert. Wissenschaft ist daher schon in der Sprache die Vortäuschung einer verallgemeinerten Mehrheit.
Die wissenschaftliche Sprache erzeugt in sich Ungleichheit und bewirkt den so hoch gepriesenen Wettbewerb. Durch diese Sprache werden über Nacht Millionen zu Tölpeln. Am besten wird das an der Steuererklärung illustriert. Diese sollte von jedem Bürger und jeder Bürgerin ausfüllbar sein. Doch die gescheite Juristensprache macht alle machtlos und schafft dadurch die Monetarisierung der Experten, die dennoch alle nicht mehr wissen als die Deutung ihrer selbst gemachten elitären Worte.

Die Wissenschaftssprache ist in Worte gegossener Kolonialismus, denn die heutige Verwissenschaftlichung ist nichts anderes als eine subtile Form der Kolonisierung. Die Welt wird als unterentwickelt erklärt, als unwissend, ohne Knowhow. Die Universitäten schaffen die neuen Generäle in Form von Experten. Genauso sind ihre Worte. Hinter einem gescheiten Wort stehen Millionen Soldaten-Menschen stramm und in Ehrfurcht erstarrt. Sie werden als dumm erklärt, dann wird diese Dummheit monetarisiert, indem die nun sprachlich Abgehängten die Auguren der neuen Sprache kommen lassen, wie Missionare, um das neue Glaubensbekenntnis in Form der wissenschaftlichen Geheimniswörter zu lehren: Information, Kommunikation, Entwicklung, Fortschritt, Wachstum, Planung, Funktion, Rolle, Identität, Modernisierung und Zukunft.

Wenn Wissenschaftsworte zur Verstummung oder zum Schweigen führen, ist das *locuta* gleichzeitig das *finita*.

Bei HAP ist das anders. Da weiss der/die Leser/in sofort, was gemeint ist. Die Welt öffnet sich und wird nicht mit Begriffen und Leer-Formeln verschlüsselt. Da braucht es keine Experten als Dietriche. Nichts ist definitiv und zu Ende. Die Konsequenz heisst: Konsens von unten, aber nicht der Kompromiss zwischen Lobbyisten, bei dem jeder ein Zückerchen der Befriedigung kriegt. HAP demokratisiert und erschlägt den Menschen nicht die Stimme. HAP lokalisiert und entflieht der Welt-Vereinheitlichung der Interkontinental-Abstellräume. Das ist seine Kunst, die konkret macht und damit den Menschen wirklich Mensch werden lässt. HAP entthront die Hierarchien und lässt ‹man› nicht länger Gott in der Höh sein. HAPs Sünde ist, dass er alle aus den Himmeln holt, als Menschen oder Lebende nebeneinander stellt und auf gleicher Ebene ohne monetarisierte Antworten fragen lässt. Das sind keine absoluten Offenbarungsworte, die später durch die Wissenschaftsworte abgelöst wurden, sondern Worte, die Ant-

Worten, d.h. Dia-log, ein Hin- und Her-Reden ermöglichen.

HAP ist die Einleitung zu einer neuen Form des Palavers. Da echte Analyse nur möglich ist, wenn nach aussen gegangen wird, ist HAP in der Konsequenz notwendigerweise ein Aussenseiter. Wer das Konkrete, Lokale, Heimatliche oder Selbstverständliche auseinandernimmt, aufdeckt oder analysiert, der entzieht sich selbst etwas vom sicheren Boden unter den Füssen, wird ein Stück heimatlos und ein Teil-Fremder. Doch wer sich nicht entfremdet, wird nie die Aussenwelt und die anderen Fremden entdecken. Analyse zerlegt, zerstört Selbstverständlichkeit, aber führt zum Menschsein. Selbstverständlichkeit ist stets eine ganz kleine Welt nur. Der Rest muss entdeckt und gefunden werden. Er wird nicht geschenkt, sondern erfahren.

HAP versucht eine Analyse, die weit über die universitären und wissenschaftlichen Analysen hinausgeht. Er bezieht dabei andere mit ein und begibt sich mit ihnen gemeinsam auf Wanderung oder Pilgerschaft. Am Ende gibt es keine End-Lösung, sondern einfach ein gemeinsames Weiter-Wandern über durch ‹man› verödete Wüsten hinweg. Da werden nicht mehr wie einst am Ende der Wüste gelobte Länder auf Kosten anderer Völker, Traditionen oder Religionen versprochen. Denn nicht die ANDEREN sind die Gefahr, sondern das ‹man›. Um diesem ‹man› etwas zu entfliehen, ist es gut, heimatlos und routenlos, nomadisierend und anarchisch zu werden. Das Unten muss nicht entwickelt, sondern mutig, ehrlich und bescheiden gelebt werden. Das ist HAPs Aufruf.